EXPLORATION

on Education and Teaching Reform of Public Finance,
Taxation and Evaluation under the
Construction of High Level Application Oriented University

高水平应用型大学建设下的财税与评估教育教学改革问题探索

主　编　姚凤民

副主编　赵合云　庞　磊

EXPLORATION

on Education and Teaching Reform of Public Finance,
Taxation and Evaluation under the
Construction of High Level Application Oriented University

中国财经出版传媒集团

经济科学出版社
Economic Science Press

编　委　会

前　言

在 2015 年出版的《新时期财税教学改革研究与实践》一书的基础之上，广东财经大学财政税务学院的教师们结合近一年来国际和国内财税改革的新进展，对未来财税教育方面的教学内容、方法以及模式展开了更为深入和系统的思考。涉及内容主要包括以下七个方面。

第一篇是关于财税专业建设方面的探索。建设"应用型"特别是"高水平应用型大学"已成为地方本科院校发展建设所追求的目标。广东财经大学适应高等教育发展改革大趋势，积极应对转型高水平应用型财经大学建设。而税收学专业是广东财大传统优势专业，虽已在应用型专业建设上凸显了特色，实现着既有的目标，本篇就如何建设应用型财经大学的财税专业进行了一些有益的探索。

第二篇是关于财税课程建设方面的思考。时代在快速地发展，财税专业课程必须与时俱进，才能够培养出符合时代需求的专业人才。因此本篇对纳税评估、资产评估、政府会计、税收管理等专业课程进行了深入思考，结合专业课程的教学实践，提出了一系列切实可行的课程改革建议。

第三篇是关于财税实验实践方面的探讨。为了更好地培养财税专业学生的实际应用能力需求，从教学环节就开始进行实验实践是必要的。本篇重点对团队协作、用友 ERP 系统的应用、实验基地的建设等方面进行了探讨。

第四篇是关于财税教学方法方面的尝试。在本篇中，有针对财税专业课程教学方法的思考，也有在教学过程中所使用新型技术手段的探讨。例如，为了使学生更好更有效地掌握专业知识，对互动教学、翻转课堂、案例教学等方式的应用进行了研究，针对税法、政府采购等专业课程的教学内容设计和教学方法进行了思考。

第五篇是关于财税专业硕士教育的思考。对如何围绕财税专业硕士教学体系，开展财税专业硕士课程案例教学，如何通过文献阅读和写作等方式提高财税专业硕士的专业水平进行思考，目的是培养出具有扎实财税知识、深入理解和掌握我国财税制度，能够对财税的热点、难点进行系统性分析的财税专业人才，成为财税教学工作新的发展方向和核心任务。

第六篇是关于财税专业本科学生教育的实践。教育并不止于课堂，在课堂以外的时间里，对学生的生活和未来职业规划的管理也是教育的重要环节。通过对学生学习生活表现的观察，能够更好地了解学生，加强师生的有效沟通，有利于专业人才的培养。因此，本篇中有对学生工作的思考，有对学科教学管理的总结，还有对学生职业规划的深入探讨。通过对学生行为的剖析，可以更加理性地认识新时期的学生心理状态和发展需求，从而更有效地选择适合学生的教学管理和创新方法。

第七篇是关于财税专业的理论探讨，汇集了老师们在实际教学中获得的科研灵感以及思考成果。有对于医疗保健支出的财政学分析；有对地方政府中期财政规划改革的难点问题分析：有对新常态下完善税务干部监督机制的分析。这些学术论文是对教学内容的升华和创新，在专业教育学术性的提高方面能够发挥有益的作用。

在书中，既有老教师宝贵经验的总结，也有中年教师锐意探索的新见解，更有青年教师初探教学的感悟。是一本饱含创新思想的教育文集，也是一本充满多元理念的探索文集，这里不仅记录了教师们在教学中的经验成果，更主要的目的是希望将其中尚觉稚嫩的观点、思之未深的问题求教于大方之家，以获得更科学、更全面的认识。在此感谢各位老师在辛勤的教学和科研工作中能够始终保持着反思与总结的积极状态，正是这种状态促成了这本书的完成。刘淑美老师在论文收集等方面做了大量工作，柳阳博士在论文集的内容补充、格式规范和编辑方面做了大量工作，对此编委会表示衷心感谢。我们衷心希望这本书能够促进教学实践的反思，在反复的实践与反思撞击中绽放出远见卓识，汇聚成思想的火花，培养出更多适应新时期财税需求的专业人才，为我国经济的结构化调整做出贡献。

编　者

2017 年 3 月

目 录

学生教育　191

理论探讨　237

专业建设

高水平应用型大学转型下的税收学专业建设思考

姚凤民

近十多年来，把高校加以类型化看作是高等教育发展的当然路径，各个高校特别是地方高校也纷纷从本地方和本校实际出发积极应对，积极对号建设或积极转型发展。高等教育类型呈多样化，类型间又交织交叉，如既有研究型、研究教学型、教学研究型、教学型、高职高专等的类型化，又有研究型、应用型、高职高专（应用技术型）等的类型化；既有高水平、高水平应用型、有特色（地方）高水平应用型类型化；还有综合研究类、单科特色类、应用技术（科学类）、师范教育类、职业技能类等。管窥一见，说明我国高校建设发展路径的单一化、趋同化以及发展建设的多变性、不稳定性特征。近两三年来，"应用型本科"逐步成为我国高等教育发展的一个重要议题。2015 年 11 月，教育部、国家发展改革委、财政部印发了《关于引导部分地方普通本科高校向应用型转变的指导意见》，要求有条件、有意愿的试点高校率先探索应用型发展模式。

一、高水平应用型大学建设的实质内涵与特征

1. 实质内涵

高水平应用型大学由两个词汇构成，建设高水平大学的专业建设需要厘清"高水平应用"的含义，才能有的放矢。

（1）明确"应用"的含义。在清代段玉裁《说文解字注》中，"应"注为当也。当，田相值也。引申为凡相对之称，凡言语应对之字即用此。"用"注为可施行也，凡用之属皆从用。可见，应用一词是两个层面，"应"为应对、适应，"用"为直接介入角色可操作、可施行、可实施。《宋书·袁豹传》："器以应用，商以通财"，宋曾巩《洪州到任谢两府启》："材不堪於施设，动辄乖宜；学多失於变通，理难应用"。由此可见，"应用"亦即适应需

要，以供使用。现实来看，关于应用型大学（学院）的含义虽没有官方的规范定义或文件定义，但在学界与实践界对应用型大学的共性认识是其"研究型""学术型"的对称，重在"应用"二字，满足和适应地方经济与社会发展需要，培养具有较强社会适应能力和竞争能力的高素质应用型人才。关键点在于适应地方经济社会发展需要，注重学生实践能力，培养应用型人才，从教学体系建设体现"应用"二字，其核心环节是实践教学和业务操作能力。其要素在于人才培养目标、培养规格、培养过程、培养方式和评价标准均以应用为核心。简而言之，应用型高校的专业人才的培养，首先，必须适应地方社会现实需要或市场的需要，这是基点和抓手；其次，在专业培养的各个环节上紧紧围绕适应地方社会现实需要的这个基点进行业务操作和实践能力的顶层设计与专注培养。

（2）弄清楚"高水平"的含义。水平，清代段玉裁《说文解字注》中，水，准也；准，平也；天下莫平於水。平，语平舒也，引申为凡安舒之称，分之而匀适则平舒矣。具体而言，水平则指在某一领域或某一专业方面所达到的高度或程度，高水平则指超出或高出在某一领域或某一专业方面所达到的高度或程度。水平具有均指的概念，高水平则是高出一般均值或在一般标准之上，具有明显的比较基准的含义。就高水平而言，其本身也要分出不同等次的高水平。如世界高水平或一流高校，国内高水平或一流高校，地方高水平或一流学科建设高校等。在我国，高水平大学则是指与国内地方高校相比较具有顶尖学者或团队、一流学科、一流平台、一流或顶尖成果、一流资源（包括设施、优质生源与充裕资金）等，如 1993 年确立的"211 工程"、1998 年确立的"985 工程"高校以及即将实施的"双一流"高校。地方政府也推出了本地的高水平高校或高水平学科建设高校，如 2015 年 4 月，广东省委、省政府印发《关于建设高水平大学的意见》，经过严格遴选，7 所高校为高水平大学重点建设高校，7 所高校的 18 个学科为高水平大学重点学科建设项目。

（3）高水平应用型大学的内涵。胡天佑（2013）对应用型大学的含义从四个方面进行了总结。一是认为是新型综合性大学，在人才培养上定位于应用性教育，培养应用型人才；在科学研究上聚焦于应用性项目的研究和开发；在社会服务上面向地方，推进政产学研合作，为地方经济建设和社会发展服务。二是认为是研究型与高职型的中间形态，以培养应用型人才为主；以培养本科生为主；以教学为主；以面向地方为主。三是认为应用型大学与高职院校为同一类型的大学，应用型大学在培养类型上与高等职业院校部分重合，是高职教育培养理念的延伸，同时为高职院校设置出口并提升其培养层次。四是认为应用型大学并非一种新的办学类型，而是在培养模式上使其更加适应地方经济建设和社会发展，在本质上对传统高等教育模式的某种修正。张文祥（2014）认为应用型大学是在立足地方性的前提下，用服务导向这一基本办学理念来指导学校的人才培养和科学研究工作。学校的人才培养要直接为区域发展和产业振兴服务，通过产教融合、校企合作、工学结合，培养生产服务一线的高层次技术技能人才，逐步实现人才培养和就业需求的无缝对接。专业设置与产业需求、课程内容与职业标准、教学过程与生产过程"三对接"，推行学历证书和职业资格证书"双证书"制度，做到学以致用。查建中（2014）指出，应用科技大学包括研究型大学和非研究型大学，其中，非研究型的应用科学大学着重应用技术和关注实际生产问题的研究（包括本科生与研究生教育）。方杰、于丰园（2015）提出高水平大学是与谁比、比什么、怎么比的问题；从大学的应用历史、应用价值与应用体现出发，界定大学的知识活动所能辐射的区域。并认为"应用"是建设的主题，体现出建设的实践主旨；"高水平"是一个随着知识社会的演化而不断变化的标尺，体现的是建设的技术主旨；"地方"则是一个随着科学技术的创新而不断扩充的区域。"地方应用型高水平大学是以高深知识为逻辑起点，具备知识应用、知识传授、知识创新与知识生产等职能"[1]。

综上所述，高水平应用型大学建设是高等教育发展要适应社会经济发展建设的需要而进行转型，是发展战略的选择，突出强调培养社会急需的专门应用型高级人才的迫切性和重要性。因此，其实质并不是一种新的高等教育类型，也不是一种新的大学类型。这一点要明确，否则好高骛远，不清楚定位，必将走向偏离的轨道。高水平应用型大学建设就是要超越高等教育发展的传统或既有的水平与水准，要确立一个新的发展水准与高度、目标，以"应用"统领一切、渗透一切，创新资源聚合与使用方式，要更加切合实际和更加接地气，

---

[1] 方杰、于丰园：《对地方应用型高水平大学的诠释》，载于《长春工业大学学报》（高教研究版）2015 年第 3 期。

培养具有创新精神和创业能力与实践能力出色的本科专业的专门人才。本文高水平应用型大学建设所指为地方高水平应用型大学建设。

2. 基本特征

从高水平应用型大学的内涵可以看出，其基本特征与建设要素主要有以下几个方面。

（1）地方性。地方高等学校是地方政府立足和面向本地方或本地区的经济社会发展建设需要而设立，承担着为本地方或本地区培养人才和服务地方社会经济建设的重要职责。因此，高水平应用型大学首先要立足本地方、本地区，解决地方社会经济发展之需，适应地方社会经济发展之用。

（2）应用性。适应地方社会经济发展需要，以"适应"为基点，围绕"用"做好专业学科建设的文章。在人才培养目标方向的确定、培养方案的制订、课程体系设计、实践环节与平台各方面均应与社会需求相衔接，与执业或职业能力相对接，培养服务于本地方的应用型人才。围绕本地方的经济社会发展现实开展应用性研究，为地方社会经济发展提供社会培训、决策咨询及技术服务等，这是学校发展的核心所在。

（3）高水平。基于地方性和应用性要求，建设的标准和建设目标要高。建设高水平的师资团队，特别是高学历、高职称、高水平的具有执业能力或行业背景突出及实践指导能力强的师资团队；开展高层次人才培养，特别是专业硕士和专业博士的培养；适应地方经济社会发展需求开展高端应用性研究；解决地方社会经济发展之需，建设高端智库；提供满足地方需要的诸如决策咨询、培训教育等高端服务；建设提升人才培养所需的综合性高端实验实践平台以及充足的实践基地等。

（4）传承性。既然地方性高校向高水平应用型大学转型，那么其发展路径应该具有传承性，也就是学校的建设发展始终是沿着培养应用型人才的路子走下来的。可以说，要转型建设好高水平应用型大学的前提应具有历史积淀和基础积累，也就是在已有的水准或水平上创新发展，提升建设水平与建设层次。

二、广东财经大学税收学专业建设具备转型的传承基础

广东财经大学税收学专业经过多年实践，在人才培养的各个环节均实践了校政企合作、互动与互利，奠定了高水平应用型专业转型的基础与条件。

1. 协同共建

1986 年，广东财经大学与原广东省税务局签署协议，共建税收学专业，联合培养满足广东税务行业发展的税务人才。学校与税务部门全程协同，一站式、订单式培养税务人才。一直以来，专业建设和发展始终与税务系统保持着紧密联系，且协同合作范围越来越广阔，合作方式更为多样，与税务中介部门及企业的合作不断扩大与深化。专业建设与发展植根的土壤始终立足广东地方社会经济发展需要。

2. 培养模式

经过多年的实践，在税收学专业人才培养的各个环节均实现了校政企合作、互动、互利的培养模式，协同育人的经验较丰富，模式逐渐成熟与完善。

3. 育人平台

学科平台：税收学专业所依托的财政学学科为广东省优势重点学科，学校与省财政厅签署协议共建学科；公共财政研究创新平台以及财政理论与政策研究创新团队为中央财政支持地方高校发展专项资金支持项目。拥有财政学（含税收学）学术型硕士研究生和税务硕士专业学位授权点。

专业平台：税收学专业为广东省协同育人基地和应用型人才培养示范基地。

实践平台：学校拥有国家级的经管实验示范中心，广州地税局实践教学基地为国家级实践教学基地，瑞海税务师事务所是省级实践教学基地。

合作平台：与财税部门及企业共建财税信息化研究中心，与广东省国地税共建纳税服务研究中心。

4. 课程设置

课程体系的建设与实践部门研讨商定，突出职业性与应用性；以职业需求为导向，加大专业主干课程与专业方向课程群的建设力度，突出职业性、实战性、行业适应性以及执业能力的培养，促进课程体系与职业资格认证的衔接；以提升应用能力为导向，加大实验实践教学的课程建设力度；课堂教学与行业部门需求相对接，进一步提升了人才培养的质量，主要是通过构建校内教师、兼职教师、业界实战业务能手相结合的师资配置，以及课堂教学、案例教学、实地实战教学相结合的教学内容配置，凸显育人效益。

5. 师资队伍

税收学专业教师团队 15 人，具有注册税务师执业资格的教师 6 人；校内外相结合的专业教学团队构建形成，兼职教师与实践指导教师中具有博士学位的占 12.5%，硕士学位占 37.5%，具有职业资格的占兼职教师的 52.5%。2014～2016 年，有 3 位教师获学校"授课十佳青年教师"称号，两位教师获"最佳授课教师"称号。行业部门积极接纳专业教师实践锻炼，仅 2013 年以来，先后有 13 名本专业教师到广州市地方税务局进行业务学习和锻炼。

6. 实验教学

税收学专业在 20 世纪 90 年代初就在原广东省税务局的直接支持下，设立了税收管理电算化实验室，并引进税务办公自动化（TOA）软件和万能财务核算软件，2006 年引进广东省国家税务局 CTAIS 软件，2013 年引进福斯特公司开发的税务管理软件，积极开展实验教学；2013 年以来，出版系列实验教材 5 部。近些年来，税收学专业依托国家实验示范中心——经济与管理实验教学中心开展实验教学，进一步优化"专业实验课→专业综合实验课→跨专业实验课→跨专业综合仿真实习"的专业实验教学体系；进一步加强以实验项目为基础的实验课程建设；强化实验内容的建设，实验课程所应用的实验案例均来源于财政税务部门的实际业务，数据及业务流程与社会实际结合紧密。在实验教学模式上，初步形成了以学生为主体，教师为主导，充分体现能力与素质教育相结合的实验教学模式。

7. 服务地方

税收学专业建设发展 30 年来，在专业教育、业务专业培训、政策咨询及合作服务等多方位、多层次、多行业开展社会服务工作。积极为财税部门提供技能培训和咨询等服务。如 2011 年，学校与广州市地税局共建广东财经大学税务干部进修学院，在政校合作开展干部业务培训的平台建设上起到了示范与引领作用；2016 年 7 月，与广州市国税局共建干部教育培训基地，承担省内外财税干部业务培训工作，社会服务效应凸显。积极承担广东地方经济发展相关的课题研究。积极参政议政，为地方经济发展建言献策。

8. 社会贡献

至 2016 年，税收学专业有近 2600 余名毕业生在税务部门工作。一部分毕业生已走上各级领导岗位，绝大多数成为部门业务骨干。一些毕业生获得各种荣誉称号，如"中国十大杰出青年卫士""全国税务系统纪检监察先进工作者""全国反走私先进个人"等；"全国税务系统优秀税务工作者""国家级税收征管能手""广东省国税系统税收征管能手""广东省国税系统稽查能手""广东省地税系统税收征管能手"等。此外，还涌现出多名企业家。

三、高水平应用型大学转型下的税收学专业建设思路

广东财经大学的税收学专业已具备转型高水平应用型财经大学的基础与条件，需要在现有基础条件与水准下，抓住机遇，认真谋划，做好顶层设计，提升专业建设的水平。

1. 进一步突出地方性，明确专业转型方向

广东财经大学是一所地方性财经院校，培养适应广东地方经济发展需要的人才是本专业的责任，这是税收学专业立足和发展的前提。同时，学校作为广东省应用型本科人才示范院校，又为税收学专业人才培养提出了新的要求。因此，税收学专业必须继续围绕广东地方经济和税收事业的发展，继续突出面向广东税务部门、企业以及涉税服务部门等，依托社会实践部门资源，突出应用型、注重特色化和彰显高水平作为办学的目标导向，致力于学科专业、人才培养、科学研究、社会服务等方面的全面转型，转向高水平应用型专业建设之路。

2. 进一步突出应用型，把握转型发展关键

以学校实施的 2016 级本科生完全学分制的人才培养方案为基础，根据税务部门、企业、中介对税务专业人才的需求，围绕税务高端专业人才能力与素质要求，注重将行业标准引入专业规范和专业标准，将技术标准引入课程目标和课程标准，将执业资格标准引入人才规格和人才标准，并通过人才需求动态跟踪以及用人单位事前指导、事中参与、事后反馈机制建设，建立税收学应用型专业人才培养标准体系，把人才培养标准贯穿于税务人才培养的各个环节。在培养模式与机制上，与协同单位全程深度融合，构建共建、共赢、共享的协同育人机制和人才培养模式。在人才培养过程中，与职业资格无缝衔接，形成与社会对税务人才知识结构、素质、能力等方面要求高度对接的专业人才培养方案。在培养规格上，以学生"品牌化"为中心，突出"实战型"涉税人才以及职业能力与素质的培养，充分体现应用型税务人才的培养目标。

3. 突出高水平队伍建设，扭住转型发展龙头

高水平应用型专业建设的关键取决于师资队伍的建设。要通过"珠江学

者""南岭学者"杰出人才和领军人才特聘岗位等,着力引进和培育具有广泛学术影响力和能带领学科团队攀登学科高峰的领军人才;通过"南岭学者"青年拔尖人才特聘岗位、优秀博士引进计划等,汇聚一批学术水平高、发展潜力大的学术带头人和学术骨干;特别是注重从实践部门引进所需的高端人才,通过学科梯队人才带动专业教学团队水平提升,带动专业发展。要深化"双师型"师资队伍建设,通过交流互动、挂职锻炼等方式,与税务部门及税务中介部门联合培养具有较强实践教学能力的中青年骨干教师;引入税务部门及税务中介部门的骨干人员进入教学团队,提升实践业务的教学水平。

4. 依托高端实验平台,助力转型发展的推进

学校经管实验示范中心为国家级试验示范中心,经管类跨专业综合实验与仿真实习教学平台为中央财政支持项目,实验中心内涵建设丰富,同时,税收专业拥有国家级大学生实践基地,这些都为税收学专业的高水平实验提供了良好平台。在当前税制与税收管理改革的形势下,要及时对税收学专业的实验内容模块、实验软件进行升级换代,突出实验内容的前沿性。利用广州税务部门拟把其业务信息网络引入学校的契机,建设相应的承接平台。在仿真实验的基础上,体验实际业务操作。引进涉税中介部门在校内建立实践操作场所,学生可直接接触实践业务,提升业务能力与业务水平。

5. 加强高端学术平台建设,夯实转型发展的基础

立足广东,面向华南,突出为广东经济社会发展提供涉税服务,突出应用引领,理论与实践并重。本专业与行业部门需求衔接,开展服务地方经济研究与决策服务,同时注重相应的理论研究与应用。争取把"广东纳税服务研究中心"建设成为高水平新型智库,力争新增省级协同创新中心。依托本学科的应用研究成果,积极为各级政府提供有力的政策咨询、决策服务与智力支持。

6. 提升人才培养层次,强化转型发展的引领

以税收学专业本科人才培养为基础,以税务硕士、税收专业博士点建设为引领,强化税务硕士学位点的内涵建设,加强博士学位授予资格的培育基础工作,力争在高端专业人才培养上取得突破。

7. 强化校政企深度融合,握准转型发展的抓手

要解决专业人才培养往往与经济社会发展以及与创新实践相脱节的现实,必须强化校政企深度融合,深化部门、企业、涉税机构等资源与力量的深度介入，这是转型成功的重要途径和助推器。特别是要充分利用税收学专业认定为省级协同育人基地的契机，成立协同育人基地协调小组，统筹协调协同育人规划、资源配置与共享、经费筹措与保障、督导与评估等工作；成立专业发展与建设指导委员会、就业指导委员会，指导专业发展建设以及就业工作。共同制订人才培养方案，制定人才培养标准，协同教材和案例编写，协同实践指导等。

8. 提高社会服务水平，拓展转型发展的延伸

从管理体制和组织机构入手，建立起符合为地方经济建设服务需要的组织机构，使本专业为地方经济建设服务有组织上的保障。促进"政""企""学""研"的合作与交流。建立相关制度促进本专业教师更积极主动地、有效地为地方经济建设服务。积极发挥财税等部门兼职教授对专业建设和发展以及为地方经济服务的建议，使专业建设目标更符合广东地方经济社会各方面的需要。

参考文献

［1］查建中：《关于"现代职业教育体系"讨论中若干名词术语的思辨》，载于《高等工程教育研究》2014 年第 6 期。

［2］方杰、于丰园：《对地方应用型高水平大学的诠释》，载于《长春工业大学学报》（高教研究版）2015 年第 3 期。

［3］胡天佑：《建设应用型大学的逻辑与问题》，载于《中国高教研究》2013 年第 5 期。

［4］李薇薇：《应用型本科高校转型地方政府大有作为》，载于《中国教育报》2015 年 11 月 30 日。

［5］孟贤军、翟振东：《地方新建本科院校向技术应用型大学转型的思考》，载于《陕西教育》2014 年第 12 期。

［6］曾祥辉：《新建地方本科院校转型发展与价值追求》，载于《福建警察学院学报》2014 年第 6 期。

［7］曾祥辉：《问题的厘清：高校应用型转型的效果与效率保障》，载于《长春工业大学学报》（高教研究版）2015 年第 6 期。

［8］张文祥：《应用型本科高校内涵、特征和发展路径》，2014 年 6 月，http：//wenku. baidu. com/view/d444df813186bceb19e8bbdc. html. 2016. 1。

广东财经大学税务应用型本科人才培养路径

陈小安

广东财经大学税收学专业是广东省应用型人才培养示范专业。近年为进一步提高我校税收学专业教学质量，使我校税收学专业逐步建设成为"立足广东、面向华南"，省内前列，在国内具备较大影响力、特色鲜明的，并服务地方经济发展的高级税务应用型人才培养示范专业，我们在专业建设、团队建设、课程建设等方面进行了大量的改革探索，主要通过以下路径进行了人才培养。

一、构建校政企多主体协同、渐进式人才培养模式

在培养对象上，以培养具有"强能力、重应用、诚实守信"的税务人才为目标，促进学生全面发展，着力提高学生忠于职守、服务社会的职业素养，勇于探索的创新精神和善于解决问题的实践能力；在培养主体上，倡导多方参与，将校政合作、校企合作、校校合作融入教学和人才培养全过程，不断推进政产学研合作与协同创新；在培养过程上，推进课堂—模拟—实践的渐进式培养，通过知识点的切入、能力线的串联、素质面的构建，最终培养"强能力、重应用、具备职业操守"的税务应用人才。

税收学应用型人才培养标准贯穿于税务人才培养各个环节，体现在教学计划、教学方案中。根据税务部门、企业、中介对税务专业人才的需求，围绕税务高端专业人才能力与素质要求，建立动态税务专业人才培养标准。通过人才需求动态跟踪、用人单位事前指导、事中参与、事后反馈机制建设，建立税收学应用型专业人才培养标准体系。

二、打造专兼结合、能力互补的高素质教学团队

通过改革试点，建立一支专兼教师比例合理、年富力强、学历职称与学科

专业结构优化，既有深厚的理论基础，又有较强的实践指导能力的高素质、复合型教学团队，提升整个教学团队的学术水平、实践应用能力和职业素养，为税收学示范专业建设提供师资保障。

教学团队是税收学应用型专业人才培养的核心要素。以培养教学名师为出发点，以培养青年骨干教师为重点，以现有专业教学团队为基础，在现有师资队伍基础上，加强教学团队的建设力度，通过政企校合作，在三年内建设一支具有较高理论水平与实践能力的"双师型"或复合型教师团队，以及一个优秀教学团队和一个实验实践教学团队。

三、优化"一主三结合"的专业课程群，创新税收学应用型 本科专业教学方法体系

即以能力培养为主线，建立课堂讲授与案例教学相结合、课程学习与专题讲座相结合、理论知识学习与实践应用能力培养相结合的课程结构体系。实现人才培养过程中共性与个性的统一，体现"因材施教"的教育理念，满足学生个性化发展需求；实现课堂教学情境、实验模拟仿真教学情境以及现场教学情境的动态化整合，形成"三境合一"的动态化教学方式，体现教学过程中的"学思结合"；建立整合校内外资源的多元化、开放式实践教学平台，为知识转化、理论升华以及能力、素质的提升创造平台，做到人才培养过程中的"知行统一"。注重教学的启发性，探索多种教学方法，突出学习的情境性、实践性和建构性，充分调动学生学习的积极性、提高学生的自学能力。通过制度引导，促进科研与教学互动，支持学生参与科研活动，为学生营造做中学、学中做的良好环境。

四、打造条件优良、资源充足、体系完善、运行高效的实践 教学平台

构建融实验、实训和实习为一体的实践教学体系；融专业教师、实验员、业界专家为一体的实践教学队伍；融教室、实验室、实习基地为一体的实践教学平台；融实验教程、实验指导书、实验大纲为一体的实验教材体系。在传统校企合作共建实习基地的基础上，积极开展与企业共同制定实践教学方案、共同开发实验课程、共同编写实训教材、共同开展实践教学研究、共建实验室等

深层次的校企合作。

增加实践教学的比重，确保专业实践教学在总学时中占到 30%；在现有实训实验课程基础上，增加综合性、设计性、协作性的实验，探索自选性实验内容；在实验基地建设方面，进一步加强与税务师事务所及资产评估事务所等校外实践教学基地的合作，新建 4 个校外实习基地；通过实践教学基地的体系化，实现实践教学资源的共享；通过师资培训，提高实验室教师的水平，以更好地承担实践教学。

五、建立全方位、多元化的教学质量管理和人才培养质量考评体系

深化改革教学管理体制，建立监控与保障结合、评价与反馈结合、激励与约束结合的全方位、多元化教学管理体系。以多方共同评价为主导，以提高学生专业技能的掌握和实践应用能力为目的，以激励学生将专业学习与职业兴趣有机结合为手段，建立校政行企共同参与、单向评价与综合评价相结合、课程考试评价与实训实习评价相结合、知识结构评价与实践能力评价相结合的全方位、开放式人才培养质量考核与评价体系。

参考文献

[1] 林莉:《税务专业实验教学现状与改革——以应用型本科财经院校为例》，载于《黑河学院学报》2013 年第 6 期。

课程建设

论探究式课程教学模式的实践与探索

常 远

"要深化本科教育教学中的改革，重视学生在学习中的主体地位。注重学思结合，倡导启发式、探究式、讨论式、参与式教学。注重教学管理改革，完善促进学生综合素质提高探究性发展的评价方式，形成有利于学生自主学习的良好机制。"这是教育部在 2013 年《高等教育规划》中强调指出的一点。从规划中我们可以清晰地看出教育部门对于启发式、探究式、谈论式、参与式教学的重视。从我国多年的教育实践中可以看出，如果继续采取"满堂灌"的"填鸭式"教学，这会让学生处于一种被动的状态之中，对老师的依赖程度逐渐加大，自己独立思考的能力逐渐衰退，课堂氛围处于一种死气沉沉的状态，考试中的问题学生呈现一种懵懂的状态，课堂效率低下。远离"填鸭式"教学模式，践行探究式课程教学模式，指引学生发挥主观能动性、自主主动学习已势在必行。

一、探究式学习方式的概念与特点

探究式学习或称探究性学习、研究性学习，是指从学科领域或现实生活中选择和确立主题，在教学中创设类似于学术研究的情境，学生通过独立自主地发现问题、实验、操作、调查、收集与处理信息、表达与交流等探索活动，获得知识，培养能力，发展情感与态度，特别是发展探索精神与创新能力。它倡导学生的主动参与，以科学概念或原理为基础，不一定是有唯一确定的参考答案，其答案的范围、形式多种多样，甚至可以说没有答案。探究式学习是一种积极的学习过程，主要指的是学生在科学课中自己探索问题的学习方式。

任长松（2003）认为，从知识的构建方法上来看，探究式学习具有多样化的模式，可以是发现式的，也可以是接受式的，核心概念是学生通过自主学习，自主构建知识、发展理智能力、体验深层次的情感、掌握解决问题的方法。

由于多种原因，人们在理解和实施探究式教学中容易出现两方面的偏差：一方面是对探究的泛化；另一方面是对探究的神化。前者就是随意地给一些人们早已熟知的教与学的形式贴上探究的标签，如一个从目的到内容再到方法、步骤，甚至连表格都画好了的实验活动设计，却不仅被冠以探究而且是自由探究的名称；后者则只把从问题的提出、证据收集，方案的制订和实施，到解释的形成、检验和结论的得出等都是由学生自主发现、由学生独立完成的活动才归为探究。这两种理解都背离了探究式学习的本质意义，如不加以澄清和纠正，将极大地影响探究式教学的实施。

区别事物的基本方法就是把握它们的特征。要正确实施科学探究式的教与学，必须把握其基本特征，美国国家研究理事会 2000 年组织编写出版了《科学探究与国家科学教育标准：教与学的指南》，对科学探究式的教与学的重要问题进行了比较系统、比较有说服力的阐述，其中，将探究式教学的基本特征概括为如下五个方面的内容。

1. 学习者围绕科学性问题展开探究活动

所谓科学性问题是针对客观世界中的物体、生物体和事件提出的，问题要与学生必学的科学概念相联系，并且能够引发他们进行实验研究，导致收集数据和利用数据对科学现象做出解释的活动。在课堂上，一个有难度但又让人能尝到果实、足以引发探究的问题，能激发学生的求知欲望，并能引出另一些问题。例如，对于低年级学生，符合上述标准的一个问题可以是大黄粉虫幼体是如何对光做出反应的？对高年级学生，可以问：基因如何影响人的眼睛的颜色？而即使对高年级学生，提出今后一百年间全球气候将会如何变化这样的问题也是不合适的。这个问题虽具有科学性，但过于复杂，学生回答这个问题绝不可能全面考虑预测范围内有关的证据和论据。学生可能只会考虑个别因素，如云量的增多对气候变化将产生怎样的影响；或者可能考虑一些因果关系，如气温升高（或降低）对植物、气流、天气将有怎样的影响。

2. 学习者获取可以帮助他们解释和评价科学性问题的证据

与其他认知方式不同的是，科学是以实验证据为基础来解释客观世界的运行机制。科学家在实验中通过观察测量获得实验证据，而实验的环境可以是自然环境，如海洋，也可以是人工环境，如实验室。在观察与测量中，科学家利用感官感知，或借助于仪器（如望远镜）延伸感官功能进行观察，甚至用仪器测量人的感官所不能感知的物质特性，如测量磁场。有时，科学家能控制条件进行实验，而另一些时候则无法控制，或者实行控制将破坏实验现象。这种情况下，科学家只有对自然界中发生的现象进行大范围、长时间的观测以便推断出不同因素的影响。可以通过改进测量、反复观察，或者就相同的现象收集不同类型的实验数据的方法提高所收集到的证据的可靠性。证据是可以被质疑和进一步调查研究的。

在课堂探究活动中，学生也需要运用证据对科学现象做出解释。学生对动植物、岩石进行观察并详细记录它们的特征；对温度、距离、时间进行测量并仔细记录数据；对化学反应和月相进行观测并绘制图表说明它们的变化情况。同时，学生也可以从教师、教材、网络或其他地方获取证据对他们的探究进行补充。

3. 学习者要根据事实证据形成解释，对科学性问题做出回答

科学解释借助于推理提出现象或结果产生的原因，并在证据和逻辑论证的基础上建立各种各样的联系。科学解释须同自然观察或实验所得的证据一致，并遵循证据规则。科学解释还须接受公开的批评质疑，并要求运用各种与科学有关的一般认知方法（如分类、分析、推论、预测）以及一般的认知过程（如批判性推理和逻辑推理）。

解释是将所观察到的与已有知识联系起来学习新知识的方法。因此，解释要超越现有知识，提出新的见解。对于科学界，这意味着知识的增长；对于学生，这意味着对现有理解的更新。两种情况的结果都能产生新的认识。例如，学生可根据观察或其他的证据解释月相的变化、不同条件下植物的生长状况不同的原因以及饮食与健康的关系等问题。

4. 学习者通过比较其他可能的解释，特别是那些体现科学性理解的解释，来评价他们自己的解释

评价解释，并且对解释进行修正，甚至是抛弃，是科学探究有别于其他探究形式及其解释的一个特征。评价解释时，可以提出问题：有关的证据是否支持提出的解释？这个解释是否足以回答提出的问题？从证据到解释的推理过程是否明显存在某些偏见或缺陷？从相关的证据中是否还能推论出其他合理的解释？

核查不同的解释就需要学生参与讨论，比较各自的结果，或者与教师、教材提供的结论相比较以检查学生自己提出的结论是否正确。这一特征的一个根本要素是保证学生在他自己的结论与适合他们发展水平的科学知识之间建立联系。也就是说，学生的解释最后应与当前广泛为人们所承认的科学知识相一致。

5. 学习者要交流和论证他们所提出的解释

科学家以结果能够重复验证的方式交流他们的解释。这就要求科学家清楚地阐述研究的问题、程序、证据、提出的解释以及对不同解释的核查，以便疑问者进一步地核实或者其他科学家将这一解释用于新问题的研究。而课堂上，学生公布他们的解释，使别的学生有机会就这些解释提出疑问、审查证据、挑出逻辑错误、指出解释中有悖于事实证据的地方，或者就相同的观察提出不同的解释。学生间相互讨论各自对问题的解释，能够引发新的问题，有助于学生将实验证据、已有的科学知识和他们所提出的解释这三者之间更紧密地联系起来。最终，学生能解决彼此观点中的矛盾，巩固以实验为基础的论证。

二、探究式课程教学模式介绍

探究式课程教学模式是指从问题出发，紧紧抓住问题把学生的思维引向深处，引导学生进入探究式学习程序，创造性地、有效地解决问题，并且引发出新的开发性、发散问题，作为课堂教学的结果。该模式要求教师树立现代教育观念，让学生通过探究自主学习，实现认知与心理的自我发展、自我完善，并提高认知结构形成的效率，使之具有强烈的创新意识和较强的创造能力。探究教学是以"疑问"为中心，是以认知与情感、指导与非指导、逻辑思维与形象思维、能动与受动、外部物质活动与内部意识活动相协调。探究教学模式由以下七部分组成。

1. 寻疑——课前预习、发现问题

预习可以提高课堂学习效率，可以培养学生的自学能力和良好的学习习惯，可以改变学习的被动局面。学生通过通读教材，可以初步理解教材内容和思路，找出新旧知识间的联系，明确教材重点、难点，发现自己不理解的问题。课前预习发现问题，使学生有强烈的求知欲，主动积极地探索规律，学生以最大的精力和顽强性掌握教材时，其智力受到最强烈的激发。

2. 示疑——创造情境，揭示问题

在寻疑的基础上，教师要在课堂上创设问题情境。教师有目的地引入或创造形象、生动、具体的场景来烘托出问题，以激发学生思维的积极性和求知欲。以问题为诱因造成的问题情境，体现出情境在探究式教学中的突出作用以及问题在情境中的地位。

问题情境可以激发学生的好奇欲望、探索欲望、创造欲望和竞争欲望，可以给学生的思维以发散作用，把凌乱的思维归类和条理化，让学生进行多层次、多方向、多角度的思考，这样有益于开展求异思维和创新思维，并提升应变能力和探索创新精神，形成良好的思维品质。

3. 探疑——深入课堂，抓住问题

探疑是问题探究教学的中心环节。探疑就是由疑难不确定的问题到确定的情境两端之间的全过程，要把握课堂教学的脉搏，对创设情境中的问题反复持续地探究，在探索过程中产生许多主意和可能解决问题的方法，把所有的主意和方法排列出来，从各种解决方法中选优、分析及预测它的可行性。

探疑可分为独探和共探，独探就是学生自己探究问题，这样可以使学生在独立思考中发挥才智，并且每个学生都能建立自己的认知结构，而这种知识不可能从教师那里吸收现成的。共探就是学生之间共同探索，能进一步丰富学生的思维，有助于提高学生的学习积极性，从中能够意识到他们的思维策略。由独探到共探，有选择地让他们发表各自尝试的探索程序，促使他们的思维达到应有的深度。

4. 质疑——发散思维，提出问题

经过寻疑、示疑、探疑阶段，学生在过程中发挥了主动和自我发现的作用，使学生掌握了陈述性知识，进一步产生深层次的疑问。质疑对思维内容具有限定性。学生的每一次质疑本身就有内容的专一性和排他性，随着质疑的变化，质疑内容也会发生变化，质疑的质量也相应提高。质疑对思维过程的发展具有定向性或指导性，质疑要不断启发学生提出有明确目的性的问题，要连续不断地从不同方向不同角度进行质疑。

质疑过程中教师要以民主的态度，支持学生发表不同意见，鼓励学生探索尝试，用不同方法理解事物，不赞成依赖和顺从，体验自尊与责任感。

5. 点疑——点拨迷津，启发问题

在学生质疑的基础上，教师根据问题的性质、难易和综合程度给予启发性点拨，使其开窍，引导他们学会思考，使他们从各个角度进一步探索分析，激发他们的求异动机。在点疑阶段，教师必须创造一个令人振奋的气氛，以便使学生感到能够自由地做出反应。教师的点拨和启发可以促进学生通过简约的提炼认识过程来实现人类认识向个体认识的转化。点疑可以使学生找出原因，走出困境。

6. 析疑——解答疑惑，利用问题

在质疑和点疑的基础上，教师通过析疑来进一步调动学生的探索欲望，发展思维的定向性和指导性。学起于思，思源于疑，有疑才能有思，无思不能释疑。析疑不能理解为单纯解答学生的问题，而是和学生共同寻求问题的解决方法。从各种解决方法中选择最佳途径，并对选择的方法进行周密评判，分析和预测所选方法的可行性及其效力，最后把选定的方法精制化。

析疑中教师所提供的语言指导应该是最精炼的，析疑过程强调对问题情境的认知结构的重组。析疑阶段给教师和学生都提供了共同的创造成功、体验成功的机会与条件，使教师和学生共享成功的喜悦。

7. 留疑——反思余味，留下问题

基本完成课堂教学任务之后，教师可留下寓有启发性和开发性的思考问题，给学生以极大的思考余地与广阔的探索空间，从而使每个学生都能充分发挥个人所长，挖掘潜能，施展本领，展示才华。留疑过程应充分考虑学生的个体差异，学生的基础不同，课堂吸收率也不同，学生思考的热点各异，兴趣爱好、特长能力也不同，留疑给学生各自发挥特长、展示才华的机会。

问题探究教学，可以培养学生的创造意识和创造能力，不断扩大学生的视野，增长知识，深入参与，激发灵性。学生参与的探究教学使教学形式、探索内容和方式处于不断变化中。

三、探究式教学模式在我校的改革与运用

探究式教学是以学生为主体的教学模式，其宗旨是培养创造性人才。生命现象的千变万化，生物世界的丰富多彩，生物实验手段的多种多样，以及生物新技术、新成果的不断出现等，这一切都为生物教学提供了丰富的材料和内容，很容易激起学生对学习生物学的兴趣，也是实施探究式教学的好素材。因此，在生物教学中开展探究式学习，具有选题广、可操作性强、生动有趣、贴

近生活、贴近实际、课内课外联系紧密等诸多优点。目前已经有许多二本和三本院校展开了研究性互动式教学改革，而我校作为全国二本院校中较为有名的学校，却未好好地推广使用这种改革，这不仅是在行动上落后于其他学校，更是在思想上与其他学校相距甚远。如果继续目前的教学模式（教师"填鸭式"，学生依赖教师，不思考、不动脑）不做改革，那么培养出来的学生就会思想僵固，做什么事情完全不会有自己的想法，书本上说什么就是什么，完全不会根据实际情况提出自己的见解与意见，这样的学生进入社会之后将会逐渐被社会淘汰。教师持续这种教学方式，其思维也会逐渐僵化，没有创新，使课堂就像一潭死水，毫无活力可言。久而久之，大学教育会越来越偏离教育的真谛，丧失高等教育的价值和意义，逐渐沦落为一种僵固的模式，只是为了文凭而在"行尸走肉"。

探究式教学改革给我们以警示，我们必须紧跟时代的步伐，结合我校的实际情况进行改革，培养有优势、有特色、有能力的优秀大学生。对于教学改革不可能一蹴而就，现阶段的形势可以采取局部改革，逐步实施，最终实现探究式教学模式的改革。我们可以先在《会计学》这门课程的教学上展开实验，这门课程突出探究性教学的基础课，其教学团队和课程体系较为成熟，适合探究式课程改革。此课程改革成功后可以在其他应用型课程上广为推广。具体设想如下。

（1）树立探究式教学模式的核心概念，明白教育的核心不单单是教师单方面的灌输，学生被动地学习，而是教会学生思考和学习的本领，提高自主学习能力。我们应该清楚地意识到，如果知识只是简单地从教师传达给学生，那么学生听完之后很容易忘记，这种"填鸭式"的教学将会使学生很容易出现疲劳的现象，而探究式教学使学生参与进来，跟老师进行互动交流、沟通，这样学生对于所学的知识就会记得比较深刻，没那么容易忘记。

（2）改变现有的老师讲、学生听的模式，老师要转换角色，课堂的主体是学生，让学生的主观能动性得以淋漓尽致地发挥，老师作为课堂的引导者，精简教学内容，挑重点、难点问题和理论框架讲。学生是课堂的主体，可以通过小组讨论学习，跟同学的思想进行交流碰撞，总结自己与其他同学之间的差异，再与老师进行讨论，最后形成自己的正确结论和观点。根据建构主义的观点，知识是发展的，是内在构建的，是以社会和文化的方式为中介的。意识具有主观能动性，良好的意识会推动社会文化的发展，但这无法通过教师单方面的知识转移实现。教师的说教只是教师自己头脑中的产物，要使教师头脑中的产物转变为学生自己的产物，就需要通过实践，通过教师与学生共同学习，充分发挥学生的主观能动性，让学生在实践中形成自己的思维能力。

（3）为探究式教学模式改革准备必需的资料储备。课程组应该统一主题，共同探讨课程的框架、重点、难点；根据课程目标设计出一套学习模式、评估模式，提供丰富多彩的学习资料、学习网站，大致确定学生思考的行为方式。

（4）课程组成员每周碰头一次，交流问题和分享经验，及时反馈、补充和完善最初的设计。课程负责人应该有责任意识，在团队中发挥主导作用，对于团队中出现的问题要及时处理，必要时请求老师给予帮助指导。

研究性互动式课程教学改革的顺利进行，离不开教师、学生的互动、交流与配合，离不开学校领导的支持和高度重视，希望各位老师、同学身为学校的一分子，都要认清目前的严峻形势，明确何为高等教育，认识到培养学生的自主创新能力对于学生进入社会的重要性，这不仅对学生有重要意义，对造福社会也具有深远的意义。请永远记住：教学增长智慧永远要比让学生增长知识更优先。

参考文献

［1］任长松：《课程学习方式的变革》，人民教育出版社 2003 年版。

［2］Center for Science, Mathematics, and Engineering Education, *National Research Council*, *Inquiry and the National Science Education Standards— A Guide for Teaching and Learning*, National Academy Press Washington, D. C. pp. 24 –27.

提升税收类课程教学质量的思考

邓满源

由于直接由中学教育进入高等教育，普遍来说，大学生接触社会较少，对社会认知度不高，并且高等教育学习阶段实际是一个从学校到社会的衔接，大学生在学习的过程中往往会滋生出许多问题，例如如何看待自然界？如何看待人类社会？如何看待人生？如何正确对待学习生活？这些都涉及价值观问题。如何树立正确价值观，正确地对待世界、对待人生，如何实现自我价值，对每一个即将步入社会的大学生来说至关重要。作为一门综合性学科，如何在授课时将正确、积极向上的价值观渗透到学生的思维中，合理有效地传播税收知识，是一个值得研究的课题。

一、税收类专业课程授课中容易遇到的难点

1. 学生自身对税的认识浅薄，对社会感知度不高

高校语文、高等数学等课程是公共基础类课程，区别于这些公共基础类而言，税收类专业课程在高中时期并没有开设，学生对税收以及税收制度的了解大都只是来源于高中政治课程的简单概述。所以对于学生尤其是财税专业以外的学生来说，这门课程由于综合性强、对社会认知度要求高，但开设时间过早、课程量较少等因素限制，使得学生在学习时往往一知半解，不能深刻体会到我国税制设计理念、整体布局以及细节表述等各方面的精髓，导致对知识的理解程度不高，学习效果并不显著。实践是培养、训练学生观察社会、认识社会以及提高自身分析问题、解决问题能力的重要教学环节，虽然许多高校通过技能型模拟实验或仿真模拟实习等模式来增加学生对社会的感性认识和实际操作能力，但往往与税收制度课程开设的时间不同步，知识衔接上产生时间差，因此也不能达到预期的学习成效。

2. 传统的教学手法容易使学生陷入被动接受的模式

教师的教学观决定了教师对学生的态度，并影响学生的学习观、学习方法及效果。一般来说，高校教师的教学观分为三种类型：片面的教学观、中层教学观和全面的教学观。第一种模式下，学生的主体地位是被否定的，仅仅只是知识的受体和教学的客体；第二种模式下，教师的教学主体地位没有动摇，但课堂教学有了互动；第三种全面的教学观模式除了肯定教师的主体地位，学生也成为教学中不可或缺的主体，学生的主体意识强烈，也能参与教学活动，显然更能有效地通过课堂教学渗透积极向上的价值体系。税制作为财经院校普遍开设的一门课程，综合性强，对学生要求比较高，一般来说，税收制度的基础部分可以由教师主导课堂，通过通俗易懂的语言或精简的案例向学生传授基本理念、基本原则，激发学生的兴趣。税收具体制度模块的学习，教师则可以不用完全主导课堂，应当引导学生从应试教育的表层学习方法中摆脱出来。但受传统思维模式的影响，现今主要的教学模式仍然是以教为基础的教学活动，加上部分高校体制的不合理，教师授课的自主性受到严格限制，因此，税收体制设计以及税法具体内容的学习主要仍是一种视学生为教学客体的被动式教学观，学生在教学过程中的主动性、积极性受到压抑。

3. 教育资源有限，学生自主创新度不高

现行高中文理分科体制，使进入财经类院校后的部分学生如理科生没有掌握扎实的基本理论，难以将税制课程的核心观念、设计要点等灵活运用于生活实践中，学生往往不知道实践、不知道该怎么实践。同时，由于资源的限制，如税收专业的实践教育理论体系和信息化系统建设需投入大量的人力、财力，基础比较薄弱的高校很难承受，加上对建立和完善信息化系统建设认识上不足、主动性不强，因此税收专业的实践教育常在低层次徘徊。以致目前高校税收专业实践教学仍处于低水平状态，会计核算效率较低，税收实践教学系统建设，尤其是信息化教学系统建设还非常薄弱，阻碍了高层次税收人才的培养和发展。

二、提升税收类课程教学质量的建议

1. 充分了解学生需求设计课程

税收类专业课程，如《中国税制》对财税专业以外的学生来说是必备的社会知识，对财税专业的学生来说更是其就业和日后工作的"饭碗"。高校应注重引导和传授学生学习基础理论及知识，熟练掌握国家税收政策，提高税收专业技能。课程的设计应当通过了解就业市场的需求和学生职业发展规划，结合问卷调查得出往届毕业生在实际工作中所学课程与各主要知识点的实用度来检讨课程设计方案，从而强化税制学习内容的衔接，尽量做到学生能及时将知识点融会贯通，又不至于浪费资源。首先，可以成立课程咨询委员会，聘请包括财政局、税务局以及各代表企业在内的骨干人员，了解社会对财税专业毕业生的期望、对非财税专业税法知识的要求，清楚具备哪些知识、技能、态度是非常必要的，由此可以相应地加大教学力度；其次，对财税专业及非专业学生、毕业生与在校生设计不同的调查方案，并定期进行问卷调查，了解学生的发展及将来在工作中的潜力，将具有普遍性和实际意义的信息及时反馈给任课教师和在校学生，由教师在教学中适当调整，强化学习效果；最后，要定时检讨课程内涵，处理好课程之间的衔接问题，如基础会计学和中国税制之间、税法理论学习与实践内容实践的衔接问题，以免造成知识脱节或重复，并且定时进行课程自我品鉴，做必要的修订。

2. 主讲教师应与时俱进，适应课堂授课的需要

税收类课程定位于未接触过社会税务活动的大学生，授课教师应当立足于培养学生获取知识、运用知识和创新知识的能力，强化专业知识和基本理论，拓宽专业知识面，提高学生的实际操作技能，使学生能够较好地掌握课程的理论体系、框架和思维方法、分析方法，造就既适应市场经济需要，又适应经济建设主战场要求的高素质人才。对于税收课程而言，授课如果要生动有趣，必然要求教师在通晓税法的基础上，深入税务部门进行实践和调查研究，掌握第一手资料和实际部门的具体操作程序，授课中多运用启发式和案例式教学方法，才能有效地调动学生学习的积极性，培养学生浓厚的学习兴趣。此外，进一步完善网络教学环境，使现代教学技术得到更广泛地运用也是非常必要的。例如，主讲教师可以指导学生充分利用税收专业网站，解决在学习中遇到的各种疑难问题，了解税收政策的变动情况，使所学知识得到不断更新，并且课堂外可以利用网络开展师生教学互动，耐心细致地帮助学生学好课程。

3. 学校体制、软硬件配套应当符合教学发展需求

首先，应当建立灵活的体制。目前，国内部分大学管理体制比较呆板，政府如何管理大学、大学如何管理自身这些问题有待解决，大学在自身管理、教学体制、管理体制方面也缺乏压力，没有动力，要实现跨越式发展，需要体制革新、机制创新。例如尊重教师上课的权益，对于授课模式不能规定的太死板，鼓励教师采用多样化的方式传授知识。特别是税收类课程，与社会联系紧密，案例教学、视频授课、课堂互动等环节不应和其他公共类课程一样，硬性规定一个模式，要求教师必须在框架内授课，而是应当赋予授课教师更多的自主权，让老师能够更加灵活地结合课堂实际满足不同学生的成长和发展需要，师生的归属感更容易得到满足。

其次，硬件、软件配套设施也要同步跟上。税收类课程涉及税务系统的许多软件课程，如金税工程、税收征管系统等，因此，硬件设施和配套软件的投入必不可少，标准化实验室、配套的税务模拟软件等，既是学生学习活动的重要窗口，也是教师成果的重要保障。

参考文献

[1] 王敏：《职业发展导向财税专业课程设计之探讨——借鉴台湾逢甲大学财税系课程革新经验》，载于《湖北经济学院学报》（人文社会科学版）2007年1月。

[2] 王均：《中国高校产业管理体制改革》，经济管理出版社2009年版。

[3] 张平：《高校本科财税专业课程设置改革与质量优化调查研究》，载于《财会月刊》2009年5月。

应用型高校税务专业纳税评估课程教学问题的若干思考

陈　淼

一、广东财经大学纳税评估课程建设情况简介

1. 课程教学对象与目标

纳税评估课程教学对象主要为大三、大四在校全日制本科生及研一的税务专业硕士。要求在课程之前掌握税法、财务管理、税收会计、统计学和计量经济学等相关专业知识，熟悉 Excel、Spss、Eiews、Stata 等统计、计量经济学分析软件。

课程的教学目标为，通过本门课程的学习，能够掌握并熟练运用纳税评估的方法，掌握纳税评估所需的统计分析技能，熟练运用现有的统计和计量分析工具进行简单的纳税评估数据处理。

2. 课程教学方法及主要教学内容

仅以 2015~2016 学年为例，我院纳税评估选修课程采用的是讲授与案例分析相结合的研讨式教学方法。具体以案例分析为主要授课形式，要求学生结合教材［《纳税评估实务与模型案例分析（国税版）》］，搜寻案例和分析案例。教师采用课堂提问、数据处理经验介绍等方法组织课堂教学活动。

2015~2016 学年纳税评估课程教学内容包括：

（1）纳税评估课程简介（1 学时）；

（2）纳税评估分析的基本工具与方法（8 学时）；

（3）纳税评估指标简介（6 学时）；

（4）纳税评估模型分析（11 学时）；

（5）纳税评估案头分析资料简介（4 学时）；

（6）期末随堂考试（2 学时）。

共计 32 学时。

二、广东财经大学纳税评估课程教学中存在的主要问题

1. 现有纳税评估课程的教学体系仍需进一步完善

目前，全日制本科生教学和税收专硕教学间缺乏有效的课程链接，没有拉开课程之间的层级与难度，无法体现不同学习阶段的教学区别。

作为一门新兴的学科，从全国高校开设纳税评估课程的专业来看，没有一所高校将该门课程作为学科主干课程或专业必修课程。目前税收学教育指导委员会并未针对纳税评估课程出台相应的教学内容指引，仅有各省市的税务干部进修学院开设了相应的纳税评估课程，并实现了常规化、日常化的教学工作。从互联网搜索工具的查询结果来看，仅有长沙税务干部进修学院将本课程作为精品课程进行课程建设。可见，从全国范围来讲，我国尚未建立起由专业高等学校、税务干部院校共同参与的适应培养不同层次税收管理人才的纳税评估课程体系；同时，由于纳税评估课程建设缺乏理论与实践的双向互动及交流平台，亦不能有效地满足行业类纳税评估管理人才培养和税务实践的需要。

从我校纳税评估课程建设来看，目前课程的教学体系仍有待完善，课程教学梯队仍有待进一步充实。首先，纳税评估课程的教学内容缺乏与实务联系，缺乏与其他专业课程联系，缺少相应的课程教学软件，缺乏整体规划和本科、硕士课程的总体规划与统筹安排，课程教学体系有待进一步改进和完善。其次，课程教学梯队仍需进一步充实，目前来讲，全日制本科教学中该门课程的常备教师仅两名，分别承担本科和研究生的日常教学工作，缺乏日常教学内容的衔接。可见，我校纳税评估日常教学尚处于起步阶段，尚未建立起针对该门课程的涵盖需求分析、项目策划、教学实施到考核评估的标准化体系，在需求数据分析、学生实践能力培养、教材、题库、实训平台建设、后续实践能力跟踪评价等方面还停留在初级阶段。

2. 现有纳税评估教材繁杂，内容体系设计不够严谨，缺乏统一的教学指标评价体系

现有市面出版发行的纳税评估教材较多，但内容单一，多是政策法规、评估理论的逐条介绍，纳税评估案例内容缺乏全过程的完整记录、整理、分析与规划，数据分析的严谨性、科学性不足，从而直接影响评估分析逻辑的准确性和评估结论针对性。

首先，多数纳税评估教材侧重原理与知识的灌输，忽视职业能力的培养。多数纳税评估教材过于强调对政策条例、税法法条的解释，注重对基本原理与知识点的介绍，着重介绍不同学说，往往导致理论有余，实践不足，教材与实践严重脱离。不少教材忽视评估方法论的训练，忽视知识向智慧与能力的转化，不注重提升学生的理解能力和操作能力。

其次，现有纳税评估教材内容重复，不符合基本规范。依照常理，教材所反映的内容应是纳税评估理论与实践研究的精华，只有对该门专业研究到一定程度的人才能对整个学科有较系统的了解，才有可能在此基础上编好教材。然而现实情况是，编写教材资格的门槛低，很多学者不重视教材的编写，最后"加工"出来的教材没有特色，内容重复。特别是由于纳税评估作为新兴专业，缺乏税收征管法等基本法典或法律文本支撑，同时学科自身理论体系尚未统一，教材显得如同知识"拼盘"。有些内容明显带有极强的个人观点，夹带许多尚未达成共识的见解，甚至是片面的个人主张，不符合教材编写基本规范，内容散漫零乱，缺乏逻辑性，令人读后不知所云。

最后，多数的纳税评估教材中学术研究与实务操作脱节，缺乏有效沟通与关联。目前的纳税评估界，实务操作与学术研究分隔成各自为政的不同领域，采取截然不同的话语、方法、思维模式甚至知识结构。实务操作和学术成果之间的严重阻隔，不仅造成了教师教学、科研的隔绝与断裂，而且使学生深受其害。不少学生反映，即便把教材上的术语、概念、定义、规则和原理背得滚瓜烂熟，他们依然无法看懂和分析相关问题的实际案例。

3. 教学方法缺少互动与创新

一是教学方法缺少互动。限于教学体制教师"满堂灌"，学生上课记笔记，课后背笔记，考试默笔记的学习方式。本科生不适应研讨式教学方法，没有起到预期的教学效果。教学中重理论，实践案例缺乏，教学内容显得不够务实。

目前教学中面临的最重要的问题是缺乏务实性的教学素材。课程设置、讲授内容等与行业类税源管理的真正要求相差甚远，更多的是对某行业的粗浅介绍、相关管理办法和文件的解读，管理方法的实际应用、案例的深入剖析等较少看到。

二是教学方法缺乏突破与创新。情境式、案例式、实训式教学应用不足，以"一言堂""满堂灌"的单向传输知识为主的教学方法实战性不强，常常使学生"囫囵吞枣""蜻蜓点水",不能消化,更不能满足学生提升业务技能的需求。

三、纳税评估课程教学优化路径

1. 重新审视纳税评估与税收其他专业课程间的衔接问题

如果只是设定纳税评估课程,但未能处理好纳税评估课程与其他税收专业课程间之间的衔接问题,就会导致专业知识脱节或者重复。因而,检讨纳税评估课程内涵、明确其与税收专业每门课程间的衔接关系,做好各门课程间教学内容的衔接,逐步实现课程标准化便成为重要的工作。

在实施过程中,由本专业教师分组完成,就经济、财政、税收、会计、金融、管理、计算机信息、法律规章八大领域的课程,明确强调课程的核心内容,从而有效减少税收学专业所学课程间内容重叠的现象。确定各门课程规划和课程内容,设置学生选修课辅导系统,从学生就业的角度安排选修课,使学生在学习纳税评估课程时更具理性和目标性。

2. 改进教学方式,优化教学质量

(1)探索税纳税评估课程专业实施案例教学的具体做法,试编"纳税评估课程重点知识案例库",具体案例应包括涉及的知识点、案例内容、案例点评、案例讨论题四部分内容。案例应当是关于一个特定的、具体的事件的描述或叙述过程,应当有时间、地点、背景、发展、结果甚至人物等要素,并以教学内容为标准,点评该案例中值得称道和需要完善(或值得商榷)之处。

(2)优化纳税评估实验教学软件平台,加大纳税评估教学中实验实践课程比重。

第一,实验实践教学与提升学生能力密切相关。随着税收信息化的迅速发展和国家金税工程的逐步实施,财税部门对税收学专业人才的素质要求越来越高,不仅要求学生掌握学科的基本理论和基础知识,熟悉国家有关税收的方针、政策和法规,了解本学科的理论前沿和发展动态,而且还要求学生具有较强的独立获取知识、运用理论分析问题和解决问题的动手实践能力以及开拓创新精神。在这一背景下,纳税评估课程不仅应重视基础理论的教学,还应强化实验实践教学。实验实践教学是纳税评估课程教学的重要组成部分,具有与理论教学同等重要的地位,是实施素质教育、培养富有实践能力和创新精神的高素质人才的关键环节。

第二，实验实践教学质量的提高对增强学生就业竞争力大有裨益。如前所述，随着信息化、网络化的发展，金税工程的实施，经济管理类的学生不论是研究型的还是应用型的，其动手能力的培养都不可或缺。而无论是政府部门还是企业对于具有较强实践能力的学生都有更强的诉求。若欲在政府部门工作，必须对纳税人管理、发票管理、税务稽查等业务流程非常熟悉。而若站在纳税人、企业的角度，也强烈需要了解并熟悉申报征收、纳税人管理等业务流程。因此，若能在税收实验教学中引入涵盖以上内容的相关软件，使学生在未走出校门时就熟悉政府部门及企业所需了解的业务流程，必然会开拓学生视野，增强其动手能力，在面临激烈就业形势时有更强的竞争力。

第三，适合的实验教学软件对税收学专业开设课程的支撑作用。为优化税收学专业实验教学的软件平台，应在实验教学中引进适合的财税管理实验教学软件。税收学专业实验教学软件首要考虑先进性、易用性、共享性、服务配套性等因素，选择购买比较成熟的实验教学软件。

第四，适当加大实验实践课程所占比重。在税收学专业课程教学总学时量基本不变的情况下，适度加大实验实践课程的比重，压缩讲授课程量，以满足社会对学生"提高实务操作能力"的要求。试行一年后，根据学生和教师的反馈意见再行修订。

3. 探索"组合式"教学模式，打造与专业课程体系改革紧密嵌合的"税收教学团队"

打破"一门课完全由一个教师承担"的格局，不同章节由不同的、在相关领域擅长的教师教授，充分发挥各位教师的特长与优势，打造真正意义上的税收教学团队。在教学效果上，可减少学生对教师的"审美疲劳"，充分调动其积极性，领略"百花齐放"式的新教学风格。此项改革应与专业课程体系改革紧密嵌合，从导论课、原理课开始试行。在税收学专业中，可由税收学学科导论、税收学原理这两门课开始试行。实验实践课程教学也可试行上述改革方法。若要求每一位教师都要精通所有教学相关实验，既无精力，也无时间，实验教学效果会大打折扣。因此，不同的实验实践项目可交由不同的教师承担。

参考文献

［1］陈思霞：《以纳税评估案例教学加强税收课程应用性设计》，载于《教育科学（全文版）》2016年第8期。

浅谈资产评估专业课程教学改革

胡　皓

笔者从事资产评估专业课程教学以来，经过几年的教学实践，觉得可以从以下几个方面进行教学改革，有利于提高资产评估专业教学水平和教学质量。

一、在资产评估专业课程教学过程中引入学期项目报告阶段

资产评估专业课程大多具有实践性和应用性较强的特点，实践教学是不可忽视的重要环节。在资产评估专业课程教学中我们可以尝试把教学过程分为两个阶段，即课程讲授部分和学期项目报告部分。这种想法得益于海外研修项目。

在美国佩斯大学（Pace University）研修期间，詹姆斯·尼斯（James Nish）教授讲授"公司估价"（valuation of the firm）课程的教学方法给我很大启发。"公司估价"是一门本科生课程，该课程主要介绍了在评估某一企业的基本价值过程中涉及的主要方法与工具。詹姆斯·尼斯教授把这门课程的学习安排分成了两个部分——课程讲授部分和学期项目报告部分。

第一部分是为期9周左右的课程讲授部分，主要是尼斯教授详细讲授一些关键的估价理论与工具，例如，阐述相对估值方法和绝对估值方法，并对其合理性进行相关解释；详细介绍相关估值模型的参数选择规律与经验；估值模型的推导与适用性解释，等等。

第二部分是为期4周左右的学期项目报告部分，主要是要求学生运用所学的估价理论与工具对给定的现实中的大型知名企业进行价值评估实践。这一部分要求学生按照既定的分组分工合作，每一组评估一家企业，在最后大概4周的时间内在课堂上按组别轮流进行估价过程和结论的演示汇报，并于期末提交书面报告和相关财务分析过程中的支撑材料及其所使用的Excel表格。通过学期项目报告部分的学习，可以加强学生对课程所学知识的理解，并掌握如何把

相关估价工具应用到现实中去。

詹姆斯·尼斯教授这门课程的教学给我留下了非常深刻的印象，获得了很多经验和深刻体会，令我感受到中外教育活动内容与方式的不同，让我重新审视了高等教育活动，获益良多，深受启发。在资产评估专业课程教学中，也可以尝试把教学过程分为课程讲授部分和学期项目报告部分两个阶段，这样既有利于让学生掌握有关资产评估的基本理论和方法，又有利于使学生及时结合实际巩固所学理论与方法，加深了解和学会运用。

二、积极组织资产评估专业课程教师参加资产评估实践

一个称职的资产评估专业教师，既要参加系统的资产评估理论和方法学习，也要积极参加资产评估的实践活动，从事一些社会兼职活动。

由于资产评估专业课程的实操性很强，为了让学生很好地掌握资产评估专业知识，教师既要有扎实的资产评估理论和方法知识，又要具备熟练的实际操作技能。这就要求教师既要参加系统的资产评估理论和方法学习，也要积极参加资产评估的实践活动，这样兼备理论和实践知识的"文武双全"的教师，在讲授资产评估专业知识的时候，才会游刃有余，才能使资产评估教学课堂生动活泼，避免枯燥机械，提高学生认真听课和努力实践的积极性。

教师在具备了资产评估理论知识和实践经验的基础上进行教学，就能把课堂讲活，在每个知识点的讲解中穿插一些实际案例，结合自己的资产评估实践经验进行经典讲解分析，这样就会使学生既有感性认识又有理性认识，大大提高学生的听课兴趣和课余参加实践活动的兴趣，让学生觉得这种专业课程学了的确有用。

例如，前述讲授"公司估价"（valuation of the firm）课程的詹姆斯·尼斯教授，他在业界就是一名专业的注册会计师，目前是 Gibraltar Industries 上市建筑产品公司的全职董事会成员和审计委员会成员，同时也是全美前十大家庭自动化与安全公司 CSG Group 的董事会成员。他曾经在 J. P. MORGAN CHASE & CO. 和 BEAR STEARNS COMPANIES INC. 等国际知名投资公司担任投资咨询的重要职位。正是由于他丰富的执业实践背景和专业的金融知识背景，他教授的"公司估价"是十分有趣并且非常贴近实际的，让我获益匪浅。

因此，我觉得学校一方面可以适当安排资产评估教师去国外学习资产评估

专业知识，提高资产评估专业教师的理论知识水平和更新资产评估专业教师的知识结构；另一方面还可以适当安排资产评估专业教师去国内外一些资产评估机构参加资产评估实际工作，鼓励资产评估专业教师从事社会兼职活动，丰富教师的实践经验和实际操作能力。学校可以减免专业教师的一些教学工作量，从经费和时间上给予大力支持，让教师们既有扎实的资产评估理论和方法知识，又具备熟练的实际操作技能，从而使得培养的学生具有较强的实际应用能力。

三、课程任课老师对于课堂教学应享有充分的自由裁量权

教学管理应该服从为教师服务和提高教学质量这个宗旨。学校有关教学管理部门应该给予教师课堂教学充分的自由裁量权，以有利于提高教学质量。这一点我在参加海外研修项目中深有体会。

在佩斯大学，只要是与其任课课程有关的所有事宜，任课老师都有充分的权力做出任何决定。即使同一个学期同一门课程，只要任课老师不同，那么，任课老师仍可以自由决定自己任教课程的教学大纲、参考教材和考试方式，不受其他任课老师的影响。他也可以对任教课程教学进程或上课内容随时做出调整，只要他认为这种调整是必要的。

目前我们实行的"统一制"，例如，统一的教学大纲、统一的教材、统一的考试形式、统一的教学管理方法等，这对于专业性较强的课程究竟是不是一定很合适，会不会束缚教师的教学思维，会不会影响"百花齐放，百家争鸣"，是值得认真思考的。特别是一些专业理论和方法上存在很多不同的理论流派、不同的实践经验的专业课程更是如此。"统一制"可能会束缚专业课程教师的教学思维和教学组织，可能会使得专业课程教学强硬死板，一成不变，甚至可能会使得专业课程教学变成程序式教学，忽略了学生的多样性与层次性，不利于学生实际实践能力的培养。

四、给予学生评估与监督教师所提供的"教育服务"质量更多的权力

究竟怎样对资产评估专业教师的教学质量进行有效的监督，是一个值得研究的难题。通过参加美国佩斯大学研修项目所深有感受的是，他们和我们目前

实行的教学质量监督制度有点不一样。

在美国佩斯大学除了上课学生通过期末打分或者提意见的方式之外，没有人可以对任课老师的教学质量做出评判，更不存在其他管理机构突击式的检查行为。例如，如果任课老师上课迟到 20 分钟，在佩斯大学的话，任课老师只需要延长 20 分钟的课程，或者甚至不用任何延时，只要他认为他已经把课堂内容完成了。这一方面是得益于任课老师对于课堂有充分的自由裁量权；另一方面也是其教学质量评估与监督机制的一种体现。学生是教学的对象，教师提供的"教育服务"的质量如何，听课的学生最有话语权，应当给予他们更多的监督权。因此，应当把教学质量"事中"监督的权力交给学生，而非由其他专门管理机构代劳。教学服务是社会产品，存在供需平衡问题，"教学服务"产品的供给应该取决于"教学服务"产品的需求。同时，教学质量本身也直接影响提供给学生的"教育服务"的质量。作为"教育服务"的需求方本身，即学生，同时作为"教育服务"的直接受益者，有着天然的监督动力。因此，学生作为事中监督者自然是最合适不过的人选。如果"教育服务"需求方对于"教育服务"质量有异议，他们必然会及时进行反馈，这样既节省了资源，又提高了监督的质量与效率。教学管理机构的监督重点应当放在引导教师关注课堂教学的实际效果和学生的反映上，随时调整教学方法和讲课方式，提高学生对"教育服务"的满意度。

五、上课班级规模应该缩小

曾经我国大学专业课程班级人数规模一般在 30 ~ 40 人，随着招生人数的增加，现在我国大学的专业课程班级人数一般都在 60 人左右，有时还会出现合班上专业课的情况，一个班上的听课人数高达 120 人之多。如此多的学生在一个班级学习专业知识，究竟是否合适，也是值得我们深思的。

在美国佩斯大学研修期间，我修读了"教育系列专题研讨讲座"（Special Educational Topics Seminar）课程。该课程是专门为我们这批中国海外研修团而设计的，内容主要是关于美国和国际教育的趋势与热点。讲座一共有 12 个专题，其中每项专题都是由涉及这一专业领域的专家进行授课指导的。每一位授课的专家教授都有自己的一套教学方式和个人魅力，让专题教育讲座变得十分有趣，授课过程也是非常生动活泼，这使我能够从更多不同的角度更加深刻地认识教育活动。

根据教育专题讲座的沃克（Walker）教授所说的，美国高等教育常规班级规模大概在 30 名学生左右。相比于中国的不低于 60 人一个班级甚至 120 人一个班级的规模来说，美国的大学班级规模要小得多。小规模班级讲课和大规模班级讲课效果大有差异。首先，上课班级规模更小意味着平均每一名学生从任课老师那里获得的教育服务更多。这也成为美国任课老师从身心上保障高水平教学质量的基础之一。其次，这让任课老师对单个学生进行单独辅导成为可能。例如，学生在课后作业、期中考试或者其他与课程有关的内容中向任课老师提出的问题，任课老师能够及时对其进行指导反馈，这一点在大班教学中是很难实现的。最后，上课班级规模更小更有利于任课老师组织课堂讨论，学生与教师的课堂交流就会更加充分和深入。

而大规模班级讲课，课堂人多，加之教室讲课设备陈旧，使得学生听课费力，老师讲课与课后监督课业吃力，严重影响教学效果。所以，我们应当减少班级人数，不能片面追求经济效益而忽略教学效果与教学质量。

参考文献

[1] 俞园园、朱和平：《基于国际化视野的会计学专业资产评估课程教学创新》，载于《教书育人：高教论坛》2015 年第 9 期。

对改进《政府与非营利组织会计》教学的思考

方元子

一、引言

作为现代会计的两大分支之一，政府与非营利组织会计的重要性不言而喻。2014 年 12 月，国务院批转了财政部制定的《权责发生制政府综合财务报告制度改革方案》，财政部发布了《政府会计准则——基本准则（第二次征求意见稿）》，这标志着我国政府会计改革和政府会计体系的构建已经进入了一个新的阶段，也预示着政府与非营利组织会计将在经济管理领域扮演不同于以往的重要角色。体现在我国高校财政学专业的课程设置中，就是逐步引入以《政府与非营利组织会计》为主体的政府财务管理方向课程。这种替代不仅是开设某一门新的课程或新设一个方向，更彰显出地方本科财经院校在财政学专业建设方面向应用型转型的趋势，从微观层面为实现财政作为"国家治理的基础与重要支柱"地位提供技术支持与制度保障。但是在这种变化的背后，笔者发现本课程在师资结构、教学内容、教学方法乃至教材编写等方面均存在不足。因此，本文在对现有教学经验总结分析的基础上，提出教学改革的思路与对策，以促进教学质量提升，培养出适应时代发展要求的高层次应用型财政学人才。

二、教学现状及存在问题

1. 课程体系设置的问题

作为一门学科交叉性课程，《政府与非营利组织会计》的受关注程度近年来与日俱增，但对比其目前在课程体系中的位置不难发现，该课程仍处于边缘化的境地。在本科财政学课程设置中，大多数课程都是以财政（税收）学基础理论与财税管理相关内容为主线，专业课程体系的理论性较强，应用性方面相对薄弱。学生的会计学基础并不十分扎实，对会计课程基本框架和原则的把握不够清晰透彻。按照原本的课程体系设计意图，在本科高年级开设这门课程，意味着学生已经有较好的先行课基础，从而关于会计核算等相关内容仅是教学重点而不是教学难点，财务核算所依附的财政管理内容以及相关规定则成为教学中的难点。但从现实的教学情况来看，一方面，相当比重的学生会计学知识基础并不牢固，即使基础较好，也多具有以企业视角为出发点的思维惯性；另一方面，学生平时接触行政单位、事业单位和其他非营利组织的主动性和机会均十分有限，对于政府会计涉及的基本规范和专业术语极为陌生，在接受政府会计核算等知识点时速度较慢，直接影响了整体教学进度和预计的授课范围。进一步的，由于课时较少（每周 2 个课时），教师在授课时无法详细解释政府会计核算所依附的政府财务制度变迁、政府会计与企业会计的联系与对比等重点内容，例题讲解与习题训练上也难以投入更多时间，对于知识点相对繁杂的事业单位会计授课也只能放弃，仅仅局限于预算会计和行政单位会计内容，总体上不利于学生对该课程的全面理解与把握。在对课程整体把握程度不足的情况下，学生普遍表现出畏难心理，教学效果自然也就大打折扣。

2. 教师教学的问题

教师作为教学活动的组织者，其自身素质、教学能力和对教学活动的组织、管理水平决定着教学活动的发展方向和教学质量。《政府和非营利组织会计》课程具有综合性强和变化迅速的特点。随着我国政府财务制度改革的不断深入，政府与非营利组织会计在会计实务处理等方面不断发生变化，需要教师及时更新知识，不断调整授课内容，提高授课信息的有用性和时效性。同时，该课程是一门理论性、实务性和实践性较强的专业课程，集财政学知识和会计学知识为一体，涵盖了多个行业和部门，这需要教师不仅具有较好的会计学与财政学的理论知识，还要具有丰富的实践经验；不仅个人知识储备要充分，教学思路要开阔，与学生的互动交流也不可或缺。传统的会计教学更注重实务处理问题，容易陷于微观化思维，对基本的会计理论问题、改革背景、国内外比较研究等内容关注较少；而财政学教学又过于宏观，政府机关单位和事业单位内部资金的实际运作在教学过程中很少得到体现，学生动手实践能力的培养和训练同样不足，可以说以传递理论知识为主体、以计算机多媒体为载体的灌输式教学仍旧是授课的主流方式，对学生主观能动性的调动作用并不显著。久而久之，老师为了讲课而讲课，讲得越多越快，学生就落后得越远，最终无论是考试成绩还是学生对课程学习的评价都不甚理想。

3. 教材的问题

现行传统的预算会计教材中具有理论性和应用性结合的精品教材较少，对我国预算会计实务介绍的多，而对政府与非营利组织会计相关理论阐述较少。鉴于近年来不断变化的改革趋势，当前在政府与非营利组织会计教材的编写方面严重滞后。从目前已有的教材种类来看，问题主要存在于：一是教材过于侧重当前的实务操作，知识体系的包容性较弱，对以往制度和改革的目的、趋势介绍不足，容易面临刚一出版就过时了的窘境；二是存在两极分化，要么完全集中于介绍我国政府与非营利组织会计实务，要么完全以介绍国外（尤其是美国）政府与非营利组织会计的基本理论、方法和实务操作为主，缺乏系统性和全面性，学生在学习过程中"只见树木不见森林"，不利于知识体系的构建与充实；三是教材对实务操作的重视主要体现在例题的编写，缺乏情景案例、背景知识、课后习题和实务操作的辅助，学生在理解和掌握知识方面难度较大。

4. 学生重视的问题

在教学过程中，学生重视不足的原因首先是由于会计课程的主流研究主体大多是企业，而政府与非营利组织往往都处于边缘化状态，导致学生对新开课程的了解和重视都不足，未能领会本门课程在专业学习中的重要地位。其次，该课程具有显著的学科交叉特点，学生应具备基本的财政学与会计学基础。对于财政学专业的学生，对会计学科的微观性特征理解相对有限，实践训练亦有不足，将以往学过的财务会计学课程延伸至政府与非营利组织的能力有待加强。最后，实际教学过程中，《政府与非营利组织会计》的开设时间多在大三下学期或大四上学期，大多数学生面临严峻的就业形势，或忙于研究生、CPA、公务员甚至是驾照的考试准备，或通过各类实习、兼职等积累工作经验，以期将来在用人单位招聘时获得优先录用。此外值得关注的是，本科高年级虽为专业方向课安排最为密集的阶段，却也是学生容易对课堂学习出现懈怠、掉以轻心的高发时期。学生学习课程只为通过考试、取得学分，上课出勤率不满、作业完成过于依赖网络资源以及在课堂上频繁使用手机等行为都严重分散了学生对该课程学习精力的投入。

三、教学改进建议

1. 对财政学专业课程体系的调整与完善

作为财经类本科院校下属的财政学专业，要真正将"建设高水平应用型大学""培养应用型本科财政人才"的办学目标落到实处，应根据区域经济发展的实际需要，着力对专业课程体系进行进一步的调整与完善。首先，具体到政府与非营利组织会计，应与经济学、公共财政学等基础理论课相对应，将本课程作为财政学专业应用型方向的主干课程，构建以政府预算管理、政府财务管理、政府采购等课程为核心方向的应用型专业必（选）修课体系。而在政府财务管理方向内部，除了政府会计，还应包括政府财务、政府审计等系列课程，条件成熟的情况下应逐步开设。其次，增加专题性课程。在主干课程课时有限、短期内难于调整的情况下，适当将"政府财务管理制度改革""医院会计制度""高校会计制度"等细分内容以选修的专题性课程形式引入，突出选题的前沿性和实践性，尽快将本课程的前沿领域、改革动态和实际问题研究成果引入教学当中。最后，提升实践教学环节比重。加强实践教学，完善实验、实训、见习、实习教学环节，不但有利于消化知识点，增强教学应用性，而且能提高学生学习的积极性。在政府会计的教学上应以校内模拟实践教学为主，校外合作培养单位见习、调研为辅；而非营利组织会计则应尽量鼓励实际岗位实习，例如可尝试与学校财务部门合作，请学校财务人员为学生讲课等。

2. 对教学内容、方式与手段的变革

（1）丰富教学内容。首先，《政府与非营利组织会计》课程具有综合性强和变化迅速等特点，对教师知识结构的更新速度和信息接收处理的能力要求较高。随着公共管理改革的不断深入，政府与非营利组织会计在实务处理、资金运动流程等方面也处于不断变革之中，因此需要围绕基本原理与知识体系框架，不断调整授课内容、提升授课信息的有用性与实效性。其次，《政府与非营利组织会计》课程本身是一门实务性与实践性很强的课程，需要教师经常深入实践考察实际应用情况，不断发现问题，积极寻求与实践部门的合作途径，提升自己的实践应用能力，使所授课程更加生动、贴近实际，信息量更为饱满。因此，丰富教学内容的实质在于优化教师的知识结构与授课水平。定期安排教师参与继续教育学习与研讨会议，紧密联系实践部门，结合授课内容与

实践部门开展交流合作；联系社会热点问题，组织编写案例，运用多种先进教学手段，赋予学生一定程度的课堂主体地位，激发学生的积极性与创造性；逐步积累、建立并丰富习题库，预留一定比重的课堂时间给习题训练与作业讲解，帮助学生巩固所学知识点，提升运用能力。

（2）改进教学方法。《政府与非营利组织会计》的多主体性特点和学科交叉特色使其教学内容相当丰富，需要针对不同的教学内容综合运用多种教学方法。

比较教学法。首先，政府和非营利组织会计与企业会计是现代会计的两大分支，二者在会计主体、会计目标、会计科目的设置、会计核算、资金来源和会计实务处理等方面都有各自的特点。鉴于之前学生已经对企业会计知识进行过系统性学习，所以通过与企业会计做比较，分析二者的区别与联系，掌握各自的特征，一是防止学生混淆新旧知识，二是也可以加深对新旧知识的巩固与理解。其次，我国的政府和非营利组织会计是在预算会计的基础上发展而来的，与国外的政府与非营利组织会计差异较大，可以通过对二者的比较来拓展学生的学习视野。最后，财政总预算会计、行政单位会计、事业单位会计等概念也容易混淆，它们之间既有相似，也有不同，教学时应在理论、方法、报表等方面进行实例对比以加深印象。此外，也可根据授课节奏与需要，对改革前后的政府与非营利组织会计制度进行比较，帮助学生理解我国政府和非营利组织会计制度变革的时代背景和基本逻辑。

案例教学法。政府与非营利组织会计课程具有较强的理论性和实践性，理论讲授只是向学生单向传输新的知识与概念，习题讲解可以起到促进学生理解和应用知识点的作用，但依然过于抽象，学生无法切身感受效果，自然也就难以把书本上的知识与实际的会计情景联系起来。为加强学生对所学知识的理解，除了教材例题的讲解，教师还应在每一章至少安排一到两个代表性案例，通过参加社会实践或参考有关资料，收集整理成相关案例或例题引导学生对来自实际的资料进行分析，将抽象的理论知识点和实际问题在课堂上联系起来。案例教学法的使用应注意两个方面。一是案例的展示。运用多媒体教学手段激发学生兴趣，在教学课件中综合使用插图、动画、视频、音频等多种展示方式，或设立教学公众号，将案例提前上传发布，便于学生随时随地学习使用，同时还可以于课前组织征集学生观点投票，为课堂分组讨论奠定前期基础。二是对案例的分析。创造条件让学生参与讨论，提前让学生表达观点确定主题，而后围绕主题查阅文献，以小组为单位进行演讲式汇报或者辩论。这既有利于调动学生学习的积极性，也有利于培养团队合作精神。

实验式教学法。基于不同的教学内容可以采取不同的教学方式、方法，对于学生的实践、实务能力，可以将部分课程设置成实验课，采用仿真实验教学方式，提高学生的实际操作能力。事先就特定的章节内容与校外相关培养基地进行沟通，组织学生去行政事业单位进行实际调研，或邀请实务工作者就财政资金流转、国库集中收付的具体操作过程进行讲座，使学生深入了解实际情况，学生对实际工作中有什么疑问可以现场提问，从而避免纯理论教学的枯燥，为学生今后学以致用做好铺垫。

（3）调整考核方式。目前本科学生的教学考核采取的是平时成绩（占30%比重）与期末考试（占70%比重）加权平均的形式，在调动学生积极性方面依然有局限。期末考试成绩占比过高，平时成绩占比不足，学生在日常学习中动力不足，将希望寄托于期末突击复习。可以考虑适当提高平时成绩占比，如平时占60%，其中考勤20%、作业20%、案例研究与专题讨论（或任选其一）20%，期末占40%。这样有助于多元化地评价学生在课程学习过程中的努力程度、能力水平与成绩效果，避免一个学期就是"16周小学加2周高三"以及考完就忘的应试教育弊端，更为有效地引起学生对本课程的关注与重视。

3. 对教材质量的提升

针对政府与非营利组织会计教材存在内容滞后、结构失衡的现状，应加快教材建设，提升教材质量。首先，加快教材内容同改革背景的结合力度，强调当前政府会计准则变化的原因和趋势，体现教材的时代特征；引入国外政府与非营利组织会计内容，并注意同我国相关内容的比较分析，体现学科前沿特点；不仅关注会计学经典的实务处理问题，还要搭建合理的理论平台和案例题库；不仅涵盖基本会计理论，还要包括公共财政、公共管理等基本理论思想，综合性地反映该课程的理论内涵。其次，教材编写要注重对学生实际操作能力的培养，可以通过安排一定的案例分析和模拟实际会计工作内容的实务操作题，来培养学生的思考与决策能力以及实际动手能力。最后，教材的编写应注重对各种形式的联系、习题的设计与安排，在每一章后都安排不同阶梯难度层次的思考题、练习题、实务题和案例分析题。材料务必生动有趣、有典型性，以激发学生的学习兴趣。

参考文献

[1] 常丽、何东平：《政府与非营利组织会计（第三版）》，东北财经大学出版社 2015 年版。

[2] 陈思颖、殷文玲：《〈政府与非营利组织会计〉课程的教学思考》，载于《教育教学论坛》2016 年第 4 期。

[3] 程红梅：《〈政府与非营利组织会计〉教学改革探析》，载于《北方经贸》2012 年第 3 期。

[4] 姜东模：《〈政府与非营利组织会计〉教学的改进建议》，载于《财会教育》2011 年第 11 期。

[5] 刘玲利：《〈政府与非营利组织会计〉教学探讨》，载于《会计之友》2011 年第 4 期。

[6] 王彦、王建英：《政府与事业单位会计（第四版）》，中国人民大学出版社 2015 年版。

[7] 尹利军：《新建本科院校财政学专业应用型人才培养模式探索》，载于《产业与科技论坛》2011 年第 1 期。

基于"互联网+"环境下的《税收管理》课程改革的思考

谭　韵

《税收管理》是税务专业的主干课程，重点是要培养学生的实践操作能力。伴随信息技术和税收事业的不断发展，我国税收管理信息化建设从简单使用计算机到深入应用信息技术，已经走过了二十多年的历程，为税收管理和税收征管带来了巨大变化。经过多年的信息化建设，税务部门已经基本实现了从总局到各基层局的各项业务和管理均通过计算机信息系统平台或在其协助下进行办理。税务信息化先是从手段上，随后从征管模式、理念和制度上极大地改变了我国的税收工作。2015年9月30日，国家税务总局印发《"互联网+税务"行动计划》，当前，一场场以"互联网+税务"为主题的大胆创新和生动实践，正在全国税务系统中如火如荼地展开。这一宏观背景下，教学便不能仅仅停留在书本之上，而是应当与时俱进，让学生学以致用。在《税收管理》教学中贯穿"互联网+"，不仅是在课程讲授中介绍征纳双方如何通过互联网实现税收管理，还要把"互联网+"的技术用于课堂教学，使"互联网+"贯穿整个教学流程。

一、"互联网+"环境下课程改革的必然性

随着国家政策和税务机构的不断改革，税收专业毕业到税务官员的直通车已撤班停开，税务专业毕业生服务的主战场已转移到社会上来，社会各行各业乃至个人都需要新型的税务专业人才为他们解答不断变化的税收问题，提供专业服务。根据2015年广东财经大学财税专业毕业生的就业统计资料显示：学生就业以实际应用为主，集中在珠三角地区，就业的行业分布较广（如图1、图2所示）。所以，我们税收专业人才培养目标应定位于宽知识基础、高能力

素质和高度社会责任感的税收专门人才。具体来说，以培养学生涉税业务技能为目标，适应于税务部门、中介机构、企业单位，具备从事税收征管、税务代理、税务咨询、纳税筹划、税务会计业务能力的高素质技能型人才。这些技能型的税务人才需要适应"互联网+税务"的办税模式，信息化的办税宣传，移动办税，并掌握主要的税务征纳软件和其他相关电子工具的使用。与社会对税务信息化专门人才的渴求形成明显反差的是，我们当前的教学对学生利用现代信息技术解决税收实际问题的技能培养不足。另一方面，信息技术的推广应用，年轻的学生掌握了丰富的计算机技能知识，能够应用多种多样的软件程序，无论是学习方法还是学习途径都已有了翻天覆地的改变，传统的一块黑板、一本教材、一支粉笔的教学模式已经难以为继了。随着智慧校园建设的推广，学生利用网络资源进行学习的上网成本也会大大降低，为"互联网+课程"的教学模式推广应用提供了物质条件，学生将可以在更便利、更经济、更优化的环境中学习。因此，用"互联网+"教学理念重新构建《税收管理》课程的课堂教学成为社会发展的必然选择。

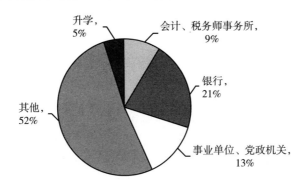

图1　2015年财政税务学院本科毕业生就业单位类型分布

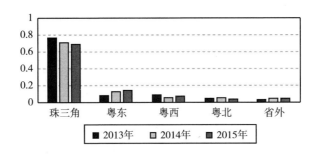

图2　2013~2015年财政税务学院本科毕业生就业地区分布

二、"互联网 +"环境下《税收管理》课程教学模式的改革

目前《税收管理》教学模式仍然以教师在课堂上讲授、学生被动听课为主,常常是教师通过讲述、案例分析等简单的教学手段完成教学目标,这种一成不变的授课方式和落后的教学手段,在互联网日益盛行的今天,显然早已无法激起学生学习的兴趣。针对这一问题,我们要在课堂教学中加入多媒体的教学技术,将互联网上税收知识丰富的表现手段呈现出来。例如,推荐、录制和引导学生收集和收看各章节的网络视频教学;引导学生收看政府部门以及各大高校、团体的税收分析;各级国税和地税税务机关创设了自己的网站、微信公众号等,要求学生参与社会热点问题的讨论,创造条件让学生的学习与实际业务对接,让学生有真实的参与感,激发他们的学习兴趣。

课堂的教学毕竟是有时间限制的,在有限的课堂教学时间里确实是没有办法展示全部的、不断变革的税收管理实务的,但是现在的"互联网 +"环境可以有效地解决这一问题。教师根据教学内容设立问题,利用微信、QQ、邮件等向学生推荐相应的参考书目和资料,指定阅读范围,并向学生介绍相应的阅读方法,引导学生深入学习,使学生通过自学教材和有关参考书,突破课堂学习的时间和空间限制。依托互联网,学生可以利用碎片化的时间根据自己的实际情况进行学习。利用"互联网 +",授人予鱼又授人予渔,引导学生、培养学生利用互联网自行寻找解决问题的途径,提高学生的信息技术能力。

在讲授与自学的基础上,组织学生针对有关社会热点问题进行讨论,如"营改增专题""国地税合作""互联网 + 税务"等专题,鼓励学生各抒己见,可以通过作业网、微信平台、QQ 群、公共邮箱等多种形式提交,师生、生生交流可以尝试在线答疑、答题、交流等形式,这种交流可以随时随地进行,突破了时空限制。在"互联网 +"时代,《税收管理》的教学课堂应该是个丰富多彩的课堂,是个充满活力的课堂。

在教学中适度引入仿真企业纳税的实验,利用计算机、局域网和模拟软件,将办税实务的税收征纳活动仿真到作业中。我们可以事先设计不同的涉税方案,将学生划分为若干个小组,分别扮演税务人员、纳税人或税务代理人,由他们来进行演示纳税申报等涉税业务。其岗位设置、业务流程、操作界面、使用的素材与实务基本相同,从而为学生提供一个近似真实的实务操练环境。

这些新的教学模式，使教师不再是居高临下地灌输知识，而是提供更多的资源链接，实施兴趣的激发，进行思维的引领，真正将学习的主动权交给了学生。

三、"互联网 +"环境下《税收管理》课程教学内容的改革

现行的《税收管理》课程的教学内容主要包括税务管理的定义和内容、我国现行税法管理体制、税务管理原则、税收的计划统计、税收程序法的相关内容（如税务登记、账簿凭证管理、发票管理、纳税申报、税款征税、纳税检查、纳税服务等），以及税务行政处罚、税务行政救济和司法救济、税务代理等法律法规的具体内容。学生在学习税收管理课程中反映最多的问题主要集中在以下几个方面：一是本课程的内容过于法条化，理解起来比较困难，更不要说灵活应用了；二是本课程内容过于专业化，主要是为进入税务机关的人员提供知识储备，而对进入企事业单位的人员来说，似乎作用不大；三是本课程的内容与实际征管业务距离较大，对实际涉税工作帮助不大。针对上述问题，笔者认为应该利用互联网丰富的资源重新设计《税收管理》课程的教学内容。

在"互联网 +"环境下，移动终端和网络的广泛应用让学生有更多的机会获得优秀的课程资源，如慕课、微课、纳税人培训专题、微信公众号等，学生学习获取课程资源的途径和学习方法发生了较大的变化。因此，教师要做的是把专业权威的问题解答分析途径分享给学生，学生根据自己学习过程中的疑难，有针对地选择专题，利用互联网的深入学习可以把抽象的课堂学习变得鲜活具体。在学习中教师也不是放任不管，要引导注重实际情况，如在办税实务中的地区差异的处理、所处地区的特点分析、特殊政策的梳理等，要把基本的原则和方法分享给学生。针对学生的就业去向，我们在教学中要适当考虑引入地区特色，如广东财经大学的教学应以广东省办税的实务为例较好。

现行的《税收管理》课程的教材与日新月异的税收征管法律法规相比可谓相去甚远，如何使教学内容与时俱进呢？我们可以要求学生浏览、阅读国家税务总局网站、公众号、各地税务机关的官网，对税收政策的变动、补充情况进行更新阅读，鼓励学生进行"翻转式"的学习，课后深入研究现实难题和理论研究的提升。在条件许可的前提下，组织学生实地调研学习。

四、"互联网 +"环境下《税收管理》课程教学评价的改革

如何进行教学评价是关系到能否对学生产生一定的激励、鞭策作用的问

题，也是提高教师教学水平的问题。传统的教学评价常常就是通过一张试卷来判断教师教的好坏或学生学的好坏，课堂教学评价也常停留在对课堂活动的浅显判断上，只关注教学计划是否完成，忽视学生学习的兴趣、效果、感受等。

在"互联网＋"的时代，教学评价将会发生新的变化。我们的教学目的是要培养学生的实际应用能力，能将课本知识积极转化到实际应用中去。所以，在教学评价中我们应降低考试分数的比重，增加学生参与度评价、研究成果的考核加分等评价手段。例如，学生如果能积极"翻转课堂"，主动发问，提出讨论的专题，积极分享解决问题的方法和途径，我们应予奖励加分。如果学生有相关方面的研究成果，更应鼓励加分。

在"互联网＋"的时代，学生更乐意接受电子方式的考核。在"互联网＋"的环境下，我们注重学生的主动学习，而现行的互联网技术对登录网页是可以有记录功能的，详细记录着他们自己的学习进度和过程，我们的考核评价可以参考网站的记录功能进行，学生乐意接受新颖的考核方式，老师也可以分析每名学生的学习情况，还可以根据反馈及时定向推送学习内容，教学相长，达到更好的效果。

"互联网＋"时代互联网热切地"拥抱"着教育，教师也要努力提高自身能力，提升综合素质，运用现代的信息技术改革课堂教育，与时俱进，让教育这个古老而崭新的行业焕发出勃勃生机。

参考文献

[1] 丁春丽：《〈个人理财〉课程教学方法的研究》，载于《时代金融》2014 年第 10 期。

[2] 龙卓舟：《高校财税专业教学中〈税收学〉课程建设问题探讨》，载于《湖南税务高等专科学校学报》2007 年第 5 期。

[3] 徐会志、刘建：《互联网理财的法律监管》，载于《中国金融》2014 年第 8 期。

[4] 岳晓、王晓娟：《税务信息化何去何从？——试论税务数据资源的整合》，载于《财经政法资讯》2010 年第 4 期。

营改增后"特殊行为"增值税政策解读

石卫祥

从 2016 年 5 月 1 日起，经国务院批准，在全国全面进入"营改增"试点，至此，增值税全面开始实施，营业税已完成了历史使命。在"营改增"后，视同销售行为、混合销售行为和兼营行为相关规定做了适当变动。这些"特殊行为"的政策只有正确理解，才能为我们在实际工作的税务处理中做出准确的操作。

一、"视同销售行为"

"营改增"后，视同销售行为的规定已做出了相关变动，主要是增加了两项：一是单位或者个体工商户向其他单位或者个人无偿提供应税服务应视同销售服务，但用于公益事业或者以社会公众为对象的除外；二是单位或者个人向其他单位或者个人无偿转让无形资产或者不动产视同销售无形资产或者不动产，但用于公益事业或者以社会公众为对象的除外。新增的这项规定有一个共同的特点，就是所有权发生变化，应税服务已被他人所接受。但这两项规定有一个细微的区别，第一项规定是单位或者个体工商户无偿提供应税服务，应征收增值税。不包括其他个人，亦即其他个人（指自然人）向其他单位或者个人无偿提供应税服务，应作视同销售处理，不征收增值税。如王某为朋友李某无偿提供交通运输服务、法律咨询服务不征收增值税；张某为某公司无偿提供税务咨询服务也不征收增值税。第二项规定是单位或者个人无偿转让无形资产或者不动产，这个"个人"包括个体工商户和其他个人，亦即其他个人向其他单位和个人无偿转让无形资产或者不动产，应作视同销售处理。如赵某将房产无偿赠送给朋友孙某，应按销售房产处理，征收增值税，如果房产已使用过，必须按二手房销售处理；钱某将自己的专利无偿提供给某公司，应按销售无形资产处理。当然同时需要注意的是，用于公益事业或者社会公众则除外，不征收增值税。如某航空公司派飞机到灾区无偿接送灾民，某税务局无偿向纳税人宣传税法，则都不征收增值税。

此外，还必须注意的是，"销售代销货物"收取的手续费不再征收营业税，应按"现代服务"依6%的税率或3%的征收率征收增值税。

二、"混合销售行为"的税务处理

混合销售行为与兼营行为是在1994年流转税改革时，由于对货物销售全面实行了增值税，而对服务业除加工和修理修配外仍实行营业税，以及企业为适应市场经济需要开展多种经营情况下，出现了混合销售、兼营非增值税应税劳务或者应税服务行为和混业经营等税收概念。2016年"营改增"后，保留了混合销售和兼营行为，混业经营已不复存在。

"营改增"后，对混合销售行为的概念进行了重新定义。一项销售行为如果既涉及货物又涉及服务，为混合销售。从事货物的生产、批发或者零售的单位和个体工商户的混合销售行为，按照销售货物缴纳增值税；其他单位和个体工商户的混合销售行为，按照销售服务缴纳增值税。上述从事货物的生产、批发或者零售的单位和个体工商户，包括从事货物生产、批发或者零售为主，并兼营销售服务的单位和个体工商户在内。

对于混合销售行为，应该从两个方面来理解：一是在一项销售行为中既包括销售货物又包括销售服务；二是这项销售行为必须有货物的生产、批发、零售，否则就不是混合销售行为。如某商场销售货物的同时负责运输所售货物，这项销售行为既涉及货物的销售，同时又提供了运输服务，因为商场是以销售货物为主，所以这项行为应按销售货物缴纳增值税。又如某装饰公司销售装饰材料又同时负责装饰，销售装饰材料属于销售货物行为，装饰则属于建筑服务行为，因为装饰公司以装饰为主，所以这项混合销售行为应按销售建筑服务缴纳增值税。

当然这里要强调的是，其他个人的混合销售行为则不包括在内，因为其他个人无论销售规模多大，则全部按小规模纳税人征税，就是按征收率3%或5%征税，因此没有必要做出相应规定。

三、兼营行为的税务处理

所谓兼营，是指纳税人的经营范围既包括销售货物和加工修理修配劳务，又包括销售服务、无形资产或者不动产。但是,销售货物、加工修理修配劳务、服务、无形资产或者不动产不同时发生在同一销售行为中。这里也包括两个方面的意思。一是这种行为是两项或两项以上的行为。如某集团公司下辖电器生产企业、运输企业、酒店等,则属于兼营行为,电器生产企业按销售货物缴纳增值税,运输企业按销售交通运输服务缴纳增值税,酒店按销售生活服务缴纳增值税。二是这种行为不强调一定有销售货物行为,如果兼有不同项目,也属于兼营行为。如张某既投资房地产,又开办了一家律师事务所,也属于兼营行为。前者按销售不动产缴纳增值税,后者按销售现代服务缴纳增值税。

根据《增值税暂行条例实施细则》和《营业税改增值税试点有关事项的规定》,纳税人销售货物、加工修理修配劳务、服务、无形资产或者不动产适用不同税率或者征收率的,应当分别核算不同税率或者征收率的销售额,未分别核算销售额的,按照以下方法适用税率或者征收率缴纳增值税。

一是兼有不同税率的销售货物、加工修理修配劳务、服务、无形资产或者不动产,从高适用税率。如某公司下辖一个商场、一家汽车修理公司、一家会计师事务所,且都是增值税一般纳税人。商场销售货物分别适用17%和13%的税率,汽车修理适用17%的税率,会计师事务所适用6%的税率,若不分别核算,则全部按照17%的税率缴纳增值税。

二是兼有不同征收率的销售货物、加工修理修配劳务、服务、无形资产或者不动产,从高适用征收率。如某公司开了一家小型饮食店,同时又出租了一套写字楼,且都属于小规模纳税人。饮食店的收入按3%的征收率缴纳增值税,写字楼出租收入按5%的征收率缴纳增值税,若不分别核算,则全部按5%的征收率缴纳增值税。

三是兼有不同税率或者征收率的销售货物、加工修理修配劳务、服务、无形资产或者不动产,从高适用税率。如某公司开了一家超市,又销售了一幢2013年3月建筑的办公室(属于老项目,可选择按5%的征收率缴纳增值税),若不分别核算,则全部按17%的税率缴纳增值税。

除了上述三种情况,其实还有一种情况即兼营非应税行为,同样要求分别核算,若不分别核算,非应税行为的收入应并入应税行为的收入,一并计算缴纳增值税。

四、混合销售行为和兼营行为的区别与联系

混合销售行为与兼营行为，两者有相同的方面，又有明显的区别。相同点是两种行为都涉及增值税征税范围的两个或两个以上的方面，税率和征收率都有所差异。区别是混合销售行为强调的同一项销售行为中存在两类或以上经营项目的混合，销售货款或劳务、服务价款是同时从一个购买方取得的；兼营行为强调的是在同一纳税人的经营活动中存在着两类或以上经营项目，但这两类经营项目不是在同一销售行为中发生，且货款和价款是从不同的购买方取得的。

混合销售行为和兼营行为是两个不同的税收概念，在税务处理上的规定是有明显差别的。混合销售行为的纳税是根据"经营主业"划分，分别按"销售货物"或者"销售服务"缴纳增值税，即只能按照一种应税行为纳税。兼营行为的纳税原则要求分别核算，按照不同的应税行为和不同的税率或征收率缴纳增值税；对兼营行为若不分别核算，从高适用税率或征收率缴纳增值税。具体见表1。

表1 混合销售行为和兼营行为的区别

类别	特点	税务处理
混合销售行为	一项销售行为既涉及货物又涉及服务。特点：货物和服务之间存在因果关系和内在关系	按企业主营项目适用率来缴纳增值税。销售货物为主则按销售货物缴税；销售服务为主则按销售服务缴税
兼营行为	纳税人销售货物、加工修理修配劳务、服务、无形资产或者不动产适用不同税率或者征收率。特点：两项或以上行为，不存在因果关系	应当分别核算，否则视不同情况依最高税率或最高征收率缴纳增值税

参考文献

[1] 白美林：《浅析营改增后视同销售行为的税务和会计处理》，载于《中国乡镇企业会计》2016 年第 9 期。

实验实践

团队协作探究式实验教学机制研究

郭嘉仪

团队协作式实验教学是以学生团队为组织形式，通过小组成员协同工作实现教学目标的一种教学策略。随着学习研究的深入和学习观念的更新，实验教学的主体从个体向团队的拓展和提升成为当前实验教学的新尝试及新举措。正如物理学家海森堡所言："科学根源于交谈，在不同的人合作之下，可能孕育出极为重要的科学成果"，团队学习不仅能使学习者开阔视野，从多角度理解知识和看待问题，而且能让学习者在不同思想的碰撞和争论中激发智慧与灵感（桑新民，2005）。而经管类跨专业实验教学的目的在于让学生以本专业为基础，拓宽形成多个方向，淡化专业的"专一性"，加深学生对主修专业与相关专业之间关系的认识，因此，团队协作式实验理所当然地成为目前经管类跨专业实验教学的重要模式。

一、团队协作式实验教学实施的问题及难点

尽管财经类院校实验教学取得了长足的进步，团队协作式实验的内容设计也取得了跳跃式的发展，但财经类院校实验教学的发展还面临以下疑问。首先，团队学习的协作机制有待优化。在跨专业实验设计中，学生团队通过扮演经济管理实体单位开展竞争，或者扮演上下游不同的经济管理实体单位，相互配合以完成某种交易，在模拟企业经营过程中学习掌握管理理论与方法（李刚等，2008）。在这个目标的导向下，小组成员以特定的角色进行协作学习，角色所赋予的职责和任务就是小组成员的行为。但是跨专业的学生组织到一起后，他们所组成的团队尚不具备协作能力，学生团队需要迅速形成能够从新颖教学模式中获益的学习结构，才能使整个团队实现协作能力和吸收能力的提升。其次，团队学习的探究性有待提升。实验的本质是一个科学探究的过程，实验教学正是让学生通过验证一系列的假设，在试误过程中重塑自身的知识结

构。与传统验证型实验教学相比，跨专业团队实验教学的模式已经从以教师为中心转变为以学生为中心，教学设计也多以综合性、创新性的实验项目为主。但在教学实践中，大部分学生团队的协作效率不够高效，团队疲于应付虚拟经营期间的各项流程任务，个别积极主动的学生会在课外对实验进行反思和思考，但也仅能局限在自身专业的"个人探究"。最后，团队学习的有效性有待检验。团队学习进程的影响既有促进因素也存在阻碍因素，如实验结果与过程的不确定性使得团队学习投入激励不足、团队成员的"搭便车"行为所带来的负效应，以及不完善的知识管理机制增加了团队沟通、交流的成本等。因此，在跨专业团队实验教学中，团队学习任务的完成绩效、团队成员的学习满意度、学习团队的凝聚力及持续发展能力等都需要进一步量化检验。

二、协作探究学习已有研究述评

1. 探究性学习研究述评

探究性学习起源于主动探究和直观教学，法国思想家让 - 雅克·卢梭及德国教育家第斯多惠等人曾提及相关概念。1961 年，美国著名的教育家、科学家施瓦布提出了"探究式学习"的学科教学方法，指出学生积极投入科学探究的过程就是学习科学研究最好的方法。20 世纪 50 年代到 70 年代初期教学材料的改变很大程度上得益于杜威和施瓦布等人的研究。课本内容不再只是强调学生被动地学习知识，而是要亲身投入学习的过程中去，培养学生的探究能力以及让学生理解掌握探究的过程。1996 年初，美国公布了其历史上首部国家科学教育标准——《国家科学教育标准》，其中明确指出的学习科学的核心方法中就包括探究。标准中将科学探究定义为：科学探究指的是科学家们用来研究自然界并根据研究所获事实证据做出解释的各种方式。科学探究也指的是学生构建知识、形成科学观念、领悟科学研究方法的各种活动。在讨论科学教育的文献中，不管是使用探究（inquiry）还是科学探究（scientific inquiry）这个词，除特别注明外都是指探究式的学习活动而非科学家的探究。

2. 协作探究式学习研究述评

协作探究式学习模式，是指学生在教师的引导下，以小组协作学习的形式，灵活运用已有的知识和技能，充当新知识的探索者及发现者的角色，通过自己设计实验方案，进行实验操作，去探索和解决问题的一种实验教学模式

（丁美荣，2007）。传统实验教学是以行为主义学习理论为指导，其教学模式是以教师为中心，偏重于所学知识的验证，强调理论知识和技能的学习，即验证性实验。学生在规定的时间内按照教师设置好的设备和仪器，根据实验指导书上规定的方法和步骤，对理论教学知识进行验证，然后按照规定的格式，写出实验报告。学生虽然也参与了实验教学活动，但始终处于被动地位（李雪梅，2008）。而协作探究式学习可以促进学习者从他人处得到不同的思想和学习心得，从而共享智慧的结晶，促进高级认知能力的发展，形成批判性思维及创新思维。协作探究式学习又可产生一种群体气氛，促使学习者产生高度的学习动机，让学习者对小组产生认同感、参与感与归属感，有利于学生健康情感的形成，有利于调动每个人的学习积极性。美国明尼苏达大学"协作学习中心"的约翰兄弟认为，协作探究式学习的实现有赖于五个基本要素，即积极互赖、面对面的促进性交互、个体职责、小组自加工与社交技能。协作探究式小组的搭配要根据学生的专业成绩、知识结构、认知能力、认知方式的差别组成，选定一名组长组织学习活动，每次实验都由组长明确分工、各司其职，形成积极互赖的关系，有利于因材施教、优势互补，又能促进差生的实验技能提高。

三、实验教学中团队协作探究式学习的机制研究

尽管上述研究中关于团队探究性教育的研究多年来方兴未艾，但仍有许多问题还未得到解决。首先较为突出的问题就是，关于团队学习的有效性如何检验和量化。因此，团队协作探究式学习机制的研究需结合实验教学的特点，研究团队协作学习机制，总结并提炼团队协作学习的保障因素，研究结果将对经管类实验教学的开展具有借鉴意义。

1. 团队协作分工机制的形成

团队的学习绩效是否远大于个体学习绩效之和，有赖于有效的团队组织结构及分工协作机制。与个体式实验相比，团队协作式实验的构建和实施环节较复杂，除了实验内容的设计、实验项目的开展以及实验结构的评价外，还需要进行情景创设、团队组建等，为跨专业的学生团队提供互动因素，提高团队协作学习的有效性。因此，从经管类综合实验的情景创设、学生团队组建及角色分配、学生团队的角色扮演以及团队学习考核等环节进行优化，将有助于团队

协作分工机制的形成和建立。

2. 团队知识管理机制的建立

知识共享是主体和主体之间的知识交流并内化为组织知识的过程，是学生团队进行探究性学习的组织基础。学习团队组织的主要任务就是对知识进行有效管理，促进知识转移、扩散和创新，使团队的知识构建更完善，使团队中每个个体更容易吸收其他专业同学的知识外溢，在更短的时间内获取更多的信息，拓宽知识面。但由于知识的专有性和信息不对称等因素，团队成员间的知识共享行为会遇到一些障碍，例如，学习主体动力不足、缺乏有机整合科学知识体系的能力等。因此，为了能提高知识共享程度和组织效率，需要分析学生团队内部的知识共享机制是否完善，寻找阻碍知识共享的促进因素和障碍因素，以提高团队知识共享的激励。

3. 团队探究的激励机制的优化

实验探究的过程本身是曲折、复杂并且漫长的，学习伙伴的陪伴和团队的支持将使学生在实验中更敢于怀疑，更大胆假设，因而也更勇于创新。可见，团队协作式实验教学有助于消除学生在实验探索过程中的不确定感。但团队组织对探究学习的积极作用需要一系列的激励和保障手段，才能对团队探究活动起到激励和辅助作用。

4. 团队协作探究式学习的有效性检验

在实验教学中，通过提取团队协作探究式学习的关键因素，设计调查问卷进行调研分析，对团队协作探究式学习的有效性进行量化检验。首先，从团队协作机制、团队激励机制、内部知识共享、信息平台支持以及教师的指导作用等方面提炼影响学习效果的主要参数，面向学生设计调查问卷。其次，通过处理问卷结果，测试问卷的信度和效度，并经统计分析提炼出影响学生团队学习的主要成分因子。最后，对回归系数进行分析，对影响团队学习的关键参数进行关联分析。团队学习有效性的研究结果将有利于对比团队实验与个人实验的质量和效果，有助于掌握团队协作探究式学习的规律。

四、总结

对团队学习的微观机制进行研究，实质性对团队学习的影响因素、团队学习交互过程以及团队学习的效果评价等进行探讨和研究。通过对团队的协作探究机制进行探讨和研究，提炼团队探究学校有效性的关键因素，初步尝试在实验教学中引入符合团队探究的情景和素材，为未来丰富实验教学的内容层次、提升财经类院校本科应用型人才实验教学的功能定位打下基础，也是教育理论应用于财经类院校具体实践的有益尝试。

参考文献

［1］白明垠：《变革型领导、团队学习与团队绩效：模型与机理》，中国地质大学，2013 年。

［2］丁美荣：《应用协作探究式实验教学模式促进设计性实验的开发》，载于《中国教育技术装备》2007 年第 5 期。

［3］李刚、颜姜慧：《论经济管理类"多功能仿真实验室"的特点与关键影响因素》，载于《技创新导报》2008 年第 13 期。

［4］李雪梅：《探究式实验教学法的探讨与实践》，载于《实验室研究与探索》2008 年第 4 期。

［5］桑新民：《从个体学习到团队学习——当代学习理论与实践发展的新趋势》，载于《复旦教育论坛》2005 年第 3 期。

［6］王秀丽：《大学生团队学习的有效运行机制与培育研究》，苏州大学，2008 年。

［7］吴铁钧：《大学生团队学习：模型建构与团队效能》，苏州大学，2011 年。

［8］徐学福：《科学探究与探究教学》，载于《课程教材教法》2002 年第 12 期。

［9］周立军、廖红、乐为：《团队学习模式在管理类专业教学中的实践》，载于《理工高教研究》2008 年第 6 期。

用友 ERP 财务管理系统实验教学探讨

龙　文

一、用友 ERP 财务管理系统实验简介

企业资源管理计划（ERP）是在先进的企业管理思想的基础上，应用信息技术实现对整个企业资源的一体化管理。ERP 是一种可以提供跨地区、跨部门，甚至跨公司整合实时信息的企业管理信息系统。它在企业资源最优化配置的前提下，整合企业内部主要或所有的经营活动，包括财务会计、管理会计、生产计划及管理、物料管理、销售与分销等主要功能模块，以达到效率化经营的目标。

用友 ERP 财务管理系统实验是 ERP 实验课程的重要组成部分，是财经类大学会计、财税、金融、经济、管理等专业学生的必修课程。通过总账、报表、薪资管理、固定资产、应收款管理和应付款管理六个子系统的实验，让学生亲自体验各个子系统的功能，掌握其功能特点及应用方式。

用友 ERP 财务管理系统实验以突出实战为主导思想，以一个企业单位的经济业务为原型，重点介绍了信息环境下各项业务的处理方法和处理流程，定做了十几个实验并提供了实验准备账套和结果账套，每个实验既环环相扣，也可以独立动作，适应了不同层次教学的需要。

在 ERP 实验中学生分别实际演练了 ERP 中系统管理、企业应用平台、总账系统、UFO 报表系统、薪资管理系统、固定资产管理系统、应收款管理系统、应付款管理系统的操作，教学学习过程总结如下。

1. 系统管理

第一章的内容相对简单，主要涉及增加用户、建立账套、设置用户权限和账套备份等。学生都能够跟着老师的思路来做，这章没有什么困难，能够让学生初步了解用友 ERP 的便捷之处。

2. 企业应用平台

企业应用平台就是用友 ERP – U8 管理软件的集成应用平台，可以实现系统基础数据的集中维护，各种信息的及时沟通，数据资源的有效利用。这章学生主要做一些应用平台中设置系统启用、建立各项基础档案、进行数据权限及单据设置。主要是初始档案的建立，其中包括部门档案、职员档案、客户分类、供应商档案，以及设置各个操作员的权限。主要是录入一些基本信息，要求学生特别细心，能安心地去操作。基础设置的正确操作，能够为学生在后面几章的学习中打下良好的基础。

3. 总账系统

第三章的总账系统包括四个小部分。有总账系统初始化、总账系统日常业务处理、出纳管理和总账期末业务处理。本章学习的重点主要包括设置系统参数、会计科目、项目目录、凭证类别、输入期初余额、设置结算方式、常用凭证、查询日记账、资金日报表、支票登记簿、银行对账、定义转账分录、生成机制凭证、对账、结账等，这章的学习难度明显加大。

4. UFO 报表系统

本章主要是设计利润表的格式、新计算公式的设计、自制利润表的生成等。本章的设置表尺寸、定义行高和列宽、画表格线、定义组合单元、输入项目内容、设置单元属性、定义关键字、录入单元公式等过程都比较简单。

5. 薪资管理系统

本章主要的学习要求是建立工资账套、基础设置、工资类别管理、在岗人员工资账套、人员档案、计算公式以及薪资管理业务处理等。

6. 固定资产管理系统

固定资产系统主要提供资产管理、折旧计算、统计分析等功能，主要包括初始设置、卡片管理、折旧管理、月末对账结账、账表查询等操作。

7. 应收款管理系统

应收款管理系统主要实现企业与客户之间业务往来账款的核算与管理，以销售发票、费用单、其他应收单等原始单据为依据，记录销售业务及其他业务所形成的往来款项，处理应收款项的收回、坏账、转账等情况，提供票据处理的功能，实现对应收款的管理。

8. 应付款管理系统

应付款管理系统主要实现企业与供应商之间业务往来账款的核算与管理，

以采购发票、其他应付单等原始单据为依据，记录采购业务及其他业务所形成的往来款项，处理应付款项的支付、坏账等情况，提供票据处理的功能，实现对应付款的管理。

二、用友 ERP 财务管理系统实验遇到的一些问题及解决方法

（1）在期初余额的录入过程中，由于前面没有设置好，所以一些会计科目无法找到，最后还需要重新返工。

（2）由于录入的数据有误，最后导致试算不平衡，最后还需要复查以前录入的数据。

（3）在填制凭证、审核凭证、出纳签字以及删除凭证、修改凭证中总是出现错误，因为此时总是需要不断地更换操作员。例如，对于在审核签字后需要修改凭证的环节，还需要先取消签字，再取消审核，然后才可以进行修改，修改后还需要再次审核、签字。一系列的过程，容易让人忘记每个操作员的职责。

（4）在学习过程中的记账环节，错把记账操作为结账，这样之前操作的凭证都不可以再次进行修改。导致前面做的一系列工作都付之东流，最后还要重新录入，不过还是导致记账时凭证的号码不对。

（5）在录入银行对账期初数据时出现问题，对于对账单期初未达项和日记账期初未达项问题上理解出现模糊。

（6）在结账过程中，导致试算不平衡，需要核对之前的录入。

（7）在设置在岗人员工资类别的工资项目时，有两个工资项目没有录入，在最后的设置中找不到相应的项目。

（8）在工资分摊设置环节，因为之前的明细分类账没有填好，导致找不到"应付福利费"的会计科目，还需要重新添加。

三、用友 ERP 财务管理系统实验改进的相关建议

1. 学生一定要有足够的耐心和细心

实验主要以操作软件为主，内容比较多，过程比较烦琐，一不小心出错，后面的程序就做不下去了，整套账就处于瘫痪状态，所以要认认真真地做，不能漏掉任何细小的环节，一定要有足够的耐心和细心。会计这门学科是非常严

谨的，所谓是一步走错，全盘皆输，会计软件同样很严谨，学生要做到严谨和严密。

2. 学生遇到困难挫折不沮丧、不气馁

学生在做实验的过程中，会出现很多的问题和麻烦，但是学生要做到不沮丧、不气馁，可以从实验中吸取教训，积累经验，培养做事认真严谨的心态，好的习惯和做事风格，遇事沉着冷静，对于学生在以后的学习或是生活中都是有帮助的，也是必不可少的。

3. 学生需要提前复习相关前修课程和预习相关课本知识

ERP 财务管理系统实验内容繁杂，牵涉较多的会计、税收等专业知识，并且课时不够，不能在课堂上讲解复习其他相关专业知识，因此，学生需要提前复习相关前修课程，如会计学、税收学、会计电算化等课程。同样，因为 ERP 财务管理系统实验内容较多，学生需要提前预习相关课本知识。

4. 实验教学课时量偏少，应延长

当前实验教学安排课时量偏少，学生需要在课外加班才能完成学习任务。实际上，由于时间不够，加上应付管理系统和应收管理系统操作的对应性，往往老师对应付管理系统不再具体讲述，要求学生自行学习并完成实验任务。

5. 建议对《新编用友 ERP 财务管理系统实验教程》进行修订

《新编用友 ERP 财务管理系统实验教程》存在不少错误，如教材第 122 页，把累计折旧录入成 378000，导致账套错误，需把 378000 修改为 37800。另外书后附录综合实验里很多数据也出现了错误，导致学生实验做不下去。

除了将教材的错误数据改正之外，建议增加一章用友系统安装的章节，因为学生课时不够，需要在自己的笔记本或电脑上安装用友 ERP 系统。建议对于不同的操作系统，如 Win XP、Win7、Win10 等给出相应的软件配置、安装说明、软件下载路径，方便学生安装使用。

参考文献

[1] 许秀云：《建设 ERP 综合实验平台 培养复合型管理人才》，载于《实验室科学》2010 年第 5 期。

财税专业校政企共建校外实践基地的研究与实践

赵合云

一、校政企共建校外实践教学基地的意义

1. 有利于贯彻落实相关文件精神

《教育部、财政部关于实施高等学校创新能力提升计划的意见》《教育部、国家发展改革委、财政部关于引导部分地方普通本科高校向应用型转变的指导意见》等文件精神明确提出要"强化实践教学环节，加强实验教学示范中心和校内外实习基地建设，建立大学生创业实践基地、成果孵化基地"。《广东省人民政府关于推进我省教育"创强争先建高地"的意见》特别强调重点实验室、大学生校外实践基地等平台的建设。因此，为强化财税专业实践能力的培养，应根据财税专业的特点以及应用型人才培养要求，通过校政企共建校外实践教学基地，探索校政企协同育人新机制与实践教学新模式。

2. 有利于构建财税专业实践教学体系

实践教学体系是教学的重要组成部分，是理论教学的延续、补充和深化。相对于理论教学，实践教学更具有直观性、综合性、启发性和创新性。校外实践教学基地建设是实践教学体系的关键一环，对于培养财税专业应用型人才有着极其重要的实践意义与应用价值。

3. 有利于深化教育综合改革，提高人才培养质量，服务地方经济

财税专业人才的培养以服务地方经济为主。"十三五"时期广东省经济社会发展主要目标是"一个率先"和"四个基本"，即率先全面建成小康社会，率先实现基本公共服务均等化和社会保障城乡一体化；基本建立比较完善的社会主义市场经济体制、基本建立开放型区域创新体系、基本建立具有全球竞争力的产业新体系、基本形成绿色低碳发展新格局。"一个率先"和"四个基本"对财税专业人才培养要求越来越高。

实践教学是财税专业教学的重要组成部分，是培养学生创造性思维和创新能力，提升专业技能水平和实际工作能力的重要途径。因此，校政企共建校外实践教学基地，有利于学校和政府、企业联合，资源共享，深化教育综合改革，提高人才培养质量，满足地方经济发展需要。

4. 有利于大学生创新思维的培养和创新创业能力的培育

推动校政企共建校外实践教学基地，将政府、企业作为创新创业发展的平台，坚持"创业融合专业、创业引领专业、创业融入专业、创业带动专业"。这有利于全面深化综合改革，提高人才创新意识与创新能力，使企业成为学生创新创业发展的平台，促进毕业生高质量创业就业，全面提高人才培养质量，培养服务于地方经济发展的复合型、创新型、应用型财税专门人才。

二、校政企共建校外实践教学基地的路径

1. 完善组织管理机构

（1）完善专业教学指导委员会。完善专业教学指导委员会制度，充分发挥专业教学指导委员会作用。专业教学指导委员会围绕财税专业人才培养目标，统一规划校政企共建的校外实践教学基地。专业教学指导委员会中来自地方政府、行业和企业的成员比例不低于50%。定期召开专业教学指导委员会会议与专业建设会议，吸纳行业、企业专家全程参与专业建设、课程设置、人才培养与绩效评价。

（2）成立校外实践教学基地建设工作小组。专业教学指导委员会下设校外实践教学基地建设工作小组，全面指导校外实践教学基地建设与创新创业教育工作。该小组主要负责制订基地建设、管理方案与相关制度，架构实践教学体系，监控和管理实践教学全过程，制订年度工作计划及工作要点等。定期召开校外实践教学基地建设工作小组专题会议，组织校内外专家深度研讨，明确学校和企业在校外实践教学基地建设中的职能，确保分工具体、责任明确、相互协作、共建共管，真正做到校政企协同，实现资源共享。

2. 探索"校、政、企"协同育人运行机制

校政企共建校外实践教学基地的运行机制涉及组织和协调机制、动力机制、评价机制等，这些机制相互关联、共同协调，确保实现实践教学目标。

（1）组织与协调机制。校政企协同培养的组织管理机构分为管理层、教

学层和教学效果评估层，由校政企三方负责。为保障三个层面协调发展，需制定一套适合基地发展的管理、安全制度体系。做到实践教学工作有章可依、有制可循，保障校方、企业、学生的共同利益，例如，《校政企合作细则》《学生实习管理手册》《实习安全责任书》《实践教学质量评价体系》等。明确协调管理层、教学层、效果评估与监督层这三个层面的职责与任务。三个层面环环相扣，协调发展，为实现人才培养目标发挥作用。

（2）动力机制。在基地的建设过程中，一方面，以协同创新的理念，制定科学合理的政策，将政策推进、利益驱动和发展需求有机结合，鼓励、刺激和保障各方主体充分释放和追求合理的经济利益及精神利益，由此引导其产生强烈的协同意愿，最终形成自发、科学、合理、有效协同整合的良好局面；另一方面，通过协调各单位的责任与利益，明确各方责权和人员、资源、成果等归属，逐步构建"校政企共建共享，责权利对称匹配"动力机制。

（3）评价机制。在与政府部门、企业的协同共建过程中，基地以提高学生的应用能力为核心，以增强实践教学的科学性为根本，采取校内评价与校外评价相结合的方法，对各单位履职情况、教师的实践指导及实践教学的效果等方面进行全方位、立体式评价，形成了一套比较科学的评价机制。首先，在确认各协同主体责权利的基础上，对其进行全面的质量管理和全程的绩效考核，注重从制度、队伍、过程、方法上建立起开放式、多渠道、多形式的教学质量监控与评价体系。其次，采取校内外评价有机结合的方法，邀请政府部门、企业专家以第三方的身份与校内专家一起对实践指导教师的教学情况进行综合评价。

3. 创新财税专业人才培养方案

根据财税专业应用型人才培养目标与能力特征解析，实践教学体系在财税专业人才培养中具有重要的功能定位。根据本专业应用型人才的培养标准，结合地方经济发展实际，确定财税专业人才培养类型——复合型、创新型、应用型的主要内涵，与人才培养方案的课程体系，学生的知识、能力、素质要求对接。

根据人才培养的主体特征与具体标准，明确专业人才培养的知识要求、能力要求和素质要求。依托校外实践教学基地创新财税专业技术技能型人才培养方案时，需做到四个体现，即岗位选择体现教学目标、岗位技能体现专业能力、岗位发展体现创新能力、岗位中体现校园文化精神。

4. 构建应用型特色实践教学课程体系

首先，对原有课程体系进行调整，适当增加实践学时、选修学时、校外学时，将创新创业教育贯穿于大学教育的全过程。深化专业人才培养方案，将其与创新创业人才培养方案融合，稳步推进专业课程体系改革。

其次，整合相关专业的基础课、主干课、核心课、专业技能应用和实验实践课，形成特色鲜明的应用型课程体系。积极开发财税专业实践教学新课程，搭建实验教学平台。实行主干课程教师负责制，推进主干课程知识点碎片化、层次化与系统化。加强实验、实训、实习环节，实训实习课时占本专业教学总课时比例达到30%以上。

5. 创新教学手段与教学方法

校政企共建校外实践教学基地在培养学生方面实行"双导师制"。"双导师制"是人才培养的新模式，有利于学生的全面发展，提升学生的综合素质。学生在校学习期间配备校内导师，校内导师为学生传授专业知识，培养学生的学习能力，提升学生的专业技能。学生实习期间校外导师发挥主导作用，主要职责是指导学生提升实务操作能力，指导学生体验并形成初步的职业判断能力，能够更好地认识社会，培养学生形成良好的职业道德，弥补在校学习的不足，提高实践认知能力与适应未来工作的能力。

6. 加强"双师双能型"师资队伍建设

（1）转变教师观念，明确培养目标。师资队伍建设要融入校外实践教育和创新创业教育，提高教师校外实践教育意识，要制订教师创新创业教育计划，转变教师教书育人观念。

（2）聘用（兼职）教师，鼓励骨干教师到企业挂职锻炼。学校应深入开展校政企合作，一方面聘请政府部门、企业的各类专家学者作为兼职教师；另一方面，建立相关专业教师到校政企合作单位挂职锻炼制度，鼓励教师参与社会实践，提升专职教师创新创业能力与指导学生的能力。

（3）搭建校外实践教学科研平台，服务地方经济发展。搭建创新创业、校外实践教学和科研平台，充分发挥教师潜力，利用教师的社会影响力和学校的教育教学资源，努力为地方经济发展服务。

参考文献

［1］白忠喜、鲁越青、梁伟、朱小芳：《校政企共建基地开展基于项目驱动的实践教学改革》，载于《中国大学教学》2011年第2期。

房地产估价实验教学的新思路
——校内实验基地建设初探

郑慧娟

一、引言

《房地产估价》课程是大专院校资产评估专业一门重要的专业课，也是一门理论与实践高度结合的课程。课程的理论教学在建筑工程概论、房地产经济学等课程学习的基础上，重点学习房地产估价的基本理论，具体包括估价要素、估价原则，市场法、成本法、收益法、假设开发法、路线价法等估价基本方法的原理、适用对象及操作步骤、运用举例。实践教学部分以培养学生的估价实务能力为目的，要求学生实际进行估价项目操作，包括承接评估项目、实地勘察、估价计算和估价报告撰写等环节。实践教学环节是整个教学过程中的重点和难点。

近年来，随着高等教育的普及，高校招生规模扩大，就业市场的供求关系有所改变，各高校正逐步深化教学内容改革，优化课程体系，突出学生实践能力和创新创业能力培养。具体到资产评估专业本科层次的人才培养方面，不仅要求学生熟练掌握评估及相关领域理论基础，同时还要求其具有突出的实务操作能力和创新性思维，具备人文精神和诚信品质。这就要求学校为学生创造实践锻炼和实务操作的条件，保证专业基础深厚、实践能力和创新能力强、综合素质高的复合型、应用型高等专门人才的培养。

在这样的形势下，作为实践性很强的《房地产估价》课程，如何进一步提高各方面对实验教学的重视程度，探索和完善已有的实验教学方法，使学生巩固已学的有关房地产评估的基本估价理论和方法，具备初步的估价实务能力，成为引起相关专业教育界广泛关注的问题。

有关研究从不同的角度对此进行了探讨。张斌（2007）最早提出了房地产估价课程的项目式实践教学，并总结了项目式实践教学实际应用的经验；刘永胜（2008）、王丹（2009）、林东（2010）等人也分析了项目式教学法在房地产估价课程中的应用，并结合学校实际提出一系列具体的实施措施；宋良杰（2010）讨论了成果为本的房地产估价课程改革与实践，提出以学习目标促进学生成果的方法；徐微（2010）从房地产估价专业课程设计的角度探讨了如何在传统课程中融入实验教学方法。

本文结合已有的实验教学实践，提出构建《房地产估价》校内实验基地的设想，试图使《房地产估价》的实践教学难点问题得到有效解决。本文认为，应该在已有的教学经验与基础之上，立足于学以致用、为社会经济发展服务的根本目标，构建和完善校内实验基地，使其从仿真逐渐过渡到现实，为学生提供方便有效的实践机会，同时为教师提供发展平台，提高教学质量，强化学生综合素质和能力的培养，为以后的就业打下坚实的基础。

二、《房地产估价》已有实验教学方法总结

高等教育实验教学，是指高教学生在高教校内外教师的指导下，使用一定的设备和材料，通过控制条件的操作过程，引起实验对象的某些变化，从观察这些现象的变化中获取新知识或验证知识的各种教学方式和方法。高等教育试验教学具体可分为高等教育一般试验教学（如计算机操作与其他基本技能等）和高等教育专业试验教学。

近年来，为适应深化教学内容改革的要求，《房地产估价》教学也逐步改变了课堂听课、课外作业、期末考试的传统教学模式，纠正了"重理论、轻实践"的倾向，在传统的教学模式基础上积极探索实验教学方法。目前已有的实验教学主要围绕案例教学、项目式实践教学、角色扮演、校内综合实验、校外上岗实习等教学方法展开。各高校根据实际情况，有选择地选取实验教学方法，积极开发和利用优势资源，取得了良好的效果。

1. 案例教学法

案例教学已成为《房地产估价》必不可少的教学方法。案例教学法一般由专业任课教师收集整理有针对性的案例，具体做法是在课堂理论教学过程中增加案例讲解、练习、讨论，让学生在学习理论知识的同时，通过案例中所体

现的知识点加强理论学习与评估实务的关联。案例教学法能够使学生加深对该知识点的学习、掌握及运用，激发学习兴趣。目前案例教学法是房地产估价实验教学中应用最普遍的一种。

2. 项目式实践教学法

项目式实践教学法是模拟评估项目实务，给学生确定一个房地产待估对象，确定一个评估目的，让学生根据所学的理论知识，按照房地产估价工作程序，从接受项目委托开始，包括签订业务约定书、制订工作计划、收集评估资料、进行现场勘察、进行评定估算并撰写提交报告，最终形成工作底稿。从头到尾全过程独立自主地完成一个项目的评估工作，解决学生仅有碎片化的理论知识，一接触实务就无从下手的弊端，培养学生独立从事房地产估价的实际工作能力。

3. 上岗实习教学法

上岗实习属于实践教学，通过建立校外实训基地，让学生在就业前以评估助理等身份进入评估事务所等机构实习。通过与估价师协会等建立联系，与房地产估价机构建立校企合作关系，拓展校外实习基地，为学生上岗实习创造条件。通过假期实习或者毕业实习，学生可以在正式入职之前就实际接触房地产估价项目，承担适当的估价业务，提高学生操作能力。学生通过实习，不仅可以巩固理论知识，还可以获得评估实务的感性认识，并且在资深估价师的指导下，综合分析和判断估价目的、估价原则、价值类型等对于评定估算参数确定与评估结果的影响，了解房地产估价行业的发展情况及未来趋势，行业发展对房地产估价师职业道德的要求，对房地产估价业务的规范。上岗学习教学法要求校内指导老师对学生的实习进度、实习效果进行及时跟踪指导，以实现最佳的教学效果。

4. 模拟实验室的专业实验教学的方式

模拟实验室的专业实验教学方式，是通过构建企业运作的虚拟环境，让学生在虚拟环境中运用已经掌握的专业知识，进行企业运作的模拟演练，熟悉企业的运作。这方面有综合性的模拟实验，如由模拟的生产制造公司、客户公司和工商行政管理部门、税务部门、银行、会计师事务所等部门组成的企业运作仿真综合实验；有以 ERP 沙盘模拟实验等财务会计专项实验教学。在校内组织综合性或者专项实验教学，除了可以解决财经类院校普遍存在的学生在实际企业实习无法接触核心业务，难以体现实习作用及实习基地不足的问题外，对培养和提高学生综合素质有着特殊的意义。目前多数院校的模拟实验教学都属于一般实验教学，侧重于综合性、基础性，很少开展针对资产评估专业的实验教学。

5. 其他专业实验教学的方式

除了与评估案例、项目操作直接相关的实验教学方法，与评估相关的创新项目比赛、知识竞赛、专题辩论等形式也属于实验教学的范畴。这些活动可以通过更加丰富多样的形式加深学生对估价的理解，激发学习兴趣。

三、实验教学需要解决的难点问题

在案例教学和校外实习环节，存在以下四个方面的问题。

1. 课程案例较为有限，教学效果一般

对于案例的要求包括：案例要有一定数量，要能体现实际工作中的多种情况，并有很好的模拟性（真实案例更好），每个案例的内容要完整，评估要素描述要充分。案例的模拟性不好，以及案例中的评估要素不完善、不明确都是制约实验课的"瓶颈"，都会影响实验教学的效果。同时受课程学时的制约，老师在讲解时也只能对案例与授课章节相关的知识点进行详细讲解，其他部分只能一言带过。结果是知识碎片化，学生很难形成一个系统的思路，效果不太理想。

2. 校内专业模拟实验开展面临制约

目前模拟实验教学多数进行的是一般实验教学，而非专业实验教学。在各财经类院校里，都开展了综合性实验和会计、工商管理等专业实验，具备了比较完善的实验场所、设备等条件和相关软件，也具有较为成熟的管理制度。然而，由于对专业实验教学的重视程度不够，师资力量不足，缺乏实验教学软件和教材等技术条件，针对评估专业的实验教学基本未开展。

3. 校外实习基地紧缺

本专业积极拓展了 20 余家资产评估机构作为校外实习基地，并聘请了 30 多位资深评估师担任客座教授。实习基地的数量看似很多，但是当一个学校同一级集中实习的学生达到 100 多人时，仍然相对紧缺。通常一家估价机构只能同时接受 3~5 名学生实习，所以要一次性安排 100 多名学生实习，至少需要联系 30 家估价机构。加之通常寒假期间机构的项目较少，部分估价机构在学期中学校设定的实习期间并不需要实习生，这样大致需要拓展 40 家估价机构才能满足实习需要。再考虑到一个城市全部评估专业的实习学生的规模，仅凭已有的估价机构解决学生的实习问题是不现实的。

4. 企业目标与教学目标不一致

为应对上述"供需"矛盾，有的学校采取了分散实习的办法，即根据评估机构的需要将实习时间安排在大三、大四期间。即使分散实习大致满足了实习需要，但由于分散实习是以评估项目的时间来确定实习的时间，往往出现项目多的时候，学生的校内课程也多的情况。而且在学生参与评估项目的安排上，学生希望从头至尾全程深度参与一个项目，但评估公司往往在项目较多的时候把实习生当成"救火队员"，在一段时间安排其参与多个项目，每个项目却都无法做到深度参与。分散实习的不确定性增加了学校教学管理的难度，甚至影响其他课程教学。

5. 实习内容参差不齐

学生实习所做的工作通常分为两类。一类是参与评估业务的过程。这种情况一般是被安排到有招聘需求、资质等级高的机构的学生，或者是规模较小、实力不足、急需用人的企业中，也有个别重视后备人才储备、能够很好配合学校教学的机构，在这些机构实习都有较多机会接触到实际的评估业务。另一类是难以参与评定估算等核心业务，只能翻阅工作底稿和评估报告，处理办公室杂务，乐观的情况也仅是进行现场勘查。这种情况发生在一些并无实习生需要、被动接受实习生的机构，或者业务淡季。这样，学生无法参与评估实务的核心工作，在有限的时间内不能掌握特定的估价目的、估价原则、价值类型等对于评定估算参数确定和评估结果的影响，难以达到理想的实习效果。

6. 实验教学师资力量不足

师资是实验教学的核心。讲授房地产估价实验课程或者指导实验实习的教师应该对自己所讲授课程涉及的估价理论与实务非常熟悉，能够辨别相关评估案例或材料内容的可用性、优缺点，讲解重点、难点以及实训目标等，并且要求熟练运用计算机、使用相关教学软件。目前的估价实验教学师资普遍较为缺乏。

四、《房地产估价》校内实验基地的构建

1. 构建《房地产估价》校内实验基地的意义

建立《房地产估价》校内实验基地是将现实经济活动中的估价活动搬进

校内实验室进行实境模拟，以建立评估实训教学中心为依托，建设和完善估价项目库、资料库，聘请业内资深专家教授，全方位开展实践教学。

《房地产估价》校内实验基地通过开发新的教学资源，能使上述难点问题得到有效解决。首先，校内实验基地弥补了案例教学的缺陷和不足，将估价案例教学实证化、动态化、开放化，可以通过学生的全程参与熟悉房地产估价的业务流程及操作实务；其次，利用校内实验基地展开专业实验教学，具有更强的针对性；最后，可以解决校外实习遇到的种种困难，提高实习的效果。

《房地产估价》课程的校内实验基地重点在于构建房地产估价案例库、行业市场信息数据库和估价所需参数的数据库。基地建设可以依托实验室、计算器等硬件条件，开发和应用试验教学软件，将案例、数据库整合到软件平台上，为课程学习提供一个新的教学平台。运用这个教学平台开展实验教学的方法不仅延伸了传统教学形式，也为教学形式与内容的改革提供了物质基础和革新工具。

与校外实践基地相比，校内教学基地的教学方式能够提高教师对实习过程和内容的控制力，可以有效地进行教学活动的重新设计、教学流程的重新构建、专业知识的重新组织，从根本上改善了教学效率。校内实验基地还可以充分利用学校师资，在条件允许的时候成立评估机构，向外界提供一个开放的共享服务，逐步具备对内教学、对外服务的双项职能，既扩大了专业的影响，壮大了师资力量，又在实际应用中促进了学科进一步的发展和完善。

2. 构建《房地产估价》校内实验基地的条件

《房地产估价》教学校内实验基地建设的指导思想是辅助理论教学，解决资产评估实践教学的难点问题，培养学生房地产估价的实务能力，提升学生创新精神、实践能力、社会责任感和就业能力。并且利用校内实验基地，发挥学校与资产评估机构的协同创新、服务社会的功能。具体来讲，校内实验基地建设应具备以下条件。

（1）设备与制度。实验基地的建立需要一定的空间场所，并配备相应实习设备，如实验室、电脑、办公室、桌椅、投影等硬件。实验室要做到学生每人配备一台电脑。同时应制定一套完整的模拟实验室使用和管理规定，使实验室基本运行正常化、规范化。

（2）案例、资料与教学软件。案例库的建设方面，要保证案例的真实性。

应该加强与评估机构的合作，取得真实的评估案例，以保证实验教学的高度仿真性，让学生获得较好的直观感受，保证实习效果。在案例的选择方面，要针对居住、商业、商务、工业等不同类型房地产，结合房地产转让、抵押、征收等不同评估目的，收集不同类型的评估项目，覆盖所有项目类型，让学生体会不同情况下评估应把握的重点。

为了保证房地产估价模拟实验操作过程及其成果的科学性和规范性，还需花费大量的时间和经费去收集与房地产价格评估有关的各类市场分析报告、专业图纸、造价数据信息等，并配置必要的数据处理软件进行统计分析和运算。

要提供权威的市场统计信息的链接或者数据库来源。房地产市场分析师房地产估价的基本工作，是进行评定估算的基础，也是评估报告的重要组成部分。目前房地产市场信息来源较多，有政府统计部门，有房地产中介机构，有盈利性的专门从事房地产价格、成交量等信息搜集整理、分析提供的机构，要结合本地的实际情况，选择较为权威的稳定的信息来源提供给学生。

可以通过评估教学软件的开发和使用将案例、信息链接、数据库等资源整合到统一的平台。所开发应用的实训教学软件应该模拟房地产估价公司的工作方式，让实训者可以直接体验到跟估价公司一样的操作流程，并且理解各流程之间的逻辑与联系。软件所采用的案例数据应该来自房地产估价公司的真实数据，让实训者熟悉和了解核心业务的数据来源及使用规则。并且将折现率等重要参数来源数据库、主要房地产市场信息网址链接到软件中，提高软件环境的仿真性。还应要求软件使用具有便利性，教师指导方便，学生操作也比较便利，不需要花费太多时间在研究软件本身的操作和使用上，能将有限的教学时间集中在项目实训内容方面，以达到服务教师教学的目的。

（3）搭建估价研究平台。目前评估理论研究尚处于初步阶段，可以利用高效科研实力较强的优势，以校内实验基地为依托，积极搭建估价理论与实务研究平台，吸引社会估价资源参与研究，扩大影响力，反过来促进实验教学。选取房地产税基评估、大数据对评估的影响、农村集体土地使用权评估等前沿性课题展开研究，拓展研究范围，并且起到理论对实务的指导作用。

（4）加深校企合作。遵照教育规律和人才成长规律，与校外评估事务所深度合作，校企双方共同制定实践教育的教学目标和培养方案，共同建设校内实践教育的课程体系及教学内容，共同组织实施实践教育的培养过程，共同评价实践教育的培养质量，共同推动实践教育模式改革。利用校外实验基地和客座教授的优势，在案例库建设、评估软件与设备、最新评估动态信息交流等方面拓展评估资源的收集渠道，逐步丰富校内实验基地的资源。开设"房地产评估案例分析"课，由校外导师在学校授课，从房地产评估行业现状、发展趋势、前言动态、评估师职业道德、实务操作要点，以及提问互动环节实现学生与资深行业精英的近距离接触与互动，增强对理论知识的理解。

（5）师资培养。建立健全基地教师队伍管理制度，采取有效措施调动指导教师的积极性，不断提高指导教师队伍的整体水平，打造一支专兼结合、理论与实践互补、能力强、素质高的指导教师队伍。积极参与全国估价行业协会举办的专业培训或者师资培训，提高教师的估价理论素养与实务水平；鼓励年轻教师参与评估公司的评估项目，积累经验。鼓励教师考取房地产估价师资格，鼓励获得注册房地产估价师资格的教师校外兼职或者创业，采用入股或者合伙的方式建立评估机构，为教师发展提供更广阔空间，也为学生实践能力的培养创造条件。

参考文献

[1] 刘永胜：《房地产估价课程教学改革实践与探索》，载于《科协论坛》2008 年第 3 期。

[2] 林东：《房地产估价实务项目课程教学改革》，载于《徐州建筑职业技术学院学报》2010 年第 1 期。

[3] 宋良杰：《成果为本的房地产估价课程改革与实践》，载于《广州番禺职业技术学院学报》2010 年第 9 期。

[4] 王丹、黄华明：《管理类课程开展项目教学的一些思考——以〈房地产估价〉为例》，载于《职教论坛》2009 年第 11 期。

[5] 徐微：《高等院校房地产估价专业课程设计及教学方法探讨》，载于《现代商贸工业》2010 年第 15 期。

[6] 张斌：《房地产估价课程设计及其教学探讨》，载于《高等建筑教育》2007 年第 4 期。

机电设备评估实训的得与失

谭小平　王冬梅　阮倩榕

一、机电设备评估实训目的

机电设备评估是评估工作的重要组成部分，在评估实践中约占1/3的份额，评估数量和价值较大，评估复杂程度也较高。作为专业评估人员，应掌握机电设备的工作原理、分类、技术指标、新旧程度分析等知识，因此开设机电设备评估基础课程对培养评估人才十分重要。资产评估学科培养目标为综合性应用型人才，学科的实践性决定了本专业必须重视实践课程。对于机电设备评估进行项目实训的主要目的是通过对身边常用机电设备的评估，提高学生对于机电设备评估课程的参与度，了解机电设备评估的程序和方法，加强学生应用评估理论于实践的能力，为此后学生实习和参与评估工作打下良好基础。

据调查，在我校资产评估专业中文科类背景的学生占比较大，且文科类学生对工科基础知识相对缺乏，所以更应该通过实训强化机电设备认知，提高课程直观感，培养学生对机电设备评估的兴趣。本专业学生在大二的课程里已经学习了《资产评估概论》这门课程，对于资产评估已经有一定的基础知识，现在学习了《机电设备评估基础》这门课程，学习掌握了一定机电设备的理论知识。以这些基础知识为基础，让学生开展一次机电设备评估实训并撰写资产评估报告，是种很有利的实践教学方式。

二、实训内容及要求

1. 实训内容

（1）以小组进行实训，实训对象可以以生活中常见设备为例，对较简单的设备按照评估程序和要求开展调研。前期应该根据自己小组的实际情况完成选题、评估条件设定和现场勘查的工作。

（2）对于拟订评估条件下的资产，应采取合适的价值类型、评估方法，进行评定估算后计算出评估结果。

（3）撰写评估说明和评估报告，完成整理工作底稿。

（4）各小组上台展示自己的评估报告，并回答评审小组提出的问题。

（5）展示后再根据是否需要修改自己的评估报告，修改后上交存档。

2. 实训要求

（1）实训以小组为主进行，5～6人为一个小组，各组成员应当分工合作，小组独立完成评估实训报告。

（2）对于评估假设、价值类型、评估依据、评估方法的选择等必须合理。

（3）评估实训报告参照所给的评估报告范文，格式要求规范，能包括的要素应尽可能完整。

（4）每个小组均需要在课堂上向大家展示和说明评估实训情况和评估报告，对评审小组提出的问题进行解答，最后由评审小组进行打分，总分100分，取平均值为该小组的最终成绩。

三、实训结果分析

参加本次机电设备评估实训的均是资产评估专业大三的学生，总共3个班159人，分成了24个小组。

1. 实训项目选题情况

3个班总共完成24份评估报告，大部分小组都是选用生活用品为评估对象，其中选洗衣机作为评估对象的有13组，占14.17%；选笔记本电脑的有3组，占12.5%；电风扇2组，占8.33%；空调、电饭煲各1组，占4.17%。仅有3个小组选用了较为大型的机器为评估对象，分别以汽车、平压压痕切线机和CL955装载机作为选题。选题情况如表1所示。

表1　　　　　　　　　　　　评估项目选题汇总

评估对象	洗衣机	笔记本电脑	电风扇	空调	电饭煲	电热水器	汽车	平压压痕切线机	CL955装载机
组数	13	3	2	1	1	1	1	1	1
占比（%）	54.17	12.50	8.33	4.17	4.17	4.17	4.17	4.17	4.17

2. 评估目的及假设

如图 1 所示,各组假设的评估目的多种多样,大部分假设其被评估机器设备的评估目的为资产转让,这也是现实中较为普遍的评估目的。但是同学中有一组的评估目的是因为接受委托方委托而进行评估,这样对于评估目的的表述欠明确,应该按照资产评估的准则更专业地表述。

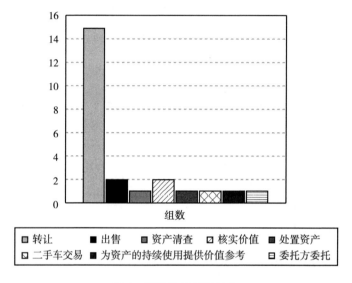

图 1 评估目的假设情况

3. 评估价值类型情况

学生在拟订评估价值类型的时候,应该充分理解每种价值类型的含义、适用范围及它们之间的区别,以及需要考虑该种价值类型与其设定的评估目的及假设是否一致。

资产评估的价值类型主要分为市场价值和市场价值以外的价值。市场价值是在满足公开市场和资产有效使用假设的前提下,相对于整体市场而言的合理或公允价值;市场价值以外的价值则是在不完全满足市场价值定义成立条件,但满足各自定义成立条件的前提下,相对于个别市场主体合理或公允的价值。在用价值和持续使用价值属于市场价值以外的价值。

实训中价值类型的选择如图 2 所示,22 份评估报告中 92% 采用的评估价值类型是市场价值,采用持续使用价值和在用价值的各有 1 组。这也反映出市场价值是最常见的评估价值类型,也是学生们接触最多、理解最透彻的一种评估价值类型。不同的价值类型会影响评估对象的最终评估值，所以不同的价值类型下选用适当的评估方法进行评估是重要的一步。

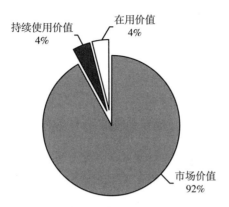

图2　评估价值类型选用情况

4. 评估方法选择情况

由图3可知，在所有的项目评估实训中有83%（20组）的评估报告是只采用一种方法进行评估，其中有18组采用成本法进行评估，2组采用市场法进行评估。其余17%（4组）的评估报告采用两种方法结合进行评估，其中有3组是采用成本法和市场法两种方法结合评估，1组采用成本法和收益法结合进行评估。总共有22份评估报告采用成本法进行评估，却只有9份评估报告中有现场勘察表，其余13份报告中没有现场勘察表，没有按照评估报告标准进一步规范。

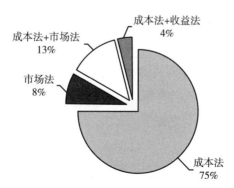

图3　评估方法选择情况

机器设备的评估方法有重置成本法、市场法和收益法。同样，机器设备由不用主体所拥有和控制，由于其所处的环境不同（继续使用、长期闲置）或者评估目的不同（续用、抵押、转让、清算拍卖等），所用的评估方法、采用的数据、选取的参数都会有所不同，因而评估结果也会存在差异。评估时从资产评估的效率和合理性角度，根据各种评估方法的特点及其最适宜发挥作用的范围选用适宜的评估方法，将有利于提高资产评估的质量及效率，避免评估方法选用与操作不当形成的风险。

从上述情况分析可以得知我们绝大部分案例都是直接选取市场价值作为评估对象的价值类型。一般来说，对于市场价值类型，我们一般采取市场法或者成本法进行评估。这时我们需要结合评估目的来看，如果是一个在用或者通用的机器设备，委托方想要把该设备转让（本次实训中这种类型的案例占大部分），这时我们需要用市场法进行评估。因为对于通用的设备来说，它所存在的公开市场比较活跃，可选择参照物比较多，而且根据相似规格型号，我们也可以对评估对象进行价格定位，再选取一些因素进行调整。而对于一些专用设备，例如，某单位专门为某一项目从厂家订购的特殊设备，我们就不好用市场法进行评估，在历史成本等数据容易获得的情况下应选择成本法。尽管成本法的计算量比较大，但是这样可以比较真实地反映出评估对象的实体价值和各种损耗。

本次实训中大部分组只采用成本法进行评估，评估方法比较单一，应该尽可能尝试多种方法进行评估，尤其是多采用市场法进行评估。

5. 实训汇报及实训成绩分析

每个实训小班在经过项目选题、实地勘查、数据收集、评估报告撰写后，进入评估实训汇报环节。3 个班的实训评估成绩统计如图 4 所示。

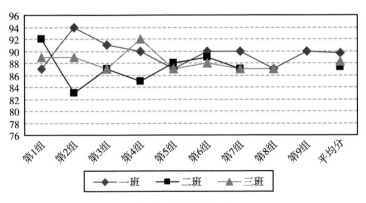

图 4　实训成绩分析

　　每个小组的评估实训成绩是由每个班学生各自组成的班级评审小组成员及实训教师根据评估报告的完成情况、实训成果展示及回应所提问题的情况，以及工作底稿的完成情况等一一进行评估打分，之后扣除最高分和最低分之后取平均值得到最后得分。根据最后的评分结果来看，每个小组的分数差异并不大。相比之下，一班的成绩较好，实训完成情况也较优秀。三个班的平均得分为 88 分，均值较高。可见学生对机器设备评估课程掌握程度较好，对实训的参与度较高，能理论联系实际并能顺利完成评估实训。

四、实训的肯定与不足之处

1. 肯定之处

　　从总体情况来看，学生在本次机电设备评估实训中以高度的热情、专业的态度出色地完成了实训任务，实训总体上是值得肯定的。

　　（1）同学们都以认真的学习态度进行实训，以评估师的标准要求自己，严格履行评估程序，认真勘查，查找数据，完成机器设备说明和评估报告，并积极准备实训成果汇报。

　　（2）评估对象的选择尽可能多样化。这次实训充分利用五一假期学生外出的机会，使得五一假期期间学生可以对生活中的机器设备进行观察评估，与家人朋友讨论相关数据和参数的选择问题，并且有少部分得以有机会走进工厂参观了解机器并尝试评估。

　　（3）学生在评估方法的选择上大部分采用了最常用的成本法，有少部分小组也在尽可能运用市场法进行评估，还有部分学生采用了两种方法同时进行评估并对不同方法评估出的结果进行比较，这种做法是值得肯定和鼓励的。

　　（4）各个小组的评估过程都是比较详尽的，能做到小设备大分析，没有存在因为设备规模小而敷衍评估的情况。

　　（5）无论是在评估过程中还是展示过程中都体现出学生之间的团队合作精神，团队合作较好，每位同学都利用这次机会尝试把理论与实践相结合，是此后学生参与企业实习前的一次热身。

2. 不足之处

　　（1）大部分组的评估缺少现实性，评估参数的选择主要从早期的机器设备评估参数中选取，没有考虑到现实中设备的实际使用年限，对于设备的估值往往偏高。有些组没有对机器设备的评估结果进行增减值分析。

（2）评估中未考虑到设备的加速折旧问题，只是运用了最基本的折旧方法（直线法），而在现实中加速折旧是常见的。

（3）工作底稿中有些内容还是欠规范，例如评估现场勘察表、评估依据等不够具体规范。

总的来说，出现这些不足之处归根结底都是因为同学们的评估经验不足，没有多接触到真正的评估工作，对评估细节问题都不太了解。

五、总结与展望

资产评估是一个注重理论与实践相结合的综合性学科，目标是培养应用型人才，这是这次机电设备评估实训的出发点。通过这次实训，学生获得了实地参与机电设备评估的机会，可以更深入地了解机器设备，亲身体验评估过程，加强理论与实践知识的结合，为此后参与评估实践打下良好的基础。这也是学校复合应用型人才培养的目标所在。当然，在评估实训中也暴露出一些问题，其主要原因还是在于学生参与的实践不够，在评估方法的选择、参数的确定等方面欠缺足够的经验，这也进一步说明了实践的重要性。当代中国普遍存在这样的现象：高等学校注重理论知识的传授，而忽视了学生实际操作能力的培养；而专科类学校只注重操作，理论知识学的不深。这些都是不健康的培养方式。广东财大一向致力于高端应用型人才的培养，尤其是对于资产评估专业这类操作性很强的学科，更应该增加学生的实践机会。因此，进一步加强机电设备评估实训课堂的建设，培养学生理论联系实际的能力是专业发展和资产评估人才培养的长期目标。

参考文献

[1] 言实：《机电设备评估基础》，载于《中国资产评估》2012 年第 7 期。

机器设备评估实训

——装载机案例分析

谭小平 朱本勃 赵别雄

一、案例概况

1. 机器设备概况

评估对象是一台山东常林机械集团股份有限公司于 2012 年出厂的 CL955 装载机，该设备购置日期为 2014 年 4 月，启用日期为 2014 年 5 月。账面价值 358000 元，账面净值 286400 元。装载机是一种广泛用于公路、铁路、建筑、港口、矿山等建设工程的土石方施工机械，设备主要用于铲装土壤、砂石、石灰、煤炭等散状物料，也可对矿石、硬土等作轻度铲挖作业。在道路、特别是在高等级公路施工中，装载机用于路基工程的填挖、沥青混合料和水泥混凝土料场的集料与装料等作业。此外还可进行推运土壤、刮平地面和牵引其他机械等作业。由于装载机具有作业速度快、效率高、机动性好、操作轻便等优点，因此，它成为工程建设中土石方施工的主要机种之一。

2. 委托方及资产占有方简介

本次评估的委托方和资产占有方为出租机器设备的个体工商户 A，主要经营范围：装载机、推土机出租，工程机械修理和操作等。

3. 评估目的

个体工商户 A 因所属装载机未签订租赁合同，现拟对闲置的一台山东常林 CL955 装载机进行转让。本次评估目的是为该经济事项所涉及的设备于 2016 年 5 月 31 日的市场价值提供价值参考意见。

4. 评估基准日

本次评估的基准日为 2016 年 5 月 31 日，评估基准日是由委托方根据本次评估的特定目的并与委托方洽谈而确定。

二、评估程序

本资产评估有限公司于 2016 年 5 月 1 日与个体工商户 A 洽谈并接受委托，对个体工商户 A 所属的常林 CL955 装载机进行评估，评估基准日定于 2016 年 5 月 31 日。我司于 2016 年 5 月 2 日确定了评估方案，评估工作于 2016 年 5 月 4 日正式开始，2016 年 5 月 10 日现场工作结束，2016 年 5 月 21 日出具正式报告。整个评估工作分为四个阶段。

1. 评估前期准备

本阶段的主要工作是：根据评估工作的需要，向资产占有方布置评估准备工作，并对资产占有方有关人员进行辅导，由资产占有方填报资产评估报告申报表。评估人员协助资产占有方进行资产申报工作，同时收集资产评估所需的各种文件资料，制订资产评估工作计划。

2. 现场清查核实

（1）评估步骤。根据资产评估的有关规定，对被评估资产进行了产权清查核实和价值评估，具体步骤如下：

① 听取资产占有方经营情况、待评估资产历史和现状的介绍；

② 根据资产占有方申报的资产内容，评估人员到现场对实物资产进行勘查；

③ 根据资产的实际状况和特点，以及取得的相关资料和会计准则的要求，确定资产的评估方法；

④ 查阅产权证明文件、设备购置合同以及相关凭证；

⑤ 开展市场调研、询价工作；

⑥ 对资产占有方的资产进行价值评估测算。

（2）资产清查核实结果。评估对象现位于广东省广州市海珠区官洲街，是山东常林机械集团股份有限公司于 2012 年出厂的 CL955 装载机，CL955 轮式装载机与其他同类产品比较，工作装置动作时间短，工作效率较高；采用密封销轴，润滑系统得到了较好的保护；采用潍柴动力 WD615G. 200 发动机，符合欧 II 排放标准；双变总成采用杭齿 ZL50 型行星式变速箱，双涡轮变矩器，市场通用性强，配件方便；传动轴采用键块式工程机械专用传动轴，保证传动可靠性；采用双泵合流液压系统，大幅度降低油耗、能耗；驾驶室采用无骨架结构，视野开阔。该设备购置日期为 2014 年 4 月，启用日期为 2014 年 5 月。根据该装载机驾驶室计时器显示，设备已工作 2150 小时。

CL955 装载机的主要技术参数如表 1 所示，设备实物如图 1 所示。

表1　　　　　　　　　　　装载机主要技术参数

常林 CL955 装载机	参数配置	常林 CL955 装载机	参数配置
整机高度（mm）	3378	挖掘力（掘起力）（kN）	160
整机宽度（mm）	2785	卸载角度	45°
整机长度（mm）	7717	卸载高度为（mm）	3050
轴距（mm）	2920	额定铲斗容量（m3）	3
额定功率（Kw/rpm）	162/2200	额定载重量（kg）	5000
发动机型号	WeichaiWD615G. 220	整机操作重量（kg）	16500

图1　设备实物

3. 进行资产评估汇总分析

根据对各类资产的初步评估结果，进行汇总分析工作，在确认评估工作中没有发生重复和遗漏的情况下，根据汇总分析情况对资产评估结果进行修改、校对与必要的调整和完善，经三级审核后形成正式评估报告。

4. 提交报告

根据评估工作应遵循的原则，向委托方提交资产评估报告书初稿，对委托方提出的意见进行判断和修改后，本公司于 2016 年 5 月 31 日出具正式评估报告。

三、评估价值类型与评估方法的选择

本次评估的价值类型为市场价值。市场价值是指自愿买方和自愿卖方在各自理性行事且未受任何强迫的情况下，评估对象在评估基准日进行正常公平交易的价值估计数额。

根据《资产评估准则——机器设备》规定，注册资产评估师执行评估业务，应当根据评估对象、价值类型、资料收集情况等相关条件，分析市场法、收益法和成本法三种资产评估基本方法的适用性，恰当选择一种或多种资产评估基本方法。

1. 市场法适应性分析

应用市场法评估机器设备是指根据市场上与被评估对象相似的或可比的参照物的交易价格资料，通过对评估对象和市场参照物之间的差异调整，确定被评估设备价格的评估方法。市场法比较适用于有成熟的市场、交易比较活跃的机器设备评估。本次评估对象为装载机，全新设备通常是地区代理商洽谈销售，交易价格具有小幅弹性。二手设备交易市场尚不成熟，交易设备实体情况（成新率）没有明确量化，交易双方主观因素对价格影响较大，交易案例不具有可比性，所以不宜采用市场法进行评估。

2. 收益法适应性分析

利用收益法评估机器设备是通过预测设备的获利能力，对机器设备未来可能带来的净利润或净现金流按一定的折现率折为现值，作为被评估机器设备的价值。使用这种方法的前提条件是要能够确定被评估机器设备的获利能力、净利润或净现金流量以及确定资产合理的折现率。由于本次评估的机器设备具有独立获利能力，而且工作时间、工作收益都能获得较为详细的行业数据，因此，本次评估可运用收益法进行评估。

3. 成本法适应性分析

重置成本法是用现时条件下重新购置或建造一个全新状态的被评估资产所需的全部成本，减去被评估资产已经发生的实体性贬值、功能性贬值和经济性贬值，得到的差额作为被评估资产的评估值，也可估算被评估资产与其全新状态相比有几成新，即求出成新率，然后用全部成本与成新率相乘，得到的乘积作为评估值。此次评估对象的各项成本和费用都有记载，所以成本法也是适用的。

4. 评估方法的选择

综上所述，本次评估同时采用成本法和收益法评估，并对两种方法评估的结果进行比较分析。

四、评定估算过程

1. 成本法

成本法的主要计算公式为：

机器设备评估值 = 重置成本 − 实体性贬值 − 功能性贬值 − 经济性贬值

下面分别求出公式中的重置成本、实体性贬值、功能性贬值和经济性贬值。

（1）重置成本。

① 出厂价。根据设备的型号和相关参数，向该设备的原厂家——山东常林机械集团股份有限公司的销售部询价，得知 CL955 装载机的出厂价为 270000 元（不含税）。

② 增值税。依据《中华人民共和国增值税暂行条例》和《增值税暂行条例实施细则》，由于委托方为个体户，购置该设备的增值税不得抵扣，故核算设备重置成本时需按 17% 的税率缴纳增值税。

增值税 = 出厂价 × 增值税率 = 270000 × 17% = 45900（元）

③ 运杂费。运杂费主要由运输费、装卸费、保管费、运输保险费等费用构成，以含税购置价为基础，评估对象现位于广东省广州市海珠区官洲街，依据《国内运杂费费率参考表》，确定该设备的运杂费率为 2.5%。

运杂费 = 含税购置价 × 运杂费率 = 270000 × (1 + 17%) × 2.5% = 7898（元）

④ 其他费用。装载机免安装调试、无资金成本、无基础费等其他各项费用，故其他费用均为 0。

⑤ 设备重置全价。

设备重置全价 = 出厂价 + 各项税费 + 运杂费 + 安装调试 + 资金成本
　　　　　　+ 基础费 + 其他各项费用
　　　　= 270000 + 45900 + 7898
　　　　= 323798（元）

（2）设备残值。

预计净残值是指被评估资产在报废清理时净回收的金额，即等于报废设备的变价收入减去处置设备的拆装及清理费用。在资产评估中，通常只考虑数额较大的残值，残值数额较小时可以忽略不计。设备残值不考虑贬值和折旧。

被评估设备整机操作重量为 16500（kg），残值处置单价比废铁收购价略高，查询广州市 2016 年 5 月 1 日的废铁价格，为 1000 ~ 1300 元/吨，综合分析后确定为 1200 元/吨，计算得设备处置变价收入为 19800 元。经评估人员询问工程机械行业相关人员和市场调查，综合分析可得被评估设备 CL955 装载机的残值为 20000 元。

（3）实体性贬值。

① 年限法。该设备属于工程机械类设备，根据《资产评估常用方法与参数手册》，该设备的经济寿命一般为 10 年，工作时间一般为 12000 小时，本次评估对象购置日期为 2014 年 4 月，启用日期为 2014 年 5 月，截至评估基准日已使用年限为 2 年，该装载机驾驶室计时器显示设备已工作 2150 小时，技术人员鉴定该设备尚可使用年限大约为 8 年。

年限法成新率 = 尚可使用年限/设备总使用寿命 × 100% = 8/10 × 100% = 80%

工作量法成新率 = 尚可使用时间/总可工作时间 × 100%

$$= (12000 - 2150)/12000 × 100%$$

$$= 82.08\%$$

由于目前装载机没有法律强制报废年限，故取工作量法成新率 82.08%。

② 技术鉴定法。根据设备检验记录、现在工作和评估人员的技术勘查，结合表 2《机器设备成新率评估参考》，最终得到该设备的技术鉴定成新率为 84%。

表 2 　　　　　　　　　　机器设备成新率评估参考

类别	新旧情况	状态说明	成新率（%）
I	新设备	全新或使用不久的设备；经试车验收，质量达标，能保证按原来设计性能正常使用的设备	100 ~ 90
II	较新设备	使用时间不长或经第一次大修，恢复原设计性能使用不久的设备，能保持原有性能正常使用；除正常维修外，平时故障不多，未发生过重大故障的设备	85 ~ 65

续表

类别	新旧情况	状态说明	成新率（%）
Ⅲ	半新旧设备	已使用相当时间或大修后已使用一定时间的设备；能基本保持原设计性能，满足现加工工艺要求，零部件完整，能正常使用的设备	65~40
Ⅳ	较老旧设备	已使用较长时间或发生过较大故障（事故）经过修复，目前维持使用，性能（功能）有所下降，但能满足工艺要求，保证安全使用的设备；或使用中故障较多，以及已超过规定使用年限，目前技术状况尚可，仍能继续使用的设备	40~20
Ⅴ	待处理设备	性能已严重恶化，目前只勉强维持使用，即将更新的设备；或已停用，无修复价值的设备；以及国家明文规定限期淘汰禁止维持使用的设备	15~0

③ 综合成新率。

综合成新率 = 年限法成新率×40% + 技术鉴定成新率×60%

= 82.08% ×40% + 84% ×60%

= 83.2%

④ 实体性贬值。

实体性贬值 = （设备重置成本 – 设备残值）×（1 – 综合成新率）

= （323798 – 20000）×（1 – 83.2%）

= 51038 （元）

（4）功能性贬值。

功能性贬值是指新技术的推广和运用使企业原有资产与社会上普遍推广和运用的资产相比较，技术明显落后、性能降低，其价值也就相应减少。这种损耗称为资产的功能性损耗，也称功能性贬值。

通过将 CL955 装载机的技术参数与其他设备相比较，CL955 装载机无明显功能性贬值，故确定被评估设备的功能性贬值为 0。

（5）经济性贬值。

经济性贬值主要表现为运营中的资产利用率下降，甚至闲置，并由此引起资产的运营收益减少。

经济性贬值估测方法：

经济性贬值率 = [1 - (资产预计可被利用的生产能力/资产原设计生产能力)^x]

经济性贬值额 = (重置成本 - 实体性贬值 - 功能性贬值) × 经济性贬值率

式中，X 为功能价值指数，实践中多采用经验数据，数值一般在 0.6 ~ 0.7 之间。

由于国民经济增速放缓，工业生产技术的快速发展使得装载机数量近年来大幅增加，行业发展渐趋完善，业内竞争力愈发激烈。同时装载机一般在露天室外工程作业，对工作环境有一定的要求，特别是受天气因素影响较大，在高温、大风、雨雪、地面湿软等条件将造成停工。评估人员综合分析确定被评估资产利用率只能达到设计生产能力的 90%，工程机械行业功能价值指数取 0.7。

经济性贬值率 = [1 - (资产预计可被利用的生产能力/资产原设计生产能力)^x]

$= 1 - 90\%^{0.7}$

$- 7.11\%$

经济性贬值额 = (重置成本 - 实体性贬值 - 功能性贬值 - 残值)

× 经济性贬值率

$= (323798 - 20000 - 51038 - 0) \times 7.11\%$

$= 17971$（元）

(6) 成本法评估值。

机器设备评估值 = 重置成本 - 实体性贬值 - 功能性贬值 - 经济性贬值 + 残值

$= 323798 - 51038 - 0 - 17971 + 20000$

$= 274789$（元）

2. 收益法

(1) 收益法预测的假设条件。

对个体工商户 A 的未来收益进行预测是采用收益法进行评估的基础，而任何预测都是在一定假设条件下进行的，本次评估收益预测建立在以下假设条件基础上。

① 一般性假设。

第一，个体工商户 A 在经营中所需遵循的国家和地方的现行法律、法规、制度及社会政治及经济政策与现时无重大变化；

第二，个体工商户 A 将保持持续经营，并在经营范围、方式上与现时保持一致；

第三，国家现行的税赋基准及税率，税收优惠政策、银行信贷利率以及其他政策性收费等不发生重大变化；

第四，不考虑通货膨胀对经营价格和经营成本的影响，假设评估过程中相关单位和个人提供的经营数据及行业前景资料真实可靠；

第五，无其他人力不可抗拒及不可预见因素造成的重大不利影响。

② 针对性假设。装载机是专用性比较强的工程机载，现有用途为其最佳用途。在评估基准日后，待估资产将按现有用途继续使用。待估资产的未来经营者遵守国家相关法律和法规，不会出现影响其发展和收益实现的重大违规事项。

（2）收益额。

根据评估人员行业考察，统计分析装载机工作时间和收益可得：技术人员鉴定该设备尚可使用年限约为 8 年，个体经营的每台装载机的工作时间为 1100 小时/年，每小时工作收入包括：①自带燃油工作 260 元/小时；②用工方提供燃油 110 元/小时，其中装载机驾驶人员的人工成本为 60 元/小时，根据《行业基准收益率参照表》，矿山机械折现率为 5%，工程机械折现率为 15%。

装载机折现率 =45% × 矿山机械折现率 +55% × 工程机械折现率 =10.5%

设备年收入 =1100 ×（110 – 60）=55000（元）

设备收入现值总额 = 设备年收入 ×（P/A,i,n）=55000 ×（P/A,10.5%,8）
=318412（元）

（3）维修保养费用。

装载机工作环境多为多尘土的环境，维修保养包括机械臂、连杆处和传动部件之间等处注入润滑油，清洗油底壳过滤器，更换变速箱油液，对变速箱、变矩器解体检查检修，更换机油、齿油、变矩器油、刹车油，随时检查铲齿、刹车片、铰接销等销套等，在电瓶工作时间较长，轮胎磨损严重时需要更换电瓶和轮胎。

评估人员参考山东常林机械集团股份有限公司、山东临工工程机械有限公司和徐州工程机械集团有限公司装载机的售后服务，统计数据表明，装载机的后期维修保养费用（将零星保养支出归集到大修期）为：

① 评估基准日后第 2 年维修保养费用为 10000 元；

② 评估基准日后第 4 年维修保养费用为 12000 元；

③ 评估基准日后第 6 年维修保养费用为 15000 元；

④ 评估基准日后第 7 年维修保养费用为 19000 元；

⑤ 评估基准日后第 8 年设备报废处置。

$$维修保养费用 = 10000/(1+10.5\%)^2 + 12000/(1+10.5\%)^4 +$$
$$15000/(1+10.5\%)^6 + 19000/(1+10.5\%)^7$$
$$= 26553 （元）$$

（4）收益法评估值。

$$机器设备评估值 = 收益现值 - 维修保养费用现值 = 318412 - 26553 = 291859(元)$$

五、评估结果分析

1. 比较分析与确定评估值

本次评估分别采用成本法和收益法进行评估，成本法评估值为 274789 元，收益法评估值为 291859 元，二者的评估值接近。收益法评估出的值相对较高，可能因为对未来收益的预测比较乐观。由于收益法的参数估计中，对于收益额的预测和折现率的计算存在较强主观性，这里采用成本法的评估结果，收益法评估的结果在案例中主要起相互验证的作用。因此，本案例中评估结果为274789 元。

2. 减值分析

被评估对象账面价值 358000 元，账面净值 286400 元。成本法评估设备重置全价 323798 元，成本法评估净值为 274789 元，资产减值率为 4.05%。

由于委托方为个体工商户，财务制度不健全，被评估设备采用年限法直线折旧，没有考虑科技进步和经济环境变化带来的加速折旧，使设备净值偏高。在评估询价过程中，评估人员发现山东常林机械集团股份有限公司由于生产机械化规模扩大、业务熟练程度提高使得被评估设备生产效率大幅提升，在销售过程中为与山东临工工程机械有限公司、现代（江苏）工程机械有限公司竞争有意压低价格，扩大销量，导致被评估对象重置成本与以前年度相比较低，同时由于市场中装载机数量不断增加，行业竞争愈发激烈，导致装载机利润有所下降，评估过程中计算被评估设备的经济性贬值，故评估对象的评估净值稍低于设备账面净值。

六、案例评析

1. 案例充分利用了所学的资产评估理论与方法

包括特定目的下评估价值类型的确定、评估方法的选择、参数的确定、价值的估算等过程，较好实现评估理论知识在评估实践中的应用，比较圆满地完成了实训要求，较好地达到了实训目的。首先，此次的案例分析我们都是根据《资产评估》所学的资产评估理论与方法进行的，其中涉及的资产评估目的、资产评估假设、资产评估价值类型等都是来源于所学知识。同时，对于评估方法的选择我们要根据机器设备的实际情况和市场条件来评定。其次，对于参数选择，我们要根据被评估对象的实际情况和市场上的更新数据综合采用。总的来说，此次案例所涉及的知识很全面，有利于提高学生的实训能力，能较好地满足实训要求，达到实训目的。

2. 采用两种方法，相互验证

本案例采用成本法和收益法综合评定，成本法的选择是根据委托方所提供的完整数据决定的，而收益法是因为被评估对象的持续收益决定。两种方法的评定结果有一定的差异，但我们根据经验按比例综合评定，相互验证，可得到比较准确的结果。

3. 数据来自于实地调研，具有一定现实性

此次案例中的数据都是根据实际经营状况获取的，还有机器设备的实际参数都是来自实地调研，有现实性，对我们做出准确的评估结果有相当重要的作用。

参考文献

[1] 刘然：《浅谈机电设备评估基础课程教学方法》，载于《消费导刊》2009 年第 16 期。

教学方法

构建高效能大学课堂初探

龙笔锋

用好课堂 45 分钟，提高大学课堂教学效率，构建高效能的大学课堂，开启大学生的睿智，锻炼大学生的思维，充实大学生的心灵，这是我们的责任。向课堂 45 分钟要效率，构建高效能的大学课堂。高效能的课堂必定是高效率的课堂。那么如何提高大学课堂教学效率，用好课堂 45 分钟呢？下面结合笔者的教学实践谈几点看法。

一、教师要确立正确的教学观，让大学课堂成为思考的课堂

我们学院有一位老师讲课，形式上非常传统，例如，基本一直站在讲台上，偶尔板书几个字，放放 PPT；以讲为主，语气极其平淡，如果不注意，很多"要旨"就一晃而过了。但就是这样的课堂却让学生上瘾，这位老师说："学生喜欢我的课，我觉得思考是个很重要的原因。"因为思考，学生的兴趣盎然。反之，学生缺乏思考，只是对教材内容的被动接受，既无法激起学生对知识学习的兴趣，也无法对知识真正解读和理解，就必然要依赖于课后大量的复习来弥补缺乏思考的不足。这种大学课堂是低效率的。

有时候我们看到即使是一些评优课、公开课，也是教师表演得多，学生嘴动、手动，基本不用动脑子，不用思考。教学效果还不如教师一句话不用说，只在黑板上写几个问题，让学生自己看书、讨论的好。毛泽东同志在实践论中说过："感觉到的东西我们不能立即理解它，只有理解了东西才能更深刻地感觉它。"[①] 因此，教学的本质是学生对教材内容的理解和感悟，而且大学教材本身是充满启迪性、思辨性、人文性，真正的大学课堂必须是学生思考着的大学堂，思考是大学课堂的灵魂。构建高效能的大学课堂的关键是学生思维的真实参

---

① 《毛泽东选集》（第一卷），人民出版社、解放军出版社（重印）1991 年版，第 282～298 页。

与，评价一堂大学课有无效率的标准就在于教学过程的各个环节，学生是否充满了思维和情感的投入。因此，要提高大学课堂教学效率，构建高效能大学课堂，教师要善于让学生的思维"动"起来，释放学生的思维，打开学生思考的空间。

为了打开学生思考空间，老师经常要干的事情就是补充新知。如果教师课堂上能够将本课时的教材、教材的前后联系、现实生活的素材，甚至前沿热点话题结合起来进行讲解分析，就能拓宽学生的视野，引起学生的关注，释放学生的思维。例如，讲税收的调控职能。教师可以启发学生思考，提出建议。让学生回忆国家宏观调控的手段，包括经济手段、法律手段、行政手段的知识，并启发学生税收对市场也可以采取相应的方式加强管理。这样新知与旧知、经济与税收不同的知识联系在一起，学生在这种联系中学会了思考，体会到知识间内在逻辑的魅力，也加深了知识的理解和运用，课堂效率也可以显现出来。久而久之，问题也就联系在一起，思考便成了一种习惯。

二、教师应确立正确的教材观，让大学课堂成为开放的课堂

有经验的老师始终主张"讲教材"，但不主张"照本宣科"，而是把教材当成引子——引出思维，引出观点。好的大学教材涵盖丰富的内容，高度凝练，教师如果没有对教学内容进行有效地阐释，就必然要增加学生的课后盲目性。所以有经验的老师课堂教学会有很多资料的补充，会有现在正在发生的社会现象的描绘，甚至还有很多学派的观点、最新学术前沿信息的介绍。大学课堂是开放的，俨然成了历史与现实，政治与经济紧密联系的逻辑体。

可见，高效能的大学课堂不在于一节的教学容量有多少、解决问题的多少，而在于是否将问题讲清讲透、在于是否有效地阐释了教学内容。有效地阐释教学内容要用足用好教材，教师要钻研教材，学生要研读教材，但不要拘泥于教材，做教材的"奴隶"。大学中许多课程都是一门时代性很强的学科，随着改革开放的深入，经济生活、政治生活、文化生活的新情况、新问题不断出现，这就要求大学课堂具有开放性，各种教学资源该补充的补充，该刷新的刷新，各种鲜活生动的社会现象，甚至其他科的理论成果都可以引入课堂，目的在于使教学内容能够从广度和深度上得到有效的阐释。

三、教师应确立正确的方法观，让大学课堂教学内容条理化

有经验的老师课堂教学特别强调知识的系统性、逻辑性和条理性。人大附

中历史特级教师在介绍自己的教学经验时指出："数学有严谨的逻辑推理过程，而人文学科则是大量事件、现象的关联，事件现象的发展也是有内在逻辑联系的。"[①] 因此，有经验的老师在教学中很重要的教学方法是会反复强调"纲目"，通过"纲目"揭示事件间的内在逻辑，帮助学生构建问题的整体逻辑思路。这里所说的"纲目"就是知识网络，也称知识结构图或知识树等。信息加工理论告诉我们，只有通过一定的网络系统贮存知识，才能被有效地提取和利用，从而使学生的学习更加灵活、融会贯通，无论从网络系统的哪一点切入，沿着有关知识点之间的内在联系，知识的记忆、理解、运用乃至迁移会变得可能和更加顺利。因此，在课堂上教师如果能够运用纲目、知识结构图进行教学，学生就能轻松地把握教学内容的结构和内在逻辑，就能轻松地记忆、理解教材基本概念和原理，并为进一步运用知识分析解决问题奠定坚实的基础。这种教学无论从本堂课还是从今后的学科教学来说必定是有效率的，这种课堂是高效能的。

这种结构图只要抓住"是什么""为什么"两大问题，就可以顺藤摸瓜进一步把握其他具体知识点，而且学生是容易记忆和理解的。因此，编写合理的知识结构图是教师对教材知识的再加工过程，教师要在课后多下工夫提高自己的学科素养，包括对教材知识的驾驭能力。知识结构图不仅让教师的教学得心应手，而且学生有迹可循，抓得住主干和重点，这样的课堂教学能没有效率吗？

四、教师应确立正确的学生观，让大学课堂成为全员参与的课堂

随着现代教育教学理论的推广，很多教师理论上都懂得学生不是无意识地知识容器，但在实际教学中却往往将学生置于这种境地。教师搞"一言堂"，自顾自完成课时教学内容，课堂教学的目标似乎就是完成教学进度，这样忽视学生参与的课堂教学效率是可想而知的。

学生是教学的主体，学生的全员参与是课堂教学效率提高的体现和保证，因此要构建高效能大学课堂、提高大学课堂教学效率就必须关注学生、研究学生，调动学生的参与性和积极性。教学内容的丰富、教学方法的多样等都有助于吸引学生的注意力，引起学生的兴趣和参与度，而教学评价却是提高学生参

---

① 李琦：《历史"一哥"独创"晓风流派"教学》，载于《京华时报》2013 年 1 月 29 日。

与度的重要保证。科学合理的教学评价能够帮助学生养成良好的学习习惯，获得成功的体验，并激发和提高学生的自主性与参与度。

现代教育教学评价应该是多元的。从内容上看要过程性评价和终结性评价相结合，更加注重过程性评价；从评价的主体来看要小组评价和学生自评相结合。为了提高学生的课堂参与度，综合各种因素，建议制定以下课堂教学学生参与度评价表，实行加减分奖惩制度（如表 1 所示）。

表 1   课堂教学学生参与度评价

内容		科代评		小组评		自评	
		时间	得分	时间	得分	时间	得分
加分	主动举手准确回答 +2 分						
	主动举手不能准确回答 +1 分						
	老师点名准确回答 +1 分						
	积极参与讨论并有自己观点 +3 分						
	参与讨论有一般观点 +2 分						
减分	老师点名回答不准确 -2 分						
	上课有做其他课堂无关事情 1 次 -2 分						
	未能按要求参与讨论 -3 分						
	其他情况视情节 -1~2 分						

注：（1）每两周汇总统计一次，并张贴全班同学总表公示；（2）期末记入平时成绩×30%，作为学期总评；（3）学期总评＝期末考试卷面分数×70%＋平时成绩×30%。

评价实施之初，有的学生以为只是形式，所以，建议每两周一定要公示一次。两周后的第一次公示，让他们看到了老师的态度，在后来的课堂上学生的积极性才会高，课堂教学效率才会大大提高。当然，当教师通过评价机制将学生拉回到课堂后，剩下来该做的事情就是要通过教师精彩的教学将学生牢牢吸引住，这样课堂教学效率才能真正提高。

参考文献

[1] 姜君：《"45341"大学高效能课堂教学模式的教学论思考》，载于《黑龙江高教研究》2012 年第 2 期。

有效教学视角下高校初任教师教学能力培养探讨

颜咏华

一、高校有效教学的基本内涵

教学从其本质功能看，是有目的地发掘人的潜能，促使人身心健康发展的一种实践活动。"有效教学"应该是以最小的人力、物力和时间取得相对于具体教学场合、条件来说最佳的教学效果，在达到教学目的与满足学生发展的需要方面获得成功。姚利民（2005）认为，理解有效教学的内涵应紧扣"有效""教学"。从"教学"看，有效教学是教师教的活动即教学过程的有效性；从"有效"看，有效教学表现为教学有效果、有效益和有效率。据此，有效教学是教学过程有效性即合规律性的教学，是成功引起、维持并促进学生有效学习的教学，是有效果、有效益、有效率的教学，是成功促进学生的学习与进步、实现预期教学目标的教学。

与传统教学相比，在教学活动和过程中有效性教学理念主要体现在以下三个方面。一是有效教学要求教师要有"对象"意识，关注学生的进步和发展。教师需确立起学生的主体地位，树立"一切为了学生的发展"的思想。二是要求教师要有时间与效率观念，关注教学效率。有效教学要求有很高的投入（包括教师的投入与学生的投入）和产出（学生的进步与发展）比，但不能简单地将"效率"理解成"花最少的时间教最多的内容"。教学效率不取决于教师教多少内容，而是更多地取决于单位时间内学生的学习结果和学习过程综合考虑的结果。三是将学生的进步与发展作为衡量教学效益的唯一指标，关注教学的效益。教学有没有效益，不是指教师有没有教完内容或者教得认不认真，而是指学生有没有学到或者学得好不好，因而学生有无进步或发展是判断教学是否有效益的唯一指标。总的说来，有效教学是一种现代教学理念，以学生发展为主旨，强调以科学理论为指导，关注教学的有效性，提倡教学方式的多样化；同时，有效教学也是一种教学实践活动，必须以遵循教育教学规律为前提，以合乎教学目标为实质，以实现教与学的统一为关键。

教学有效性的获得，受到多种因素的制约。教师的专业知识和教学能力、教学理念，学生的学习基础、学习能力和学习态度，教材的内容和结构，都对教学有效性有一定的影响。但是，在诸多因素中，教师的主导作用尤其应该强调。教学活动有效性的源泉在于人本身，在于人的活动本身，在于教学活动投入过程中教师主导作用的有效性，即教学效果如何，教学的有效性能否实现，关键在教师。

二、高校初任教师提升教学能力面临的问题

1. 教学理论和经验不足，社会阅历较浅

新入职的青年老师大多来自非师范类的研究院校，由于没有经受过教育学理论、教学方法与技巧的系统训练，从学生到教师的转变往往带有学生阶段很强的学缘特色，对教学和课程的开设往往存在着不安和迷茫。一般而言，新入职的青年教师属于初次就业，缺乏实际工作的锻炼，社会阅历较少。新入职教师大都没有在相关行业工作和实践的背景，从学校到学校，缺乏对企业的全面了解，尤其对所授课程缺乏实践经验。教学理论和经验不足，实践经验缺乏，往往加大了新入职教师对课程的把握难度。

2. 教学材料准备不足，教学内容泛化

教学材料是保证教学工作顺利进行的前提条件，主要包括教学大纲、课程安排、教案、讲稿等材料。由于初任教师缺少与教学相关的职业培训，导致教学资料准备往往不足或不完善，如无法把握课程的性质，对大纲理解不到位，对教案和讲稿不做区分等。教学材料准备不足，会导致教师对教材资源的开发和利用缺乏有效的把握及参与，在课堂中往往表现为教学内容泛化。其突出的表现有：没有充分利用和挖掘教材；教学专业味不浓，将课堂教学联系生活实际变成一种装饰；为考虑学生的认识结构和能力，使得向课外延伸及拓展低效或无效；等等。因此，在课堂教学过程中，高校初任教师应该做好教学材料的充分准备，坚持以课本为主，适当补充一些教学材料和课程资源，切不可本末倒置，陷入盲目，浪费非常有限的教学时间。

3. 教学目的不够明确，教学方法较为单调

教学目标是预期达到的学习结果和所要达到的标准，它使教学具有一定的

指向性，即明确要"学什么"。初任教师在教学内容的选择以及选择标准上往往没有思路，课程内容有时也显得很凌乱，甚至到临上课才最后确定下来，在教学中容易出现教学目标和教学任务不明确，教学重点及难点不突出等现象。如一些青年教师在制定教学目标时，没有结合学生的认知水平，罗列目标，急于求成，妄想"一口吃成个胖子"，并为了教学任务的完成，只求数量不求质量。

多样化的教学能为学生提供思考、表达独特见解的空间，能活跃课堂气氛，调动学生的主观能动性，使学生有意识、有兴趣、有责任心地去参与教学活动。然而，高校初任教师对教师职业的认识仍建立在学生阶段对原有教师的印象上，认为课堂教学普遍就是课堂讲授和板书或者 PPT 课件演示。课堂上，大都由教师讲授，学生被动吸收和机械操练，导致学生听课枯燥乏味，课堂气氛相当沉闷，出现学生上课玩手机、听 MP3、看其他书籍甚至逃课的现象。即使有教师尝试改变一下教学方式，如上讨论课，但也因为教师不能很好控制课堂气氛，不懂得如何及时引导和帮助，课结束时不了了之。这样，大学课堂上就只有"教师的声音＋知识的传递"这种单调的教学方式了。

4. 师生互动缺失、对学生的引导不到位

课堂教学是一件很难驾驭的事情，高校初任教师对自己作为"教师"的角色会往往感到不适应和不自信，在教学过程中不太愿意和学生进行互动，甚至怕学生提出的问题自己回答不了，有损教师的威信。于是就出现了有些内容学生希望老师能讲得深点，结果老师以为学生的基础不好而刻意讲得浅些，希望所有的同学都能够理解；而有些内容学生不感兴趣，希望老师讲得少些，结果老师却自以为很重要说个没完没了，使很多学生失去了学习的兴趣。此外，初任教师在课堂上常按自己的见解来解释教学中的问题，唯恐学生不懂，面面俱到，忽略了学生的感悟体验；还有些教师采用"满堂灌"的方式，只要完成这一节课的教学就行了，根本不会想着如何去引导、启发学生之类的问题。

三、提升高校初任教师教学能力及有效性的策略

1. 形成"有效教学"理念，提升教学效能感

"有效教学"理念可由四方面构成，分别是信念、行为、反思和研究。信念指教师相信自己完全具备有效教学的专业知识和教学技能；行为指教师在相

信自己具备有效教学能力的基础上所实施的具体教学行为；反思指教师在实施教学行为后对教学行为过程及其效果的再思考；研究指教师在反思教学行为是否有效后，对教学活动中教师的"教"和学生的"学"进行理论及实践探究。美国心理学家班杜拉（A. Bandura，1997）在《自我效能：关于行为变化的综合理论》中首次提出了自我效能的概念，并将行为的期望分为结果期望和效能期望两种。个体即使知道某种行为的结果，也不一定会去做，而是先对自己的能力与信心进行推测和估计，这一过程就是自我效能的表现。教师教学效能感指教师在教学活动中对其能有效地完成教学工作、实现教学目标的信念。这种信念会影响教师对自身教学效果和学生学习效果的期待及判断，进而影响着教师课堂教学的效率。思想观念指引着行为。教师运用自我效能理论形成"有效教学"理念，相信自己具备有效教学的专业知识和教学技能，能有效地完成教学工作，满足学生学习需求，实现教学目标。教学效能感高的教师在课堂教学中，一方面，精神饱满表现出积极的教学态度促进教学目标的实现；另一方面，教学目标的顺利完成又反过来激励教师的教学热情，从而形成一种良性循环。

2. 做好课前教学准备，科学合理地组织教学

教学活动具有目的性和计划性，因而有效教学必须以充分的教学准备工作为前提条件，以保证教学工作顺利有效的运行。教学工作由一系列基本环节构成，备课是教学工作的首要环节，做好课前教学准备是把课上好的先决条件。教师课前的精心备课、组织和设计教学课程，能减少教师在课堂上组织及管理的时间，教师便有更多的时间留给教学，学生也有更多的时间或机会进行学习，进而提高了教学的有效性。此外，事先充分的教学准备，可以减少教师在具体教学过程中的不确定感，进而增加了教师的自信心和安全感，带动着教学热情的提高。充分的教学准备主要包括：教师对教材内容的充分把握，例如，明确每节课的教学目的、教学的重点和难点；教师对学生的了解，例如对学生现有知识水平、兴趣爱好、学习方法或习惯的了解；筹划具体的教学方法，例如课堂上通过设问、讨论等方式调动学生的主动性和积极性，加强师生的互动；预测教学中可能遇到的问题并准备好拟采取的应对策略。

科学合理的组织教学指高校教师对教学内容进行合理安排，使教学工作有条不紊地进行。例如，一位教师准备了讲授一堂课的教学目标、教学的重点和难点，教学方式以及其他各种教学材料，但如果缺乏组织或者组织不善，那么也很难取得理想的教学效果。可见，教学组织与教学准备是紧密相连的，两者缺一不可。科学合理的教学组织主要包括：上课开始时，教师如何稳定学生的情绪，引导他们做好上课准备；上课过程中，合理安排课堂内容，如何时讲授、何时练习、何时提问、何时讨论等。

3. 明确教学目标，突出教学重点和难点

目标具有导向作用，明确教学目标和学习任务，不仅有利于学生的学习指向所学内容，还有利于他们对掌握的内容进行自我检查。在上课开始的时候，高校教师应给学生说明本次课堂的教学目标、教学重点和难点、提出明确的学习要求，让学生对这次课程的教学内容做到心中有数，并形成对所学内容的大致框架。重点和难点的内容需要教师进行详尽讲解，对于一些陌生的或难以理解的术语，还需做出专门解说，多运用学生易于理解的语言去解释，努力将新内容置于学生现有的知识水平相适应的范围内。例如，对一些重要概念、观点、原理进行阐述时，可以通过解释说明、举例、演示等方式加深学生对重要内容的理解。

4. 增强师生互动，适当的组织和引导课堂讨论

增强师生间互动，激发学生学习动机，调动学生主动性、积极性和创造性，加深学生对所学知识的认识，课堂讨论不失为行之有效的一种方式。首先，教师根据课堂讨论的特定目的，确定好讨论题目与内容。其次，在讨论前通知学生，要求学生领会题意，查阅与论题有关的资料，说明解决问题的依据，为课堂讨论所要表达的观点做好准备。此外，教师还应做好其他相关准备，如分歧意见出现时的应对措施、归纳总结等。

在课堂讨论中，教师应对讨论做适当的组织和引导，使学生的讨论不偏离论题，采用灵活有效的措施解决冷场气氛，鼓励学生参与讨论，发表看法。课堂讨论结束后，教师需对学生的发言内容做出归纳和评价，肯定正确的意见，提倡创造性的见解，并对相关论题的基本观点进行补充，使学生在讨论的基础上对论题有更加系统和深入的认识。

5. 做好课后反思，加强教学实践中的自我学习

高校教师通过不断反思，发现教学过程中存在的问题。例如，教学过程中存在的方法不当、教学时间安排不妥当、教学方式不科学等，都会影响高校教师的课堂教学有效性。教学反思有利于帮助教师纠正错误的教学理论，促使其掌握有效的教学策略，并运用到教学实践中，进而促使教学有效性的提高。

高校教师自我学习是指教师对自己的教学环境和教学行为进行系统的、批判的反思、审视，并以此发展教师更有意识的专业行为。教师自我学习作为一种教师认知的方式，鼓励教师立足于自己的教学经历和经验，不断地审视及实施自己的教学，实现其理想中的教学效果。自我学习有助于教师将教学和教研进行有机的结合，以教学带动教研，以教研促进教学。同时，教师通过自我学习展开相应的教学研究，不仅可以构建专属自己的情景教学法，还使得教学研究内容更加实用和有目标性。

参考资料

[1] 常晓茗：《高校教师任职初期如何实现有效教学》，载于《文教资料》2009 年第 30 期。

[2] 阮宇：《浅谈高校初任教师教学技能提升方法》，载于《四川职业技术学院学报》2014 年第 3 期。

[3] 韦忠良、李栋：《浅谈高校初任教师教学能力的培养》，载于《教育理论与实践》2010 年第 30 期。

[4] 徐艳伟：《高校教师有效课堂教学的构建》，载于《教育探索》2010 年第 3 期。

[5] 杨小卿、李杰、刘露：《高校教师课堂有效教学的策略分析》，载于《中国证券期货》2012 年第 6 期。

[6] 姚利民：《有效教学论：理论与策略》，湖南大学出版社 2005 年版。

[7] 朱华梁：《高校教学有效性及其促进策略——从教师教的角度》，湖南大学，2008 年。

[8] 赵冰华、陈建华：《关于高校青年教师有效教学的调查与研究》，载于《高教学刊》2015 年 23 期。

[9] 张方明、宋贤钧、史文权等：《以有效教学理念推进高职院校教学改革的思考与实践——以兰州石化职业技术学院为例》，载于《职教通讯》2013 年第 24 期。

基于西方情境学习理论的高校教学研究

赵永坚

情境学习（situated learning）是由美国加利福尼亚大学伯克利分校的让·莱夫（Jean Lave）教授和独立研究者爱丁纳·温格（Etienne Wenger）于1991年提出的一种学习方式。所谓情境学习就是把学习的知识、技能在应用情境中进行学习的一种方式。也即我们要学习的东西将实际应用在什么情境中，那么我们就应该在什么样的情境中学习这些东西。例如，你要学习治病，就应该在医院治疗中学习，不能仅仅通过看医书学习。再如，你要学习做市场营销的技巧，就应该在实际的市场场合中学习。因为在莱夫和温格看来，学习不能被简单地把抽象的、去情境化的知识从一个人直接口述传递给另外一个人，这种学习往往只会学到表面，根本不知其中。学习是一个社会性的互动行为过程，知识在这个过程中是由大家共同建构的，每一个人都是参与者，学习总是处于一个特定的情境中，渗透在特定的社会和自然环境中。情境学习与传统的灌输抽象概念和公定理的教学模式相比，更重视在真实互动的情境中获取知识，学习者由被动的学习转为主动获取，由灌输的教学模式转为学习者、教师之间的协商与沟通。

高校的教育一直有被认为过于理论缺乏实践的争议，从实际来看，无论是认为高等教育本该超脱于现实以理论教育为本，还是要逐渐加强大学生动手实践的两派来看，都是把学生看作是被灌输、改造的对象，没有把学生作为参与者看待；另外都是在实践和理论上多一些或少一些的程度进行切分的选择，对现有高等教育缺乏一种理论的分析和学习模式的创新。根据情境学习理论，针对目前高校的教育发展情况，可以做出以下改革探索。

一、合理设计情境化教育

在经过情境化教育活动中，能够充分地展示高校教育的核心思想，让每个大学生知道，作为一个社会成员，要不断发现自我、完善自我。结合高校实际和学生的特点，来探讨如何开展情境化教育。

第一，用心准备好情境教育设计的载体，突出重点，实现教育效果。教师要根据不同年级、不同年龄、不同群体的学生进行整理分配，并根据实际情况进行安排，要有针对性地实施教育手法。首先，在进行教育的时候，要对实施的效果有一个初步的预想和估计。这些预想和估计要建立在现实环境中，不能脱离现实。其次，情境设计要以教师和学生为主体，结合校园文化的特点，让学生能够在情境化教育中，自我发现、自我激励、自我调节。最后，要考虑到整个的学生群体特性，并把它们融合起来，在教育内容上要选择主题思想深刻、覆盖面广、影响力大的，这样有利于兼容不同的学生群体。

第二，理解教育的内容，加强资源的创新和融合，实现学生的自我反思。因为它既有对整体的关注，也注重个体的展示，并且对连续性和阶段性也一样的关注，这些特性都很符合高等教育的内在要求，同时也适应了学生身心发展的规律。所以，情境化教育活动内容，就要根据学生的认识水平，理解学生生活实际，并把握好教育的基本要求和理念，分出主要与次要，设计出具有连续性的系列仪式活动，从而建立一个学生的成才阶梯。还有就是坚持"以人为本"的人文关怀，让学生在主动的实践中获得良好的精神文化营养。

二、借鉴传统书院中教育空间的构筑理念

在传统教育文化中，"自然"是一个洋溢着生命的境域，人与自然是一个和谐、融贯的整体，传统教育思想中很重要的一点就是"以景冶情"，通过良好的环境来陶冶学生的情性。中国传统书院以一种特殊的教育环境组织形式，为中国传统教育的发展繁荣以及中国传统文化的传承和延续起到了积极的促进作用。它以传播知识为目的，以陶冶情操、培养品德为归依，将山水的人格象征通过空间化的创造，表达出育人品行的教育理念。书院以环境的美学价值营造氛围，通过潜移默化的作用去塑造人格，这就是典型的"情境教育"，其空间环境具有自然美学所表达的特点，造景元素体现出对自然的应用和尊重，空间形态被赋予了人格的内涵，因此，传统书院"情境空间"超出了自然景观本身，上升成为一种人文环境。在现代高校环境建设中，学校人文空间、教育空间的建设，可以借鉴书院空间环境塑造的理念，创造开放、自由，具有人文

气息的空间场所与意境，引发学生的认同感，在潜移默化中感染学生，从精神上赋予校园厚重的教育氛围。

三、潜移默化的教育元素

校园建筑群、景观环境以及空间形态构成所表现出来的感观认识，可以在很大程度上对学生的行为产生影响，起到潜移默化的作用，这也是环境影响力反映在空间营造中所表现出的引导性。创造"情境教育空间"的物质要素本身并不具有人格化的情感意义，但是通过设计的手段，可以将山与水所隐含的精神内涵以物象的方式表现出来，传达出对品德操行的象征意义，这样的空间创造既能符合造园的基本要求，也能满足规范学生行为的需要。源于观察、学习所产生的效应，建筑装饰的图形或文字有很大的舆论效果。在情境教育空间的塑造中，可以通过象征、谐音、隐喻等传统园林的造景手法，从视觉、听觉、嗅觉、触觉上影响学生对于空间所传达的教育信息的感知，全面引导行为方式的建立。如建造"梅园"寄语"梅花香自苦寒来"，利用冰花玻璃景观墙暗喻"冰冻三尺非一日之寒"的方式来表达知识的积累需要长时间的坚持。这些教育元素本身还原了很强的自然性，它们所表现出的感官认知更容易被学生接收和认可，其在美学和环境建设上所产生的影响力，不仅能够提升校园环境的时代感，也可以在空间营造上起到的教化和感染作用。

所以情境教育理论尽管已提出多年，但在实践教育中的应用还有很多不充分之处，目前高等教育呼唤人文精神、教育模式僵滞落后的情况下，引入情境教育是解决以上问题的有效方式。

参考文献

[1] 周建平：《大学实践教学的变革：情境学习理论的视角》，载于《高教探索》2009 年第 4 期。

翻转课堂促进学生知识内化的教学策略研究述评

郑晓丹

一、背景与问题

1. 国内外高度重视学生能力的培养

我国《国家中长期教育改革和发展规划纲要（2010—2020 年)》要求"坚持能力为重。优化知识结构，丰富社会实践，强化能力培养。着力提高学生的学习能力、实践能力、创新能力，教育学生学会知识技能，学会动手动脑，学会生存生活，学会做人做事，促进学生主动适应社会，开创美好未来。"21 世纪学习技能（21st Century Skill）指出要培养学生的职业和生活技能、数字素养技能、学习与创新技能，特别是批判性思考和解决问题的能力、沟通与协作能力、创造与革新能力。可见，国内外对学生的培养要求已经不再局限于对知识的掌握，而更重视对学生能力的培养，注重将知识转化为能力。

2. 学生课堂知识内化程度影响学生能力发展

我国新课程改革的课程理念认为，课堂教学的重要任务之一是使教学过程成为学生获取知识、发展能力的活动过程，成为科学知识内化为学生精神财富的过程。课堂是学生获取知识、掌握知识的主要过程。知识内化的过程使课程内容与学生主体认知结构中已有的知识建立起内在的联系，形成新的认知结构。学生知识内化程度将影响学生能力的发展。

3. 翻转课堂能有效促进学生知识内化

翻转课堂（flipped classroom or inverted classroom），也称反转课堂或颠倒教室，是指将传统教学中课堂授课与课后作业的顺序颠倒过来的教学模式。与传统课堂相比，翻转课堂突破了教学局限，重组了教学结构，体现了新的教学理念（朱宏洁、朱赟，2013）。《新媒体联盟地平线报告：2014（K12 版）》《2015 地平线报告（高等教育版)》都将翻转课堂（flipped classroom）作为本年度将要风行的近期学习技术之一。2015 年，我国教育部办公厅发布的《关于"十三五"期间全面深入推进教育信息化工作的指导意见（征求意见稿）》指出，"高等教育要通过消化吸收 MOOC、翻转课堂等新型教育模式，创新高校教学、管理模式，提升创新人才培养能力"。翻转课堂翻转了教学流程，将传统的知识传授放于课前、知识内化放于课内，促进了学生知识的获得。

二、国外研究综述

近年来，翻转课堂受到国内外学者和教育工作者的关注，被广泛应用于高校和中小学的实践中，形成了许多有价值的研究成果。笔者通过对国内外翻转课堂相关研究的文献分析，总结发现，国外翻转课堂促进学生知识内化的研究主要集中在翻转课堂对学生知识内化的促进作用及翻转课堂促进学生知识内化的教学过程两方面。

1. 翻转课堂对促进学生知识内化的作用研究

伯格曼（Bergmann，J. and Sams，2012）研究发现，翻转课堂的教学模式能够有效促进学生知识内化、激发学生学习积极性、促进学生积极建构知识。

凯特·洛克伍德和雷切尔·艾森斯坦（Kate Lockwood and Rachel Eisenstein，2013）认为翻转课堂给了学生更多在课堂上主动学习的时间，学生表现更加积极。课堂上检查学生的学习情况，但更着重于通过较高水平的学习，实现对学生思维的锻炼。教师在课堂上是指导者的角色，而不是讲师。教师要激励学生积极学习、树立信心，同时为学生提供一对一的支持。

2. 翻转课堂促进学生知识内化的教学过程研究

凯特·洛克伍德和雷切尔·艾森斯坦（2013）将翻转课堂应用于反向线性代数课程后提出翻转课堂促进学生知识内化的教学过程：（1）课前观看教学视频。课前提供教学视频，每个教学视频 15～20 分钟，教学视频应覆盖教材内容，同时给学生提出 1～3 个问题，并收集学生的问题。（2）课堂讨论。所有的课堂都是以研究型学习的形式，教师为学生分组解决问题。每组学生将展示他们讨论得出的问题解决方案，组间讨论问题解决方案是否正确。教师要估计每个学生的参与，但尽量避免评论工作，要让学生发现自己的错误。对表现较好的学生，教师在期末考试中将给予加分奖励。

凯特贝克（Katebaker，2013）将翻转课堂运用于英语课堂上，提出了促进学生知识内化的教学建议：（1）利用网络平台（如 Edmodo）组织课前教学，包括在平台上发布教学资源链接、进行测试、组织学生小组讨论等；（2）运用 BYOD（bring your own device）进行课堂教学，学生上课可自带设备和学校提供的课本，在课堂上完成练习；（3）教师在课堂上的角色主要是把握课堂节奏，引导学生进行小组学习，当学生有需要的时候为学生解答问题等；（4）如果课堂上未能完成作业，则留到课后完成，如果课堂上已经完成，则课后不需要留作业。

米歇尔·D. 埃斯蒂斯、里奇·英格拉姆和巨宏·C·刘（Michele D. Estes, Rich Ingram and Juhong C. Liu，2014）提出了促进翻转课堂知识内化的使用策略。课前（pre-class）教师要准确评估学生对学习的理解程度，并根据对学生学习情况的分析设计课堂活动。该过程利用通过在线调查或问卷的功能实现。此外，要提前告知学生课堂形式。课堂上（in-class）要关注情境的创设，同时教师要多提问和提示，增加与学生的互动。条件允许的情况下，教师可使用相应的技术实时了解学生学习的困惑之处，并及时反馈，提高学生学习参与度，促进学生知识内化。课后（post-class）可继续运用激励机制，保持学生的学习动力，并及时评估学生学习进度，促进学生知识的进一步深入内化。

三、国内翻转课堂促进学生知识内化的研究

国内相关研究认为，翻转课堂改变了传统学生被动接受知识的局面，让学生有更多主动的时间和空间进行探究、协作，加速了新旧知识的融合，快速形成的知识结构有助于加快学生完成知识的内化。同时，翻转课堂模式中，学生知识的内化更具稳固化、无形化、无意化、关键化、智能化和心理能量化，知识更容易转化为外在动力，学生更容易抓住问题关键所在，内化程度更高，知识应用能力更强。

国内翻转课堂促进学生知识内化的研究主要体现在两方面。

1. 国内翻转课堂对学生知识内化的促进作用研究

张金磊（2013）认为翻转课堂颠覆了传统的课内知识传授、课外知识内化的形式：课前通过信息技术的辅助完成知识传授，课堂中在老师帮助下、同学协作下完成知识内化。

王亚娟（2011）从课内、课外和倡导反思式学习三方面探索翻转课堂中促进学生知识内化的研究：（1）课内通过角色扮演、录像教学、课堂讨论、情境体验等方式，完成或深入"习"的环节，实现知识的内容；（2）课外注重以见习为主的课外实践，通过观摩学习、教学练习、以教师的身份参与学生活动、与见习学校教师座谈等方式，促进知识的进一步深入内化，提高学生知识转化的能力；（3）开展反思式学习，通过对教师的教、学生的学、新知识及知识学习过程等多方面全方位的反思，让学生正确理解学习的实质，实现知识的内化及知识向能力的转化。

徐小珍（2015）认为翻转课堂课前学生在自主学习、通过参与知识构建过程中内化知识；翻转课堂实行"先学后教，当堂训练"的教学模式，让学生在及时的操作训练中掌握知识、内化知识、提高能力；翻转课堂上教师点评、同伴互助，学生在合作交流中，促进了知识的进一步内化。

张畔枫、段亚妮和关朝明（2015）认为翻转课堂中，师生交流、生生交流的时间、频率和效果都得到显著提升，这种群体交流、互动和协作使得学习中一些学生无法独立解决的问题能够有效解决，同时也有利于发现新问题，为知识创新打下基础。在这个过程中，教师可以针对具体问题，设计相应的问题情境，开展丰富多样的活动，如实地考察、分组讨论等，促进学生知识内化的产生。

2. 国内翻转课堂中知识内化的教学过程研究

赵兴龙（2014）提出翻转课堂中的知识内化过程由三个环节构成：问题引导环节—观看视频环节—问题解决环节。（1）问题引导环节是知识内化的开始环节，在这个环节中，教师根据学生已有的知识经验，提出一些"热身"性质的问题，并将录制好的课堂教学视频发放给学生。（2）观看视频环节为翻转课堂的教学环节，学生在家观看老师提供的教学视频，尝试解决教师提出的问题，并通过网络平台等方式反馈给教师。该环节中，学生原有的认知结构和新的知识发生作用，实现了第一次知识内化。（3）问题解决环节是翻转课堂的第三个环节。在此环节中，教师收集学生无法解决的问题，让学生在课堂上研讨、交流，鼓励小组间进行竞赛，积极解决问题。在这个过程中，学生通过与教师、同学讨论形成较为深刻的正确概念，实现第二次知识内化。

赵海霞（2015）以协作问题解决为导向，通过各层次多维协作知识建构，构建了翻转课堂环境下基于深度学习的协作知识建构的策略体系及教学流程，从而提升学生课程深度学习及协作知识建构等高阶能力。该策略体系包括四个环节，每个环节又细分出多个流程。四个环节分别是：（1）基于翻转课堂的个体知识建构；（2）基于均衡知识的构建；（3）基于观点改进的跨组协作知识建构；（4）基于升华的集体协作构建。

四、国内外翻转课堂促进知识内化的教学策略研究的经验及启示

1. 国内外翻转课堂促进知识内化的优秀经验

（1）翻转课堂教学目标的设计要体现层次，课前目标侧重在基础目标，课堂目标关注学生高级能力的提升，也就是高级目标。学生在课前要达到的是基础性的目标，是在学习任务单指导下、通过观看微课就能掌握的目标；而课堂的教学目标，应是在教师指导下，通过小组互动、协作、师生研讨才能解决的重难点问题，是能提升学生认知、高级思维能力的高级目标。

（2）提供多样化的学习资源，满足不同学生学习需求。课前学习资源以微课为主，辅以其他类型的材料，如学习任务单等文本材料，满足不同学生的学习需求。同时可设计学习任务单，明确学习目标和学习任务，指导学生更好地进行自主学习，也为课堂学习做好准备。

（3）课前课堂根据教学目标设计不同类型问题。课前以结构化问题为主，重在检测学生在课前自主学习之后，对基础目标的达成情况，对知识的掌握情况，课堂问题以非结构为主，让学生通过合作解决问题的过程，加深对知识的进一步理解、应用，实现知识的内化。

（4）设计翻转课堂教学活动时，要通过充分利用情境、协作、会话等要素发挥学生的主体性，实现对所学知识的内化。创设的情境应尽可能形象化、趣味化、并联系已经学过的知识，引起学生注意，激发学生学习动力，让学生更好地感知和理解知识。综合采用游戏教学、基于项目式的学习、基于问题的学习、小组讨论、角色扮演、竞争等多种协作活动，激发学生参与积极性，促使学生对知识的深入理解与内化。同时教师及时为学生提供个性化辅导，帮助学生实现知识的内化。

（5）鼓励学生分享成果，充分交流、相互评价。课堂上给学生充分的机会展示与交流。展示学习成果、与他人交流、相互评价的过程有助于学生将新

知识更好建构到自己原有的知识结构中，促进知识的内化，提高对知识应用、评价等高级思维能力。

（6）多维度多元化评价。既要关注对学习效果的总结性评价，也不能忽视对学习过程的形成性评价。评价的形式和内容可以多样，学生自评、组内互评、教师评价、家长评价都是评价的形式。评价的内容既可以是学生对知识和技能的掌握情况，也可以是对学习过程的反思与体会等。

2. 国内外翻转课堂促进学生知识内化的研究启示

通过对国内外翻转课堂促进学生知识内化的教学策略研究的相关文献的研读与分析，可知近几年国内外有较多翻转课堂的教学研究，融入各种教学理念，形成了教学策略。相关研究专家和学者关注翻转课堂对学生知识内化的作用，形成了较为多样化的研究成果。但是对翻转课堂促进学生知识内化的教学策略的研究，更多集中在对翻转课堂教学流程的梳理、对翻转课堂如何促进学生知识内化的理论分析，而对翻转课堂中怎样的教学策略能促进学生知识内化、如何验证学生实现知识内化等问题几乎没有涉及。后续开展翻转课堂促进学生知识内化的教学策略研究，应该注重实证研究，将构建的教学策略运用于实践教学中，在实践中评价策略的有效性，提高教学效果。

参考文献

［1］胡小勇、冯智慧：《理解翻转课堂从十个问题说起》，载于《教育信息技术》2015 年第 11 期。

［2］王亚娟：《实现学生知识内化的策略研究》，载于《陕西教育》（高教版）2011 年第 5 期。

［3］徐小珍：《基于知识内化视角看翻转课堂》，载于《数学学习与研究》2015 年第 1 期。

［4］余胜泉：《推进技术与教育的双向融合——〈教育信息化十年发展规划（2011—2020 年）〉解读》，载于《中国电化教育》2012 年第 5 期。

［5］朱宏洁、朱赟：《翻转课堂及其有效实施策略刍议》，载于《电化教育研究》2013 年第 8 期。

［6］张畔枫、段亚妮、关朝明：《翻转课堂中的知识内化效应》，载于《河北联合大学学报》（社会科学版）2015 年第 4 期。

［7］张金磊、王颖、张宝辉：《翻转课堂教学模式研究》，载于《远程教育杂志》2012 年第 4 期。

［8］张畔枫、段亚妮、关朝明：《翻转课堂中的知识内化效应》，载于《河北联合大学学报》（社会科学版）2015 年第 4 期。

［9］赵兴龙：《翻转课堂中知识内化过程及教学模式设计》，载于《现代远程教育研究》2014 年第 2 期。

［10］赵海霞：《翻转课堂环境下深度协作知识建构的策略研究》，载于《远程教育杂志》2015 年第 3 期。

［11］Jason Bretzmann, Flipping 2.0: Practical Strategies For Flipping Your Class, New Berlin, Wisconsin, 2013.

［12］Johnson, L., Adams Becker, S., Estrada, V., and Freeman, A. (2015), NMC Horizon Report: 2015 Higher Education Edition. Austin, Texas: The New Media Consortium.

⌊13⌋ Kate Lockwood, Rachel Eisenstein, The Inverted Classroom and the Cs Curriculum, Proceeding of the 44th Acm Technical Symposium on Computer Science Education, ［S. l. ］: Acm, 2013: 113 – 118.

［14］L. Adams Becker S. Estrada V. and Freeman A. Johnson. (2014), NMC Horizon Report: 2014 Higher Education Edition, Austin, Texas: The New Media Consortium.

［15］Michele D. Estes, Rich Ingram, Juhong C. Liu, https: //www. hetl. org/a-review-of-flipped-classroom-research-practice-and-technologies/.

关于案例教学的思考

庞 磊

一、案例教学的内涵与优势

案例是事物中含有问题或疑难情境在内的真实发生的典型性事件，是指人们对已经发生过的典型事件的记述。人们可以对案例事件进行深入细致的研究分析，从中总结寻找出带有规律性、普遍性的成分，对事物的良性发展发挥积极的作用。案例是应用性学科中一个最快捷、有效的研究工具或研究手段、方法。

案例教学，是一种开放式、互动式的新型教学方式，是在一定的场景下通过对案例的讲解、讨论或情景模拟，进行知识学习、理论认知的教学方式。通常，要针对教学内容进行案例材料的收集整理、设计编写案例，在进行案例教学时，要事先做周密的策划和准备，并将要使用的案例指导学生提前阅读，组织学生开展讨论或争论，形成反复的互动与交流，运用相关的理论知识对案例中涉及的内容进行深入的分析思考。案例教学一般要结合一定理论，通过各种信息、知识、经验、观点的碰撞来达到启示理论和启迪思维的目的。而且，在案例教学中，所使用的案例既不是编出来讲道理的故事，也不是写出来阐明事实的事例，而是为了达成明确的教学目的，基于一定的事实而编写的事件故事，它在用于课堂讨论和分析之后会使学生有所收获。通过分析、比较，研究各种各样的成功的和失败的管理经验，从中抽象出某些一般性的管理结论或管理原理，可以让学生通过自己的思考或者他人的思考来拓宽自己的视野，从而丰富自己的知识，提高学生分析问题和解决问题的能力。

案例教学的对象更多的是应用于有一定实践经验和专业理论素养的应用型专业硕士研究生。这是因为案例教学的目的主要不是传授知识，而是通过动员学生的参与热情，唤起潜藏在学生身上的想象空间、思维能力以及专业理论知识、实践经验，通过开展讨论，针对同一问题的不同观点在讨论、争辩、交锋中，激发学生的创造性思维，提高判断能力、分析能力、决策能力、协调能力、表达能力和解决问题的能力。在案例教学实践中，案例编写设计的合理性、学生的实践经验、学生在教学中的参与程度、教师控制及引导与通过案例讨论得到的收获启发通常是成正比的。实践证明，在 MBA、MPA 以及在职研究生班的教学中，使用案例通常效果更佳，而且选择那些和学生的工作及其经验背景有关的案例会形成较好的课堂反响和效果。案例教学的特点主要表现在以下几个方面。

（1）鼓励学生独立思考。传统的教学方法通常以教师讲解为主，直接告诉学生"是什么"或"怎么做"，教学内容有时与实践脱离，学生学习的参与度低，使教学过程乏味无趣，在一定程度上损害了学员的积极性和学习效果。但案例教学没人会告诉你应该怎么办，而是要自己去思考、去创造，使得枯燥乏味变得生动活泼，而且案例教学的稍后阶段，每位学员都要就自己和他人的方案发表见解。通过这种经验的交流，学生间可取长补短、促进人际交流能力的提高，同时也起到一种激励的效果，激励学生自身主动投入、积极进取、超越他人的求知内生动力。

（2）引导学生转变学习方法，变仅注重知识为知识与能力并重。在社会中，管理者都知道知识不等于能力，知识只有转化为能力，知识的价值才能充分体现。管理的本身特征是重实践、重效益，学生一味地通过学习书本的死知识而忽视实际能力的培养，对自身的发展会形成较大的局限。

（3）重视双向交流。传统的教学方法是以老师讲、学生听为主，表现为教师与学生间知识传递的单向性，学生学习的效果不佳，学生学习的主动性不足。在案例教学中，教学的过程是以学生为主进行的，学生学习的主动性与互动性非常强烈。课前学生先拿到案例，进行预习，并查阅各种认为是必要的理论知识，还要经过缜密地思考，提出解决问题的方案；在实际教学中学生要将他的解决方案在同学间进行交流、讨论，教师给予引导，进一步优化方案。同时，这也促使教师要更深入地思考，根据不同学生的不同理解补充新的教学内容，双向、互动的教学形式对教师也提出了更高的要求。

案例教学的主要优势体现在能够实现教学相长、增强学生学习的主动性、直观易学以及教学内容与过程的集思广益等方面。首先，在教学中，教师是整个教学的主导者,掌握着教学进程,引导启发学员思考、组织讨论研究,进行总结、归纳。通过共同研讨,不但可以发现自己的弱点,而且从学生那里可以了解到大量感性材料。其次,案例教学能够充分调动学生学习的主动性和积极性。学生需要准备学习资料、分析案例、研究解决方案、参加讨论甚至是辩论,由于不断变换教学形式,学员大脑兴奋不断转移,注意力能够得到及时调节,有利于学员精神始终维持在最佳状态。再其次,案例教学生动具体、直观易学。由于教学内容是具体的实例,加之采用直观、生动、互动的形式,给人以身临其境的感觉,对于相关的知识易于学习和理解。最后,能够集思广益,形成协同互助、共同提高的学习状态。教师在课堂上不是仅仅唱"独角戏",而是和学生一起就案例涉及的问题进行讨论思考,学生在课堂上也不是忙于记笔记,而是共同探讨需要解决的问题,能够调动集体的智慧和力量,开阔思路,有利于收到良好的教学效果。

案例教学对教师有着更高的要求。面对学生的种种疑问和新想法,从事案例教学需要教师不断更新知识,掌握与授课内容相关的社会实践,创新教学思路与方法,对教学内容与过程进行不断的分析和反思,不断缩短教学情境与实际社会情境的差距,更好地强化教学过程的组织与引导。案例教学也是教师的知识水平、创新能力和实际解决问题能力不断提高的过程。

案例教学(case method)是由美国哈佛法学院前院长克里斯托弗·哥伦布·朗代尔(C. C. Langdell)于 1870 年首创,后经哈佛企管研究所所长郑汉姆(W. B. Doham)推广,并从美国迅速传播到世界许多地方,被认为是代表未来教育方向的一种成功教育方法。20 世纪 80 年代引入我国。

二、案例教学的组织

1. 案例的设计

案例是为教学目标服务的,因此其内容应该具有典型性,应该与所对应的理论知识与社会实践有直接的联系。为了与社会实践充分结合,案例的选择决不可由教师主观臆测,虚构而作,一定是经过深入细致的社会调查研究,来源于实践,要注重案例选题的典型性、代表性和启发性。尤其面对有一定实践经验的学生,一旦被他们发现案例的虚拟成分太大,学生便有可能以假对假,把案例完全当成游戏,那时案例教学对学生能力培养的作用就无从谈起了。案例一定要注意真实的细节，让学员犹如进入角色之中，确有身临其境之感。这样学员才能认真地对待案例中的人和事，认真地分析各种数据和错综复杂的案情，才有可能搜寻知识、启迪智慧、训练能力。因此，案例内容的选择要求教师要深入实践，亲身经历，采集真实案例。

案例在设计编写时，应注重案例的规范性要求。通常，一个规范的案例就包括两大部分，即案例部分和教学使用说明部分。案例部分又包括标题、摘要、引言、正文、结尾等内容。案例的正文要合理布局调查收集到的相关材料，有一些故事情节更好，基本上由案例背景、案例描述和案例分析组成。案例背景一般简要介绍案例发生的时间、地点、人物等的基本情况，交代教学案例研究的方法与主题。案例背景一般内容不宜过长，只要提纲挈领地说清楚即可。案例描述是案例的主要部分，主要是描述课堂教学活动的情景，即把课堂教学过程或其中的某一个片段像讲故事一样具体生动地描述出来，具体的描述形式可以是一连串问答式的对话，也可以用一种有趣的、引人入胜的方式来进行故事化叙述。案例描述不能杜撰，它应来源于老师真实的经验、面对的问题，当然必要时也可以适当调整与改编，以更好地围绕主题并凸显问题的焦点。案例分析是教学案例的关键，主要是运用相关的理论对案例做多角度的解读，案例分析的内容可以是对描述的情景谈一些思考或用理论进行阐释，也可以围绕问题展开分析。

需要注意的是，案例在编写时，其结构可以灵活多样，并非要千篇一律，统一模式，可以有不同的表现形式。如"案例背景—案例描述—案例分析""案例过程—案例反思""事件—问题—分析—启示""主题与背景—情景描述—问题讨论—诠释与研究"等。

2. 案例的教学选择

在课程教学中使用案例，要选择适合的案例。所有的案例都是为一定的教学目的编写的，不同的案例教学目标不同，写作风格迥异，篇幅长短不同，在教学中的适用有很大差别，选择案例一定要考虑案例编写者的着眼点，选择适合于教师课堂教学要求的案例。在各类案例中，有的案例着眼于方案的选择，有的案例着眼于过程的推理，有的案例着眼于人物线索，有的案例着眼于故事情节，不同的着眼点反映了编写者不同的意图，服务于不同的教学目的，自然也会带来不同的教学效果。选择案例还要注意所选案例的问题意识、理论背景、写作风格和篇幅。案例教学的目标是启发学生对现实问题的思考、争论和进一步探索，基于问题和探索问题是这种教学方法的核心特点，而案例中所富含的鲜明、强烈和错综复杂的问题意识则是引发学生争论与思考的出发点。不同主题的案例强调不同的理论背景，也体现不同的理论方面的要求，有的可能旨在应用某些理论观点基以决策或判断；有的则用以阐述某些理论的应用价值；有的要质疑某些理论并引导学生发散性的反思；有的则重在给学生进行一定理论思考的空间，以激发各种闪光的思想。

3. 教学计划

在课程教学中使用案例，首先要有明确的教学计划。这里的教学计划，主要包括特定的教学对象、明确的教学目的、具体追求的教学效果和对教学过程的整体设计及其控制。

4. 案例教学的过程

首先，进行学生的教学分组。通常，案例教学的班级不宜过大，学生人数太多会影响讨论的效果，需要对较多学生的班级进行分组。每个案例教学小组通常以 6~8 人为宜，要注意组内学生知识背景、经历、能力素质等的合理搭配，注意男女比例恰当，组长最好通过组内选举产生，分组讨论由组长协调组织。在学习过程中，可定期调整分组以利于小组间的交流与沟通。

其次，课前学生自行准备。一般在正式开始集中讨论前 1~2 周，就要把案例材料发给学生。让学员阅读案例材料，查阅相关的资料和文献，搜集必要的信息，并积极地思索，初步形成关于案例中问题的原因分析和解决方案。教师可以在这个阶段给学生列出一些思考题，引导学生有针对性地开展准备工作，避免准备工作的盲目性。需要注意的是，课前学生自行准备是必不可少而且非常重要的，这个阶段如果学员准备工作不充分，会影响整个教学过程的效果。

再其次，小组集中讨论。各个学习小组的讨论地点应该彼此分开，各组组长是讨论的组织者，事先组长要策划好讨论的方案和过程，做好讨论计划。必要时要与教师交流讨论计划的合理性。在讨论过程中，要按学生既定的方式组织讨论活动，教师不应该做太多的干涉。在小组讨论过程中，学生应积极投入，将准备好的内容充分表达，最后要形成书面的小组讨论观点综述。

最后，总结阶段。在教师的组织下，各个小组派出自己的代表，陈述本小组对于案例的分析和对策性的解决方案。发言完毕之后要接受其他小组成员的提问并作出回答。在此阶段，教师是充当组织者或主持人的角色，学生的发言和讨论是用来扩展和深化学生对案例的理解程度。教师可以提出几个意见比较集中的问题和处理方式，留出一定的时间让学生自己进行思考，组织各个小组对这些问题和处理方式进行重点讨论，总结规律和经验，完善学生最终的书面总结报告。之后教师进行全面的总结和评述，点评学生讨论中的误区和缺失，强调重点和关键的理论与知识点，将案例解决方案更加合理化。

需要注意的是，在整个案例教学过程中，教师要有目的地控制小组讨论的过程，充分调动各个讨论组的积极性，更好地发挥教师在案例教学中的组织者和引导者的作用。同时，在教学过程中要充分利用板书、投影、幻灯机、活动挂布等各种辅助设施。在教室的布置上，要注意教师和学生最好在同一个平台上，以消除师生间的隔阂。

三、案例教学中需要注意的几个问题

一是案例教学的目的性要明确。案例教学的目的是使学生加深对所学理论知识的理解，培养运用理论知识解决实际问题的能力，要尽量避免以传授知识、理论诠释或政策解释为主的传统课堂教学模式。

二是教师要注重对传统教学模式的变革。应将教学方式从简单地老师对学生的"教"上，转变为着眼于老师和学生，特别是学生和学生相互之间彼此互动的"学"上。因此，教师在设计或组织案例教学时，其角色要做必要的调整，要树立学生"学"的过程中以学生为主体的教学模式，要充分考虑学生的能力、需求和知识构成，着重考虑对"学"的过程的整体设计及控制。不仅要考虑每一次案例课的过程控制，还要考虑整个教学计划的进度，特别是其中案例部分的安排及其效果，要注意案例部分和理论部分、实践部分的必要的平衡。

三是要注重理论知识的系统化学习。案例往往针对理论知识体系中的某个或某几个知识点，在案例教学中可能会形成理论知识的片面化或碎片化。教师在组织案例教学的过程中，还应该将传统的教学模式与案例教学模式有机结合，或在案例教学的点评与总结时，进行必要的理论知识延伸点评，在发挥案例教学优势的同时，使学生形成全面而系统的理论知识体系。

四是案例教学要求尽量避免没有实践经验的学生参与，更多地适用于专业硕士人才培养中。但是，现实中专业硕士生背景各异，有实践经验的学生比例不大，如何更好地在专业硕士教育中开展案例教学是需要深入思考的一个问题。因此，教师在设计或选择案例时，更应注意案例的内容与学生实践经验的关联性，引导学生弥补自身的薄弱环节。在组织案例教学中，要尽量将有着多元背景的学生组合在一起，案例讨论中学生相互间取长补短，形成不同的经验背景、信息来源、知识结构、能力素质间的充分交流、互动，为全面发挥案例教学在人才培养中的作用奠定基础。

参考文献

[1] 史美兰：《体会哈佛案例教学》，载于《国家行政学院学报》2005 年第 2 期。

互动教学方法探索

朱翠华

一些研究表明，当代大学生普遍存在学习倦态现象，学生逃课、课上睡觉、看手机等现象普遍存在。对课程缺乏兴趣是造成这一现象的重要原因之一。任何一门课程或知识的学习兴趣都不是自动产生的，需要教师的引导与帮助，而互动教学恰好是提高学生学习兴趣的有效方法之一，互动教学可以把课堂还给学生，以学生为核心，改变过去以教师为核心的教学方法。提高学生的课堂参与度，教师由知识灌输者变为引导着，学生由知识接受者变为主动学习和吸收者。笔者将从以下三个方面展开来阐述互动教学的必要性：第一，互动教学概念介绍；第二，互动对提高学生的学习能力和学习兴趣的优点；第三，互动教学的方式方法探讨。

一、互动教学概念

互动教学由"互"和"动"两个字组成，前者意为相互，后者意为交往、沟通。教学整个过程是动态而非静态的一个交互过程。在整个交互过程中，需要教师和学生的相互作用，保持教师与学生之间的互动，学生之间的互动，学生与教学媒体的互动等。强调学生与包括教师在内的环境当中的相互影响，从而产生教学共振，以期实现和提高预期教学目的的一种教学方法。互动的核心在于互动双方对彼此发出的信息以及行为产生反馈的能力。目前大学课堂的教学中，大多是教师为主导或主演，教师发出的信息以及行为在学生身上产生的反馈不及时，或学生对教师发出的信息置之不理，这样的教学模式对学生学习兴趣的提升和接受信息能力的培养自然有限。互动教学模式中教师的角色是导演而非主要，互动的目的是能够让学生成为接受知识的主动一方。

二、互动教学方法的优点

（1）互动教学方相比传统教师为主导的教学模式最大的好处在于能使学

生积极参与课堂。教学活动本身应该是教与学的相互统一，目前大多数课堂教学过于重视教师对知识的传播，而忽视了学生方面。教师的传播目的是让学生能够接受知识，但是如果接受知识一方未参与课堂，如看手机、昏昏欲睡甚至准备其他课程考试等，那么整个教学活动将是失败的。如果学生能在教师与学生、学生与学生之间的互动中产生学习的兴趣和积极性，那么学习过程将从学生被动接受知识变为主动吸收知识，学生学习热情自然会提升，教师会在这一提升过程中感受到自己的劳动得到了积极的反馈，那么又将激起教师教学的热情。学习效率会在这一互动过程中有所提升。

（2）互动教学方法能提升学生发现问题以及解决问题的能力。在传统教学模式中，以教师为主导的教学模式学生参与度较低，整个教学过程中学生甚至不用动脑思考，长此以往学生发现问题、解决问题的能力得不到锻炼和提高。当今社会，知识信息千变万化，知识更新速度不断加快，课堂上学习的内容可能很快就"过时"了，所以学生除了要学习知识以外，更应学习学习方法。从而在未来的工作学习过程中有能够解决新问题的能力。我国已进入经济发展新常态，技术以及创新的作用对当今社会发展的重要性日益突出。创新活动离不开创新人才，而大学生作为创新活动的主力军，其创新能力、创造能力可见一斑。过去灌输式的教学方法很难说能够在学生创新能力方面有多大的作用，充其量学生能掌握教师灌输的知识已经很不错了。而互动教学过程中，学习的主体由教师变为学生，学生在不断地提问和解决问题的过程中学习新知识，这种过程更是对学习能力、创新创造能力的一种培养和锻炼。

（3）互动教学有利于师生之间的感情交流，这种感情交流也会提高学生的学习兴趣。学习双方——教师与学生——在课堂伊始互不相识，互动教学能加强师生之间的交流，增加师生之间的感情。让学生在互动中感受到学生和教师没有上下等级之分，学生与教师之间的平等能增进学生对老师的亲近感，有什么问题会愿意与老师进行交流。老师便能从师生之间的交流中发现学生在学习当中的问题或者困惑。而传统灌输式教学模式师生之间交流甚少，甚至一学期结束后，教师和学生之间都不知道彼此的姓名，这样的师生关系，教师很难发现学生在学习过程中的问题，自然也不会根据学生的学习能力因材施教。

三、互动教学方法

互动教学方法多种多样，也各有优缺点和适用条件，最重要的是不同班级的学生有不同的气质特点，例如有的班级比较活跃而有的班级比较沉闷。再如有的班级接受知识能力较强，而一些班级接受知识能力略显薄弱。那么教师与学生之间的互动方法自然应该不同，教师应根据不同班级的不同特点来选择互动的方式方法。

1. 精选案例互动

此类教学方法是教师整理出与课堂知识相关的案例，与学生共同研读案例，发现案例中存在哪些问题，如何去解决等。案例教学需要注意五个方面的问题。第一，对于案例的设计，应贴近生活，真实生动，并且与相关知识点联系紧密。既保证了学生学习兴趣的调动，又保证了学生对相关知识的学习和理解。例如，讲到"政府与市场关系"的时候，以警察该不该给居民买早餐的故事作为政府职能越位的案例。再如，学习"道德风险"的时候，以大学生自行车丢失和自行车保险作为案例。第二，案例的导入既可以在某知识点之前，作为引子提起学生学习某知识点的兴趣；也可在某知识点之后学习分析，有助于学生深化对某知识点的理解。第三，个人分析和小组讨论环节可由教师布置任务课后完成，也可课堂上完成。互动式谈论可以帮助学生理解某一问题的答案的原理是什么，有助于学生理论联系实际地学习。第四，辩论环节可视情况而定是否需要。第五，教师要给整个案例分析过程做一个点评，指出各组在分析案例时好的方面和有待改进的方面，并且给予优胜者适当奖励，鼓励学生参与下次的案例分析活动。

2. 主题探讨式互动

以某个教学主题为"导火线"，围绕主题进行互动讨论。在这一方法运用中，一般为提出讨论主题—提出主题中的问题—谈论问题—寻求答案并进行总结。这种方法要求主题明确、条理清楚、探讨深入，能充分调动学员的积极性、创造性。但缺点是组织难度大，学生对于某个问题提问的广度和深度具有不可控性，容易偏题，这样就会影响教学进程。这就需要教师对整个探讨主题的把握要清晰，时时刻刻能将偏离主题的讨论拉回来，但又不能阻止学生的发散思维。

3. 归纳问题式互动

这类互动方法要求教师在课堂教学前根据教学重点、教学难点以及教学目的提出一系列问题，这些问题既能联系社会实际，又要让学生能有兴趣讨论，同时要求这些问题的解决能够达到学习某个或某些知识点的要求。在上课时抛出问题，并做适当的引导，学生之间可以广泛思辨、讨论甚至可争论。最后达到学生对某个知识点的熟悉和掌握。同时还锻炼了学生自己学习知识，开阔思维的能力。

4. 角色扮演、游戏等方法实现互动

可以让学生尝试扮演某一角色，如财政部、教育部、央行等部门，并利用自己所学的知识解决所扮演角色可能遇到的各种问题。在讲授政府采购、政府预算、财政政策等知识点时可以使用这一方法。课堂游戏是学生最喜欢的课堂组织形式。但是，能在游戏中学习财政学相关理论和知识需要教师花费一些心思。在财政学的教学活动中，虽然能用游戏的方式来学习的知识点不多，但是教师应不断学习，扩展相关游戏方法，也可组成教学团队，共同开发课堂小游戏。

5. 构建网络互动平台

随着网络的不断发展，微信、QQ等通信工具使得师生以及学生之间的互动不再局限于课堂。教师可以通过建立一些微信群等方式实现随时参与学生的互动，发现学生在学习过程中的问题，以及在课后指导学生分析案例、解决和发现问题等。鼓励学生在网络交流平台分享与课程内容相关的内容。教师也可将随时发现的有趣的或者有用的事实、案例、故事等分享给学生们，并引导学生进行思考、分析和讨论。这样一来，学习的过程不再仅限于每周的几节课中，学生在这个过程中也会养成随时发现问题、解决问题的学习习惯。同时现在的网络互动平台功能强大，可以发红包等，利用这样的互动可以增进师生感情。让学习不再是一件令人头疼的事情，而是一个主动发现和解决问题的过程。

综上所述，互动教学过程是一个以人为本、以学生为主体的学习过程，不再是教师一枝独秀的学习模式。是培养学生学习能力、创新能力的过程，不再是学生被动接受知识的过程。互动教学固然好处多多，但是互动教学的设计和实施需要教师花费更多的实践和心思，设计问题、设计案例，以促进学习共同

体的建立。创设一个师生共同发展、共同交流的互动师生关系才是课堂教学发展的新模式。

参考文献

[1] 蔡云清、王心如、胡春艳:《"课堂师生互动"教学方法的探索与实践》,载于《南京医科大学学报》(社会科学版) 2008 年第 4 期。

[2] 赫尔巴特:《外国教育名著丛书:教育学讲授纲要》(李其龙译),人民教育出版社 2015 年版。

[3] 邱焕玲:《互动式教学法与政治理论课教学方法创新》,载于《山东省青年管理干部学院学报》2007 年第 5 期。

[4] 颜醒华:《互动教学改革创新的理论思考》,载于《高等理科教育》2007 年第 1 期。

[5] 朱翠华:《如何提高大学生学习兴趣——以〈财政学〉教学为例》,载于《法商高教研究》2015 年第 4 期。

财政学课程教学质量提升刍议

陈超阳

一、财政学课程教学中存在的问题

目前，财政学课程教学过程中存在的主要问题表现在如下三个方面。

1. 教学理念滞后，忽视学生的主体地位

在财政学教学过程中，教师普遍秉持着"我讲你听"的传统观点，把学生当成一个纯粹的接受者来看待。在讲课过程中，知识是一种单向度的传递，不注重调动与发挥学生的积极性，不注重学生的参与。一方面，在教学中，强调"教"，强调教师的主体地位，把教师当成课堂的主持者、创造者、引导者，教师既是导演，又是演员，身兼数职。课堂变成老师散发知识与魅力的舞台，这个舞台的主角是教师。另一方面，过分强调"教"的方面自然会忽视"学"的方面，忽视或轻视学生也是课堂的主体地位这一事实，学生变成课堂这个表演舞台的观众，他们在座位上观看老师的表演。学生基本没有参与，或者只有极其有限的参与。在听课过程中，学生的大脑甚至不需要被启动，他们只需要使用双眼双耳等感觉器官即可。因此，一堂课下来，老师讲的内容从一边耳朵进，另一边耳朵出，甚至几个小时以后就把课堂内容忘得差不多了。这样的教学甚至难以完成知识传授这一主要职责，更遑论思想的震动或心灵的启迪等深层次需求。

2. 教学内容过多，专业深度有限

在教学中，教材选择对于课程教学内容的广度与系统性非常关键。在全国各大院校的财政学教学中，陈共主编的《财政学》是使用非常广泛的一本教材。以该书的第八版为例，章节较多，包括导论在内一共有 18 章，内容涉及财政基本理论、财政支出概论与各类别分析、财政收入部分、预算管理、财政平衡与赤字、财政政策与国际财政等多个方面。另一方面，就学分与学时规定来看，财政学课程一般为 3 个学分，按一个学期 16 周来计算，则该课程总共有 48 个标准学时。此外，财政学课程在某些非经济类专业的培养计划中被定为 2 个学分，那么一个学期只有 32 个标准学时。不管是 48 个还是 32 个学时，对于教材所涉内容的讲授是远远不够的。因此，教师需要对授课内容进行取舍，不仅要确定重点章节与非重点章节，甚至还得略过两三章不讲。在授课过程中，讲授内容的繁多会在某种程度上迫使教师为了赶进度而对深度有所放弃，只对知识点进行点到为止的分析。更甚的是，这无形之中使教师放弃了部分让学生参与的互动行为。在同样的时间里，讲授相对于互动而言可以阐述更多的内容，那些持有"一定要把教材内容讲完"念头的教师如果同时面临考试压力的话，会更倾向于牺牲专业深度并主要采用"讲授"这一教学方法。

3. 教学方法单一，以讲授为主

目前，财政学的教学普遍采用了多媒体方式。多媒体教学在方便、直观、丰富性方面确实有相当大的优势，有效使用能让教学如虎添翼，可使教学效果倍增。然而，一些教师多年来使用同一个 PPT，在内容、数据、案例等方面都没有及时更新，出现授课内容与教学大不相符的情形，而数据信息落后、案例陈腐等问题则屡见不鲜。更有甚者，PPT 沦为一个可变的展示黑板，每一页 PPT 都充满了密密麻麻的文字，而教师则照念不误，学生看得头晕眼花。

此外，在课程内容传递方式上，很多老师以讲授为主，侧重于理论与概念阐述，不注重调动学生的课堂积极性，参与度很低。像财政学这门课程，其理论性比较强，而且立足点高，对学生的理解力和专业敏感性要求较高。如果教师仍然以传统的讲授方式来组织课程内容，那么容易让学生产生枯燥感，听不进去或者难以听懂。尽管老师搜肠刮肚去想出各种通俗的表达，自以为对内容表述得很明白易懂了，结果课后问学生时得到的回答还是"听不懂"，一句话就让这堂课的教学效果归于零。

二、提升财政学课程教学质量策略分析

财政学是一门应用性比较强的课程，要实现应用型人才的培养目标，提高学生的实践能力与专业素养，在训练学生宏大思维的过程中，应尤其重视其问题分析与解决的能力。在教学过程中，应树立正确的教学理念，合理确定教学内容，丰富教学方法，教师与学生互动协同，共同打造高质量的课堂教学。

1. 重视学生参与，提升互动效果

由马克思辩证原理可知，教师与学生是课堂的两大主体，"教"与"学"是课堂的两类行为。他们既对立又统一，相辅相成，可谓一个硬币的正反面，缺一不可。只有教师一个主体或只有"教"这一行为的课堂都是不完整的。在课堂上，教师这一主体的作用有多重要，那么学生的主体地位就有多重要；"教"与"学"亦然。因此，教师需要主动转变观念，认可学生在课堂上的主体地位，意识到学生参与的必要性与价值。教师可采用提问、小组讨论、辩论、角色扮演、案例分析等多种方式方法充分调动学生的积极性，增加课堂活力。在某种程度上，成功的课堂需要教师具有某种表演性，例如通过讲故事去阐述道理，活跃课堂气氛。避免把课堂变成教师的"独角戏"，而应是学生亦参与其中的"双人舞"。如此，课堂效果与教学相长目标才具有现实性。

2. 慎重选择教材，合理确定教学内容

首先，目前财政学课程的教材建设是富有成果的。以亚马逊网上书店为例，冠之以"财政学""公共财政学""公共经济学"等名称的国内国外出版的教材不下 100 种。这些教材的内容体系大部分非常全面，有少部分侧重于财政收入方面。而从适用层次上看，有适合高水平重点院校的，也有适合应用型本科院校的，还有适用于专科院校、高职院校的。因此，在种类繁多的教材中，教师应根据本校人才培养定位选取相应的教材，不要被某些评估指标或名声性说法所误导，从而避免出现所选教材远超学生水平的问题。否则，就是给教师与学生双方带来不便，影响教学效果。

其次，教师选定教材后，还应根据学生类型具体确定讲授内容与重点。例如，针对财税专业、经济学其他专业、管理学专业、其他学科（如财政学作为公选课的情形）的学生，应在教学内容和深度上区别对待。给财税专业的学生上财政学时可适当增加难度，同时税收方面的内容可大幅从略甚至不讲，因为这两个专业已开设《中国税制》等相应课程；而经济学其他专业则不可如此，甚至税收内容还应成为教学重点；那么对于管理学专业的学生来讲，关于财政的经济学原理方面不要讲太多，更不要讲深入，在内容上可侧重财政支出管理、预算与预算管理体制、财政政策制定等方面；在其他专业学生的财政学课堂上，则应是内容全面而点到为止。

3. 充分利用现代教学技术，综合使用教学方式

PPT 作为一种被广泛使用的多媒体教学技术，多年来的教学实践已充分证明其内容呈现与改善教学效果等方面的有效性。若欲进一步深化 PPT 的教学辅助效应，关键在于其内容的更新与结构化表达，而不是字体字号、颜色、动画效果等技术性因素。因此，教师应每一个学期都检查、调整教学内容，更新数据与案例，把理论内容的传承与现实问题有机结合，凸显知识的时效性。另外，还可借助现代科学技术的发展，勇敢尝试慕课、微课等授课新形式，改善学生的课堂体验，提升学习效果。

在教学方式上，虽然大部分教师意识到单一讲授方式的弊端，亦尝试过案例分析、角色扮演等其他授课方式，总体而言，这种尝试的效果不甚显著，仍以讲授为主，从头到尾"满堂灌"。就财政学的教学而言，案例分析、实验教学、社会调查、小组讨论等都是一系列有效的方法。以案例分析为例，现实生活中存在着大量的财政现象与问题，例如，公共交通、义务教育等，这些关系到一个人衣食住行的方方面面，与学生的生活亦密切相关，而这种相关性能很好地激起学生的兴趣。因此，教师可以据此编写案例，通过设问与分析呈现专业知识，帮助学生更为轻松地掌握知识，锻炼分析问题与解决问题的能力，训练专业思维与敏感性，架起联系专业知识与现实生活的桥梁。

参考文献

[1] 王丽、王晓洁:《〈财政学〉教学方法创新研究》，载于《河北经贸大学学报（综合版）》2014 年第 1 期。

基于习近平系列重要讲话的当今中国财政思想教学模式研究①

余　可

习近平总书记的系列重要讲话不仅是指导当今中国社会各方面工作的纲领性文件，也是引领当今中国财政思想走向的理论源泉。然而，我们该如何将习总书记系列重要讲话的思想精神内核融入高校的财政学教学实践之中呢？这就需要我们构建一个基于习近平系列重要讲话的当今中国财政思想教学模式的理论框架，从而为高校财政学教学实践提供理论与方法。

这一教学模式的理论框架，我认为包括以下三个环节。

一、对习近平总书记系列重要讲话的深入学习与思考

要学习习近平总书记的系列重要讲话，首先得要获得其讲话稿的权威性文字来源。该来源主要有两方面构成：一方面，我们可以采用中国外文出版社2014年9月28日出版的《习近平谈治国理政》（中文版）；另一方面，我们可以通过新华社的"学习进行时"网站或者央视网的"学习平台"网站获得权威性的文字来源。在此，我们之所以要强调文字来源的权威性，就是要避免因为对讲话稿的错误传播而带来的思想上的混乱，而通过上述两方面获得的讲话稿，可以保证我们能够学到习总书记讲话的真实思想内涵。

在获得权威性的文字讲话稿以后，我们可以采取时间顺序和时间倒序两种方式来阅读和学习。采用时间顺序学习就是按照公元纪年的时间自然顺序，阅读和学习习总书记在党的十八大以后在各种公开场合的讲话稿，特别是与财政有关的讲话稿更要重点阅读。而采用时间倒序学习就是首先阅读习总书记的最

① 此项研究得到广州市科信局软科学研究计划项目"地方财政投入促进广州市中小企业协同创新的机理与绩效研究"（2014Y4300003）的资助。

新讲话稿，然后在逐步向后推进。前一种学习方式有助于我们把握习总书记在党的十八大以后讲话的思想脉络；后一种学习方式有助于我们掌握习总书记最新讲话的思想动向。因此，我们建议首先按照时间倒序的方式进行学习，以学到习总书记思想的最新动向，然后在进行时间顺序的学习，以把握习总书记讲话的总体思想脉络。

作为高校教师，不但要自己学，还要向高校本科生和研究生推荐，并交流学习体会与所思所想，与学生共同讨论学习过程中遇到的难点与重点。只有这样才能将习总书记的讲话学深学透。

二、运用唯物辩证法提炼习近平系列重要讲话的思想精神内核

运用唯物辩证法也就是要运用其中最为重要的一分为二的方法，对习近平系列重要讲话进行分析与对比，找出蕴含其中的思想精神内核的精华，并运用简练的语言进行理论提炼，将其打造成能够引领当今中国财政思想走向的理论武器。

在我们教学模式的理论框架中，该环节具有较高的重要性。这是因为只有我们找到习总书记讲话的思想精神内核，才能将其讲话转化为引领当今中国财政思想走向的理论武器。下面，我们以习近平总书记最近的讲话为例，来展示如何从其中提炼出思想精神内核。

2016 年 8 月 17 日，习总书记在北京人民大会堂出席推进"一带一路"建设工作座谈会时发表了重要讲话，在这一重要讲话中，习总书记提到："要切实推进思想统一，坚持各国共商、共建、共享，遵循平等、追求互利，牢牢把握重点方向，聚焦重点地区、重点国家、重点项目，抓住发展这个最大公约数，不仅造福中国人民，更造福沿线各国人民。中国欢迎各方搭乘中国发展的"快车"、"便车"，欢迎世界各国和国际组织参与到合作中来。"从这句话中，我们可以看到，由中国发起并主导的"一带一路"发展战略不仅将为中国人民带来和平发展的福利，也将为世界各国人民带来经济发展的红利。这就意味着我国用于支持"一带一路"战略发展的财政支出不仅要造福于中国人民，也要造福于世界人民。因此，这其中蕴含的财政思想就不再是狭隘的仅造福于本国人民的公共财政，而是欢迎世界各国来搭乘中国发展"便车"的大国财政。

大国财政——这一财政思想在世界财政思想史和中国财政思想史上是从未

出现过的创新性的财政思想，我们高校财政学任课老师有必要将这一思想融入日常教学之中，将其打造成强大的理论武器，去解释当今中国经济社会发展的各种现象，去研究当今中国所面临的各种实际和理论问题，去引领当今中国财政思想的走向。

三、运用具有习近平系列重要讲话思想精神内核的当今中国财政理论进行高校的财政学教学工作

在完成第二个环节的提炼思想精神内核的任务后，我们需要运用具有习近平系列重要讲话思想精神内核的当今中国财政理论进行高校财政学的教学工作。但在进行这一工作之前，我们还需要完成两方面的辅助工作。

一方面，就是要将习近平系列重要讲话思想精神内核与古今中国财政思想进行对比和分析。既要与封建王朝时期的皇朝财政和国民党执政时期的党国财政进行对比分析，也要与新中国成立后各社会主义建设时期的社会主义国家财政，以及改革开放后的具有中国特色社会主义的公共财政进行对比和分析。只有通过这样的对比和分析，我们才能够更加深刻地认识到习总书记系列重要讲话中所体现出来的具有中国特色社会主义的大国财政的思想创新与理论拓展。

另一方面，就是要将习近平系列重要讲话思想精神内核融合到当今中国财政理论之中。仅仅进行对比与分析，还不足以让我们将其运用到高校财政学教学实践之中，我们还需要将其融合到当今中国财政理论之中，要融合到公共品理论、财政支出理论、国债理论、税收政策与理论之中去，才能真正实现财政学的教学目标，才能将习总书记系列重要讲话的思想精神内核融入高校学生的思维之中，并成为其分析和解决当今中国财政现实问题的理论武器。

参考文献

[1] 刘海波：《我国高等教育财政思想变迁研究》，载于《复旦教育论坛》2008 年第 2 期。

论实训法在政府采购课程教学中的运用

谢　颖

一、政府采购事业蓬勃发展对教学提出了新要求

自 2003 年颁布《中华人民共和国政府采购法》以来，我国的政府采购事业开始步入正轨并逐渐快速发展，每年的政府采购规模都大幅增长。2015 年底，全国政府采购规模为 21070.5 亿元，首次突破 2 万亿元，比上年增加 3765.2 亿元，增长 21.8%；占全国财政支出的比重为 12%，GDP 的比重为 3.1%。在履行社会发展政策方面，政府采购工作也当仁不让地挑起重任，取得较好的成绩。据统计，各地各部门积极落实节能环保、促进中小企业和监狱企业发展等采购政策，推动实现经济社会发展相关目标。全国强制和优先采购节能产品规模达到 1346.3 亿元，占同类产品采购规模的 71.5%；全国优先采购环保产品规模达到 1360 亿元，占同类产品采购规模的 81.5%。政府采购合同授予中小微企业的总采购额为 16072.2 亿元，占全国政府采购规模的 76.3%。其中，授予小微企业的采购额为 6564.6 亿元，占授予中小微企业总采购额的 40.8%。政府采购合同授予监狱企业的采购额为 1.4 亿元。[①]

政府采购事业的蓬勃发展，催生了政府采购领域专业技术人员的大规模需求。采购人、供应商和采购代理机构都需要大量既能熟练掌握政府采购相关法律，又能上手操作政府采购实务的综合性专业人才。这也给政府采购教学提出了更高的要求，不能只简单讲授死板的法律条文，更要将采购实务操作融入日常的课程中，让学生不仅懂法，还懂编制标书；不仅懂纠纷协调，还要懂采购心理。因此，在日常的教学中，除了基本的知识讲授之外，更需要采用实训法来提高学生的实务操作能力。

---

① 财政部国库司：《2015 年全国政府采购简要情况》，2016 年 8 月 12 日发布于财政部官方网站。

二、实训法简要介绍

目前，我国常用的教学方法从宏观上讲主要有三种。一是以语言形式获得间接经验的教学方法。是指通过教师和学生口头语言活动及学生独立阅读书面语言为主的教学方法，主要包括：讲授法、谈话法、讨论法和读书指导法。二是以直观形式获得直接经验的方法。这类教学方法是指教师组织学生直接接触实际事物并通过感观知觉获得感性认识，领会所学的知识的方法，主要包括演示法和参观法。三是以实际训练形式形成技能、技巧的教学方法，是以形成学生的技能、行为习惯、培养学生解决问题能力为主要任务，主要包括练习、实验和实习作业等方法。第三种教学方法也即所谓的"实训法"。具体来说，实训法可以从以下几方面来开展。

（1）通过练习，在教师指导下，学生巩固知识和培养各种学习技能，也是学生学习过程中的一种主要的实践活动。

（2）通过实验，学生在教师的指导下，使用一定的设备和材料，通过控制条件的操作，引起实验对象的某些变化，并从观察这些变化中获得新知识或验证知识，它也是自然科学学科常用的一种方法。

（3）通过实习或者实习作业，让学生利用一定的实习场所，参加一定的实习工作，以掌握一定的技能和有关的直接知识，或验证间接知识，综合运用所学知识。

以上三个方面都可以在政府采购课程教学中运用，对于提升学生的实务操作能力效果颇为显著。

三、实训法在政府采购课程教学中的具体运用

本文以"公开招标方式"的教学内容为例，具体谈谈实训法的运用。《政府采购货物和服务招标投标管理办法》对公开招标方式的解释为：是指招标采购单位依法以招标公告的方式邀请不特定的供应商参加投标。简单的一句话，但包括的内容纷繁复杂，如果仅仅通过讲授的方法去阐释这句话的采购主体、依托载体和采购客体，学生也只会死记硬背，根本无法体会作为政府采购主要方式的公开招标采购的博大精深。如果采用实训法，效果就会好很多。

首先，通过讲授，让学生明白"公告"是公开招标方式的重要运作载体，所有的招标、投标、评标与定标过程，都通过一方主体单向的发布与提交为准，没有面对面的磋商谈判，也没有提交后返回做实质性修改的余地。另外，供应商的事先不确定也是公开招标方式的主要特点，这一特点会让采购过程、采购结果都存在很多不确定性，更考验采购经办人员的能力与水平。讲授过程中，可以通过流程图加深学生对此知识点的认识。

其次，通过形式多样的练习题，让学生理解该知识点。在题型选择上，更推崇多项选择题和案例分析题。在考点选择上，可以从招标文件的编写、采购公告的发布时间期限、发布媒介、供应商投标、投标后是否能撤回修改、开标时间设计、评标委员会成员组成、评标标准与评分方法、评标过程控制、中标候选人排序、定标公告发布程序等方面展开丰富的考核。特别是案例分析题的设计上，更要通过选取有针对性的实际案例，来考核学生某一方面的理解。我国的政府采购实务工作进行了 13 年之久，积累了大量的实际案例，都可以拿来让学生参与探讨。这些案例可以从中国财政部、中国政府采购网、中国政府采购信息网获得，各省市的政府采购官方网站也有一些案例可供我们出题与学习。练习题在讲解时，可以先让学生根据政府采购法律条文进行讨论，有争议的内容可以向政府采购实务部门的工作人员请教。

再其次，通过设计仿真的公开招标实验，让学生亲身体验采购过程。笔者曾设计过一些公开招标采购实验，通过让学生模拟公开招标过程中不同当事人的角色，进行公开招标采购。其中一个实验素材如下：

某省某政府部门欲在 2014 年度采购公务用轿车 5 辆，采购预算与计划已获该省财政厅审批通过，确定使用公开招标方式进行采购。因公务车采购属于该省集中采购货物目录范围，须委托该省集中采购机构代为采购。

实验前，对实验者的角色扮演进行分组分工，将政府采购当事人分为采购监管部门（1 家）、采购人（1 家）、采购代理机构（1 家）、供应商（5 家）、评标委员会（包括 1 名采购人代表、4 名从专家库中抽取的专家，共 5 人组成）、纪检监察部门代表（2 人）。由教师提供政府采购规范文本模板，大致讲解实验流程与步骤。在实验成果考核方面，要求各当事人提交符合要求的采购文本，政府采购监管部门提交工作报告，从职责范围对自身工作进行汇报、自评，并对其他当事人的工作进行评价；采购人提交采购需求书、项目委托协议书、采购文件确认函、政府采购结果确认函；集中采购机构提交项目组织实施方案、公开招标公告、招标文件、开标会议记录、中标公告与中标通知书；供应商提交各自的项目投标文件；评标委员会联合提交评标报告；纪检监察部门代表提交工作报告。

实验过程中，教师不能放手不管，也不能越俎代庖，只需要起到规则引导的作用即可，保证采购活动在公开、公平、公正的大环境中进行。从实验结果来看，学生们普遍具备了政府采购的"三公"原则意识，在招标文件制作、评标过程中都能够做到不偏不倚。也具备了较强的动手能力，即使有一些评分标准不会制作，也懂得上网寻找帮助，或者借鉴实际工作中类似的采购文本，根本不需要教师做很多的讲授工作。但教师要提供可靠、必需的资料来源网站，供学生借鉴学习。实验结束后，教师也需要进行有效的总结与点评，让学生知道哪些环节需要进一步完善。

通过一次次的实验，扮演采购人的学生能够提出较为规范的采购需求书；扮演集中采购机构的学生基本能够合理地编制招标文件，组织完整的招标活动，基本上具备全程做好采购风险控制的意识；扮演供应商的学生也学会了如何分析招标文件中的评分标准，如何编制投标文件更有机会中标，如何避免犯实质性错误；扮演监管部门的学生学会了采购纠纷的质疑、投诉与诉讼流程与时间节点，也大致掌握了处理纠纷的技巧。这些技能的获得远远不是教师单方面的讲授能够实现的。

最后，带领学生去实践部门实习。学校可以与当地的采购代理机构、集中采购机构等部门签订实习基地协议，给学生创造实习的机会，尽量让学生参与到实质性的实践工作中去，理论联系实际，学生的收获会更加丰富。笔者教授的学生已经有一些利用假期时间去实习，时常通过各种方式与笔者沟通交流，收获满满，成长迅速，也萌生了留在此行业工作的想法与行动。他们的反馈也让笔者有了教学相长的机会，更加不遗余力地推进实训法在政府采购教学中的运用。

参考文献

[1] 李燕、姜爱华：《开设〈政府采购管理〉课程实验教学环节的实践与思考》，载于《世界华商经济年鉴·高校教育研究》2008年第12期。

《税法》教学存在的问题与改革思路

姚雪绯

一、税法教学中存在的主要问题

1. 课程内容与授课时数不配比

从各大、中专院校来看，由于教育部规定的各门基础课课时占了相当大的比例，使得专业课的课时越来越少，尤其是税法课时，税收专业一般每周 4 课时，会计专业 3 课时，有的学校甚至和其他专业一样只安排 2 课时。

而税法课程体系一般包括税法概论、税法（实体法）和税收管理（程序法）三个部分，其中实体法是重点，主要介绍各税种构成要素、应纳税额的计算与管理等。目前，我国税法中每个税种都有各自的纳税人、征税对象、税率、计算方法等，除此之外，学生还要学习税法基本理论和程序法。税法课程理论体系庞杂，知识点较多，要想让学生全面了解税法的基本理论知识、熟悉我国现行各税种的基本内容、掌握每个税种的计算方法，只有三四十个课时是远远不够的。由于课时较少，任课教师就只能着重讲授流转税和所得税等主要税种，不得不忽略小税种的讲授，使得学生掌握的知识不全面、不深入。

2. 注重理论教学，忽视税法实践

由于税法实践教学尚未引起足够重视，学校没有税法模拟实验室，没有比较实用的实践课教材，受课时的限制更加没有税局实践环节的安排。这样自然造成只注重理论教学，忽视税法课程应用性的现象，导致学生只知道书本上的税，不知生活中的税；只会算税，不会报税。

3. 缺乏"双师型"教师，教学方法落后

现在的税法教师都是从学校到学校，虽然他们有着非常扎实的理论功底，但由于教学、科研任务繁重，难以抽出时间参加社会实践。因此，在教师队伍中，既懂理论又会实际操作税法业务的教师寥寥无几，缺乏"双师型"教师

的现象普遍存在。在教学过程中还是以教师"满堂灌""填鸭式"教学为主，教学方法落后，缺乏灵活性、启发式教学。从教学内容来说，教师还是以法律规定的讲解为主，然后结合所讲内容做适当的练习题，以至于如何填制纳税申报表、税款如何入账等问题就很少涉及。

4. 教学手段滞后，影响教学效果

从教学手段来看，教师都是沿用过去的"教室 + 白板 + PPT"的古老形式，教学手段滞后，方法陈旧，缺乏现代化的教学手段和方式，致使税法教学效果不尽如人意。因此，提高教育手段的现代化水平和信息化程度，已成为实现《税法》教学目标的前提条件。

二、税法教学的改革思路

1. 完善教学计划，实现内容与课时相配比

税法课程在财税、会计专业课程体系中具有举足轻重的作用，应该合理安排教学计划，满足税法课程教学的需要。合理的教学计划一是体现在课时分配上，二是体现在时间安排上。由于税法内容庞杂、琐碎，课时量一定要加大，从目前的税法教学实践来看，理论课最少需 60 个课时，实践课至少 12 个课时，共计 72 课时，才能基本保证正常教学的需要。

2. 加强实践教学，强化技能培养

为实现人才培养目标，在税法课程建设方面必须强化实践教学，提升学生的岗位适应能力。课堂实践教学应包括两部分内容。一是在理论教学分税种介绍的基础上，采用归纳教学法将不同类型企业涉及的相关税种加以归纳，系统掌握企业的综合纳税业务，增强知识的连贯性，提高学生税法知识综合运用能力。二是建立模拟纳税申报实验室，采用纳税申报软件和手工填制等方法完成一般纳税申报、税收优惠申报实验。有条件的学校也可聘请实践工作经验丰富的企业会计人员、税务部门管理人员、税务师、注册会计师等专业人员共同指导模拟纳税申报，以提高实践动手能力。

3. 培养"双师型"教师，改进教学方法

加强"双师型"教师队伍的培养，是教学真正融入市场，实现以产促教、以教兴产、产教结合的育人模式。培养"双师型"教师，可对教师进行职业培训、向社会招聘高素质的税法专业人员，或者选派年轻骨干教师到企业或生产服务一线挂职锻炼，进行实践，参与企业的经营管理活动，提高教师指导实训的能力。

4. 加强与税务局的联系，建立固定的合作培养模式

开设税法课程的院校应积极与实际部门建立稳定的合作关系，建设长期实践教学基地。一方面，税法课教师和学生要定期去税务局进行实践课程的学习，以将书面的税法知识实际化、生动化、现实化；另一方面，要定期聘请税务局实际和课程内容对口的相关部门的工作人员走进学校，走进课堂，进行现场教学，这样才能真正达到教学目的，让学生感受到税法的真实性，获得存在感。

参考文献

［1］李晓红、谢晓燕：《高校税法课程教学改革研究》，载于《会计之友》2010 年第 30 期。

关于税法中逃避税教学的新体会

——双向避税案例分析

王根贤

税基侵蚀和利润转移项目是由二十国集团领导人背书，并委托经济合作与发展组织推进的国际税改项目，是 G20 框架下各国携手打击国际逃避税，共同建立有利于全球经济增长的国际税收规则体系和行政合作机制的重要举措。根据数字经济下的商业模式特点，重新审视现行税制（含增值税）、税收协定和转让定价规则存在的问题，并就国内立法和国际税收规则的调整提出建议。针对利用两国或多国间税制差异获取双重或多重不征税结果的税收筹划模式，就国内立法和国际税收规则的调整提出建议。就如何强化受控外国公司规则、防止利润滞留或转移境外提出政策建议。构建针对 BEPS 行为的数据收集体系和分析指标体系，涉及监控及预警指标，开展分析研究以估算 BEPS 行为的规模和经济影响。随着经济全球化、贸易自由化，我国经济同世界经济的全面接轨，跨国纳税人的逃避税活动越来越复杂化，在现实中的表现不仅有高税国（区）到低税国（区）的逃避税现象，也越来越出现低税国（区）到高税国（区）的逃避税反常规现象。这样一来，就出现了让理论界和税务部门都搞不懂的情况。本文就是以双向避税为例展开讨论分析。

一、双向避税的特征

（1）顺向避税是高税国（区）$\xrightarrow{\text{（顺向）}}$ 低税国（区），比较容易理解，也易引起税务局和海关的注意和防范。对于跨国纳税人来讲，在谋利上比较直接。

逆向避税是低税国（区）$\xrightarrow{\text{（逆向）}}$ 高税国（区），表面看来，这种方式不仅不能减轻纳税人国际纳税义务，相反还会加重国际纳税义务，好像是违背了常理。实际上，跨国纳税人正是借助这种逆向避税活动达到最大限度地谋求他自身利益的目的。正是因为逆向避税在谋利上具有间接性特点，不容易引起税务部门和海关的注意和防范。

（2）顺向避税是高税国（区）$\xrightarrow{\text{（顺向）}}$低税国（区），是以最大限度减轻国际纳税义务为目标，在谋利上具有直接谋取税收收益的特点。

逆向避税是低税国（区）$\xrightarrow{\text{（逆向）}}$高税国（区），是以牺牲税收利益来谋求所需求的非税收利益。逆向避税具有非税性特点，从而使逆向避税更加复杂化。

（3）顺向避税是直接谋取税收利益，在谋利上具有单一性的特点。逆向避税所要谋求的利益具有多样性的特点，随具体情况而定。它是一个涉及跨国纳税人整个经营策略的多极性问题。

二、双向避税的主要方式

高税国（区）$\xrightarrow{\text{顺向避税转移利润}}$低税国（区），跨国纳税人通过减少税负而增加利润。高税国（区）税务部门减少税收收入，低税国（区）税收部门增加税收收入。

低税国（区）$\xrightarrow{\text{逆向避税转移利润}}$高税国（区），跨国纳税人增加税负的同时增加利润或是增大其他利益。低税国（区）税务部门减少税收，高税国（区）税务部门增加税收。

1. 操纵"转让定价"转移利润

即跨国公司通过其各关联子公司（son company）进行跨国关联贸易时，通过关联企业内部的价格操作，使利润在国际间发生转移。也就是关联企业交易时，运用转让定价以异于市场价格的高价买入，低价卖出，即"高来低走"转移利润。转让价格在很大程度上决定了位于不同管辖权范围的联属企业的所得和费用，并因而决定了应税利润。如果转让定价不反映市场力量和公平独立原则，那么联属企业的纳税义务和东道国的税收收入就会被扭曲。转让定价一直是以所谓的"正常交易"原则为基础，即关联方之间应该像没有关联关系一样进行交易活动，或者至少它们之间的互相交易能合乎理性地被看作它们之间不是关联企业。然而这样的假设是自相矛盾和似是而非的。"正常交易"方法，要求获得大量的跨境交易活动的每一种虚拟价格，并假设这些价格是"正确的价格"，然后根据这些价格调整关联企业的应纳税所得，最后确定了关联企业在所属管辖国（区）的应缴税额。由于关联实体之间交易和非关联实体之间交易组成了经济组织的不同模式，将关联各方视为非关联各方本身就是一个似是而非的矛盾。如果一家企业可以在其关联企业和非关联企业之间随意选择进行交易，那么该企业希望选择前者以便能够降低交易成本或进行其他合作，进而提高利润。

近来关联企业转让定价中更棘手的问题是电子商务，电子商务包括互联网交易、电子邮件、传真、借贷卡、电子数据交换（EDI）交易等。电子商务是信息即时传递的产物，互联网上进行的跨国交易，集物流、信息流、资金流为一体。电子商务使网上支付电子化，导致支付既不需要支票，也不需要汇票，还不需要现金等纸张票据，而是利用个人信用卡或企业账号支付给对方。贸易双方从贸易磋商、签订合同到支付等，无须当面进行，都可以通过计算机互联网络完成，整个交易完全虚拟化。它摆脱了物理的界限，世界变成了"地球村"。税务机关对跨国交易的识别、追踪、数量化和确认的难度明显地增加了。传统的关联企业之间交易时，税务机关要求提供有关的书面材料来证实其转让定价的公平性。然而，当关联企业运用电子商务交易时，税务机关所要求提供的材料就很难得到满足。尤其是跨国公司集团内部功能一体化程度的加强，可以通过互联网或内部网从事交易或转让定价，传统的价格和所得额调整方法受到巨大的挑战。例如，总部设在美国的总公司 A，要把书籍销售给它在中国的子公司，若通过电子交易，美国的总公司可以通过它设在避税地的服务器网站以电子化形式销售给中国的子公司。在这种交易中，税务机关使用传统的方法进行控制，显然是不可能了。

尽管各国税务机关规定关联企业间交易的转让定价要按非关联企业间的"正常交易"标准进行。然而，关联企业间所谓的"正常交易"标准依赖于交易的参照系。而在实际中，市场供求瞬息万变以及科学技术突飞猛进，导致这样的"参照系"有时根本不存在，或运用相类似的参照系标准推断的交易价格并非是公正的。这就为跨国公司运用转让定价达到减轻税负提供了可能。随着电子商务的迅猛发展，跨国公司通过网上交易的形式，操纵转让定价来达到规避税收的意图就更容易实现。事实上，据世界银行统计报告，避税水平最高的纳税人就是跨国公司。这其中主要原因就是关联企业间交易的转让定价，税务机关不能够准确把握。

2. "虚列成本费用和减少资本"转移利润

虚列成本费用主要是母公司（parent company）向子公司分摊不合理的各种费用，增大企业的生产成本和管理费用。减少资本是在设立涉外企业时，外资方利用在计算应税所得时，负债利息可从企业应税所得中扣除，而股东相应出资的分红却不得从应税所得中扣除的规定。外资方尽量投入最少的资本（以符合企业设立相关法规为标准），而将本应投入的资本通过涉外企业向国外关联企业运用借债的形式给予弥补，造成涉外企业资本过少并且是债台高筑，这样涉外企业通过巨额高息实现了减少税负，而将利润顺利转移。

3. "虚报购进设备等物品价款"达到虚增投资额分得经营利润

这是利用对方不了解国际市场行情，信息不灵等，多报设备价款。这样既可增加投资的股权比例，将利润化为折旧回收逃避所得税，又可以在以后重复收回虚增的投资额。

4. "利用账务处理技术"转移利润

例如，有的企业不按税法规定的账务处理原则核算，改变账务处理时间顺序，使成本费用列支与收益成果核算口径不一致，企业免税后期一些摊销的成本不及时入账摊销，而免税期一过再全部挤入成本费用，造成企业盈利下降以至亏损，逃避缴纳所得税。

5. 利用商标专利权受让中的不合理价格转移利润

在双向避税中，顺向避税通过转移利润从高税国（区）到低税国（区）实现减轻税负、增加跨国纳税人的税后利润，这是常理，是符合客观经济规律，是由资本追逐更多利润所决定的。但是，在许多发展中国家中，跨国纳税人把利润从低税国（区）转移到高税国（区）的逆向避税现象就有些使人疑惑不解。像一些发展中国家的涉外税负就低于国际平均水平。逆向避税现象普遍存在，这是因为：（1）例如，一个中外合资企业，外方转移出境的利润，即使多交了境外的所得税，但由于可以独吞税后所得，还是有利可图。（2）为了实现某项经营策略目标。例如，A公司在甲国（税率30%），A公司在乙国的（税率20%）B子公司，某年度A公司因缺乏资本，需要从B子公司补充，但由于乙国采取了较为严格的外汇管制措施，跨国纳税人就会借助逆向避税方法实现有效的资本转移。通过这种方式，跨国纳税人不仅不能谋取净利润最大化，相反还要损失一定的税收利益。但跨国纳税人正是以此为代价，有效实现了所必需的资本转移。这作为其经营策略的一个重要内容，预期将会带来大量的利益。因而，跨国纳税人还是选择了这种逆向避税。（3）以逃避预期风险为目标的逆向避税。像政府不稳定、恐怖活动导致国家不安全或政策多变等政治方面的风险。

参考文献

［1］毛程连、吉黎：《税率对外资企业逃避税行为影响的研究》，载于《世界经济》2014 年第 6 期。

问题导向教学法在财政学中的应用

李　萍

　　财政学是以研究财政在政府配置资源中的特殊作用及其运行规律的一门应用经济学科，财政学课程在实现高校应用型人才培养目标中举足轻重，具有重要作用。现阶段，在财政应用人才的培养上，面临的一个主要问题就是人才供求脱节问题，不利于财政学科的可持续发展，而人才供求的脱节归根结底在于人才能力的严重缺失。然而，传统教学方法成为财政学课程应用人才功能实现的"瓶颈"和制约因素，因此，为了促进财政应用人才培养，财政学科的发展需要通过教学理念和教学模式的转变来实现。财政学课程的教学方法必须做相应的改革，本文从培养应用能力出发，探讨财政学课程教学中应用问题导向教学方法的相关问题，以期对财政教学方法改革有所启发。

一、问题导向教学法

　　问题导向教学法是指学生在教师的指导下，围绕明确的学习目标，以学生为主体，以问题为核心，主动地分析问题、解决问题，创造性地获取知识和经验的学习活动。它能促进学生的知识理解和运用能力大大提高。传统的财政学课程以教师课堂理论讲授为主，教师成为教学的主导方面，而学生成为机械式学习的被动主体。在灌输式教学方式下，学生自主学习的动力和能力不足，学习缺乏热情和积极性，独立分析和解决问题的能力比较差。加上长期以来，财政教学与实务脱离，学生运用财政理论和方法进行财政工作的实践能力极为薄弱。针对这些问题，问题导向教学法可以将理论与实践结合起来，实现理论与实务的一体化。在教学方法上以教师引导和启发为前提，让学生以个体或小组合作的方式围绕明确的学习目的，通过完成一系列的综合性学习任务学习掌握新的知识与技能，激发学生学习财政课程的兴趣，促使学生自主学习，有助于提升学生运用财政理论解决实际财政问题的能力，培养财政的思维能力。

二、问题导向教学法对财政学教学的意义

1. 有利于学生财政思维能力的形成

所谓财政思维能力，是运用财政知识分析财政现象、解决财政问题及预测财政政策的能力。培养应用型人才，其基础平台是由实践情境构成的、以过程逻辑为中心的行动体系，以获取自我建构的隐性知识为主，而不是以传授实际存在的显性知识为主。比较而言，传统的从概念到原理的理论讲授方法，虽然对于掌握显性知识较为有效，而对于隐性知识的获取却存在较大的不足，无法让学生通过课程教学过程培养财政思维能力。通过问题导向教学法，在学习环节，将财政理论与财政实践结合起来，在理论与实践的互动过程中获得财政学知识，体现了理论知识和实践任务借助于一定的载体有机融合在一起，这样更有利于学生财政思维能力的形成。

2. 有利于推动教师引导和学生能动相结合

在问题导向教学中，应将财政案例、事件与财政重要理论结合起来，围绕案例，通过讨论和辩论等方式，把讲授内容和重要知识点与财政案例有效结合，使得理论知识在财政案例中得到很好的运用，让学生在分析和探讨具体财政事件时有效地巩固所学的理论知识。具体来说，在讨论前教师应基于讲授重点结合财政案例预先设置好对学生有吸引力的讨论主题，提出讨论的具体要求，特别是那些涵盖多个章节贯穿于多次课堂教学的财政综合事件，在掌握基础理论后应以学生讨论为主，教师引导为辅，充分发挥学生学习和研究问题的主动性与积极性，活跃课堂气氛，以此来提高学生对知识融会贯通的能力及培养学生创新性思维的能力。在此基础上，还可以引导学生参与财政案例的收集和准备工作，丰富和扩展案例教学，这样的方式，通过财政事件形成师生共同的讨论话题，在教师引导下激发学生自主思考，从而达到了教师引导和学生能动相结合的效果。

3. 有利于实现课堂讨论和业余研究相结合

在进行问题导向教学时，常常会采用一些涵盖某一章节且能扩展到包含多章内容的综合案例，这种案例涉及理论多，信息含量大，然而课堂教学时间相对有限，只能突出重点，所以需要鼓励学生利用课下时间进行业余研究。在教师精心准备下，问题导向功能将有效地把学生兴趣引导到财政事件的问题中，

在此基础上可设置相关的课外思考问题、案例，突出开放性，引发学生思考。还能创设若干个有利于学生去探究的教学情境，告诉学生探索问题的方法和技巧，要求学生课下扩展阅读，引导学生独立去探索和发现问题的答案。由于学生关注重点和思考视角的差异将提供更为丰富的素材，从而培养学生的自我研究能力，巩固和提高财政理论知识，提升学生的综合应用水平和创新能力，实现学以致用。在问题导向教学中，教师通过问题探究式教学，引导学生课下扩展阅读，从而实现学生课堂参与分析讨论和课下业余培养研究兴趣的结合。

三、问题导向教学方法的应用

在财政学教学实践中，问题导向教学方法的应用主要有以下几个环节。

1. 切入问题载体，列出待解释的财政现象

问题导向教学中，切入问题载体，明晰未知的财政术语和概念，列出待解释的财政现象。其重要作用是激发学生的学习兴趣，以问题的回答、解释或解决为核心任务，把学生带入学习氛围之中。问题载体是指具有潜在的或蕴含典型财政问题的教学素材。设计有效的问题载体是问题导向教学方法实施成功的关键。教师问题载体的设计要充分体现理论与实践一体化教学理念，也就是问题载体应能够反映财政学知识与财政实践之间的紧密联系，要密切结合社会舆论关注的财政热点，以便更好地激发学生的学习兴趣。它可以是一个真实的或模拟的财政案例、事例和现象，也可以是一个财政实践项目或社会调查项目。通过把这些财政案例、事例和现象设计成教学情景，引导及启发学生从具体的现象与现实生活中发现财政学知识和财政现象之间的联系，在财政问题的思考过程中完成财政学理论知识的学习及财政思维能力的形成。

2. 注重启发和引导，强化分析和讨论

在应用问题导向教学法中，对问题的分析和讨论是财政学教学的重要环节。一定要启发和引导学生提出思考或见解，激活学生自己去思考问题、分析教学素材隐含的问题。要多方式充分调动学生参与分析和讨论的主动性及积极性，让学生踊跃发言，运用生活语言和财政语言，从具体的财政现象与现实生活中逐步上升到理论高度，得出尽可能多的解释。也可将财政案例通过分组方式讨论，培养学生的团结协作与分工合作精神，在具体操作中，可分若干小组，每组设一名组长，负责收集整理本组成员的观点和看法；教师应兼顾与组长的及时沟通和与同学的专业交流相结合，准确把握讨论情况，保证教学有序进行。这一互动过程需重视两个方面：一要关注整体课堂讨论情况，引导学生积极地参与案例分析与讨论，特别要促使学生新观点和新思路的涌现；二要记录学生课堂发言情况，做好代表性观点、新颖性观点和争议性观点的发言记录，这些观点是案例分析时师生互动解决相关问题的依据，为总结案例及指导学生进行案例分析打下基础。通过分析和讨论，启发学生学习兴趣，激发学生探索热情，拓展思维方式。

3. 归纳总结，阐释相关财政原理，用理论解决问题

在问题导向教学法过程中，针对财政事件或案例讨论情况，需要教师进行及时正确的总结与归纳，在学生解释和讨论的基础上，教师评判学生所提出的众多解释及不同观点，归纳并确定最能反映蕴含在财政现象、事件中的原理或机制，并简明扼要地解释这些原理或机制。教师要总结规律和经验，让学生加深对财政理论知识的理解，增强运用财政理论的能力。教师要就财政事件案例讨论关键点，分析方法、思路和过程，学生课堂表现及其需要提高的地方做出评价，还要对学生分析深度的不足、解决方法的缺陷等方面正确指导，以期往后有效提高。并要求学生将已经获得的财政原理运用于问题载体解释财政现象，或解决财政问题，最终建立起财政知识与财政现象的联系，获得财政思维能力。

4. 反思欠缺内容，课下进行实训，并扩展阅读

问题导向教学法的最后环节，让学生反思与课后实训。反思是指要求学生检讨已有知识所欠缺的内容，确定自主学习的目标和内容，为后续学习做好准备。课后实训是指布置课下财政案例实践任务，让学生自主完成任务，锻炼学生自主思考能力，巩固所学知识和能力。对于综合财政案例或事件有时会涵盖某一章节且能扩展到包含多章节的内容，这种案例或现象涉及理论多、信息含量大，不能完全依靠课堂教学时间，所以需要鼓励学生利用课下时间进行业余研究。可设置相关的课外思考案例，要求学生课下扩展阅读，让学生独立去探索和发现问题的答案，进一步强化学生的理解与吸收，从而提高分析及解决实际问题的能力，达到学以致用。

最后需要说明的是，实施问题导向教学方法后，学生的学习兴趣增强，学习效果更好，但不是所有的财政学知识都能应用这种教学方法。该方法需要教师投入大量的时间和精力进行教学素材搜集、补充修正、问题设计和教案撰写等工作，特别是对教师的能力结构提出了更高的要求。当然，这种教学方法的应用还受制于学生接受能力差异较大、班级人数较多等因素的影响，如何因材施教以获得更好的教学效果，还需要进一步研究和实践。

参考文献

[1] 雷蕾：《问题导向式教学法在课堂教学中的应用》，载于《重庆科技学院学报》（社会科学版）2010 年第 10 期。

硕士教育

供给侧改革背景下关于专业硕士教育改革的思考

——基于广东财经大学保险硕士毕业生用人单位满意度调查结果

朱信贵

我国正在推行供给侧改革，经济领域率先实施，教育当然不能无动于衷。供给侧改革的思维应当及早植入教育，尤其是高等教育，关系到高级专门人才培养质量，更应当紧紧跟上。专业硕士教育为行业培养高层次专门人才，能否迎合行业需求，满足用人单位需要，培养单位必须转变思想，改进培养工作，从供给侧发力，不辱高等教育的历史使命。本文基于广东财经大学保险硕士毕业生用人单位满意度调查结果，思考供给侧改革背景下如何改进专业硕士教育工作，以期能对专业硕士教育改革有所裨益。

广东财经大学保险硕士教育工作开始于 2011 年 9 月，学制为两年半，到 2016 年 3 月有三届毕业生。本次调查对象为 2014 届和 2015 届毕业生，采用问卷调查方式，发放《用人单位对广东财经大学保险硕士毕业生满意度调查问卷》，由毕业研究生所在单位填写，发出 33 份（有 3 位毕业生在同一单位工作），收回 33 份，回收率 100%。利用免费问卷调查平台"问卷星"（www. sojump. com），完成问卷数据输入、处理和结果输出，最终形成本次调查结果。

一、用人单位对保险硕士毕业生满意度调查结果

1. 用人单位基本情况

保险硕士毕业生就职单位主要集中在金融单位，69.7% 的毕业生在金融单位工作；75.76% 的毕业生工作单位人员规模在 1000 人以上；绝大部分用人单位不是学校的校企合作单位或实践基地，只有 1 位毕业生在保险硕士教育校企合作单位工作；除 1 家单位有 3 名我校保险硕士毕业生之外，其余用人单位都只有 1 名。具体如表 1 ~ 表 4 所示。

表1 保险硕士毕业生用人单位类型分布

单位类型	用人单位数量	比例（%）	
党政机关	0		0
科研单位	0		0
高等院校	1		3.03
金融单位	23		69.7
国有企业	4		12.12
集体企业	0		0
民（私）营企业	4		12.12
三资企业	0		0
其他	1		3.03
合计	33		100

表2 保险硕士毕业生用人单位人员规模状况

人员规模	用人单位数量	比例（%）	
50 人以下	1		3.03
50~200 人	5		15.15
201~500 人	1		3.03
501~1000 人	1		3.03
1000 人以上	25		75.76
合计	33		100

表3 保险硕士毕业生就业单位为校企合作单位（或实践基地）数量

就业单位是否为校企合作单位（或实践基地）	用人单位数量	比例（%）	
是	1		3.03
否	32		96.97
本题有效填写人次	33		

表4 保险硕士毕业生在用人单位分布状况统计

用人单位现有我校保险硕士毕业生人数	用人单位数量	比例（%）	
1~5 人	33		100
6~10 人	0		0
11~15 人	0		0
15~20 人	0		0
20 人以上	0		0
合计	33		100

2. 用人单位使用保险硕士毕业生情况

保险硕士毕业生大部分从事与所学专业对口的工作，30.3％的毕业生所在单位用工时全部专业对口；用人单位整体薪酬水平较高，84.85％的毕业生月平均薪酬超过 5000 元，12.12％的毕业生年薪超过 10 万元（如表 5、表 6 所示）。

表 5 保险硕士毕业生工作岗位与所学专业匹配状况

工作岗位与所学专业匹配情况	用人单位数量	比例（％）
全部专业对口	10	30.3
大部分专业对口	9	27.27
基本专业对口	9	27.27
少部分专业对口	3	9.09
基本不对口	2	6.06
合计	33	100

表 6 保险硕士毕业生薪酬状况

月平均薪酬	用人单位数量	比例（％）
3000 元以下	1	3.03
3000～4000 元	0	0
4000～5000 元	4	12.12
5000～6000 元	10	30.3
6000～7000 元	5	15.15
7000～8000 元	9	27.27
8000～9000 元	4	12.12
9000～10000 元	0	0
10000 元以上	0	0
合计	33	100

3. 用人单位对保险硕士毕业生评价情况

用人单位对保险硕士毕业生整体评价较高，满意度为 100％，36.36％的用人单位表示很满意。毕业生能较快地适应工作岗位，87.88％的毕业生在 3 个月内能适应用人单位工作岗位。

用人单位对保险硕士毕业生最不满意的方面主要集中在创新能力、文字表达能力、外语能力、自我控制能力、口头表达能力和独立担负专门技术工作的能力。从最不满意的第一项所占比例来看，30.3%的用人单位对保险硕士毕业生创新能力排在最不满意的第一位，文字表达能力位列第二位，外语能力、自我控制能力和口头表达能力并列第三。从最不满意的前三项所占比例可以看出，创新能力的不满意率为54.54%，位列第一；外语能力的不满意率为42.42%，位居第二；文字表达能力的不满意率为24.24%，自我控制能力的不满意率为18.18%，口头表达能力的不满意率为15.15%，独立担负专门技术工作的能力的不满意率为12.12%，专业理论知识、信息收集与分析能力、领导力的不满意率均为9.09%。具体如表7～表10所示。

表7　　　　　　　用人单位对保险硕士毕业生整体评价结果

评价结果	用人单位数量	比例（%）
很满意	12	36.36
满意	21	63.64
一般	0	0
不满意	0	0
很不满意	0	0
合计	33	100

表8　　　　　　　　保险硕士毕业生工作胜任程度

胜任程度	用人单位数量	比例（%）
完全胜任	15	45.45
基本胜任	16	48.48
经过锻炼和培训可以胜任	2	6.06
基本不胜任	0	0
合计	33	100

表9　　　　保险硕士毕业生适应用人单位工作岗位所需时间统计结果

适应岗位所需时间	用人单位数量	比例（%）
1个月以内	1	3.03
1～3个月	28	84.85
4～6个月	4	12.12
7个月至1年	0	0
1年以上	0	0
合计	33	100

表10

用人单位对我校保险硕士毕业生最不满意的前三项统计结果

题目\选项	专业理论知识	独立担负专门技术工作的能力	口头表达能力	文字表达能力	外语能力	创新能力	信息收集分析能力	领导力	组织协调能力	团队合作能力	自我控制能力	职业道德	心理健康状况	身体健康状况	教养	（空）
第一	2 (6.06%)	0 (0)	3 (9.09%)	5 (15.15%)	3 (9.09%)	10 (30.3%)	0 (0)	1 (3.03%)	0 (0)	0 (0)	3 (9.09%)	0 (0)	0 (0)	0 (0)	0 (0)	6 (18.18%)
第二	0 (0)	3 (9.09%)	2 (6.06%)	1 (3.03%)	5 (15.15%)	4 (12.12%)	2 (6.06%)	1 (3.03%)	0 (0)	0 (0)	2 (6.06%)	0 (0)	0 (0)	0 (0)	0 (0)	13 (39.39%)
第三	1 (3.03%)	1 (3.03%)	0 (0)	2 (6.06%)	6 (18.18%)	4 (12.12%)	1 (3.03%)	1 (3.03%)	0 (0)	0 (0)	1 (3.03%)	1 (3.03%)	1 (3.03%)	0 (0)	0 (0)	14 (42.42%)

注：表格中数据表示在33份回收的问卷调查中认为最不满意的前三项对应的问卷数量，括号内是对应的问卷数比例。

表11

用人单位在招聘阅读毕业生个人简历时最为重视的三个方面统计结果

题目\选项	专业理论知识	独立担负专门技术工作的能力	口头表达能力	文字表达能力	外语能力	创新能力	信息收集分析能力	领导力	组织协调能力	团队合作能力	自我控制能力	职业道德	心理健康状况	身体健康状况	教养	（空）
第一	14 (42.42%)	3 (9.09%)	0 (0)	2 (6.06%)	0 (0)	1 (3.03%)	0 (0)	0 (0)	5 (15.15%)	4 (12.12%)	0 (0)	3 (9.09%)	0 (0)	0 (0)	0 (0)	1 (3.03%)
第二	4 (12.12%)	3 (9.09%)	3 (9.09%)	0 (0)	1 (3.03%)	3 (9.09%)	1 (3.03%)	1 (3.03%)	7 (21.21%)	8 (24.24%)	0 (0)	1 (3.03%)	0 (0)	0 (0)	0 (0)	1 (3.03%)
第三	1 (3.03%)	0 (0)	2 (6.06%)	0 (0)	0 (0)	7 (21.21%)	2 (6.06%)	2 (6.06%)	5 (15.15%)	11 (33.33%)	0 (0)	1 (3.03%)	0 (0)	1 (3.03%)	0 (0)	1 (3.03%)

注：表格中数据表示在33份回收的问卷调查中认为最为重视的前三项对应的问卷数量，括号内是对应的问卷数比例。

二、用人单位对保险硕士毕业生的期望

用人单位最看重的方面主要集中在专业理论知识、团队合作能力、组织协调能力、创新能力和职业道德。从最看重的第一项比例来看，42.42%的用人单位最看重专业理论知识，15.15%的用人单位最看重组织协调能力，12.12%的用人单位最看重团队合作能力，9.09%的用人单位看重独立担负专门技术工作的能力、职业道德，6.06%的用人单位看重文字表达能力。从最看重的前三项所占比例来看，团队合作能力的比例为69.69%，排在首位；专业理论知识的比例为57.57%，位居第二；组织协调能力的比例为51.51%，名列第三；创新能力的看重比例为33.33%，位居第四；独立担负专门技术工作的能力的比例为18.18%；口头表达能力、职业道德的比例均为15.15%；信息收集与分析能力、领导力的比例均为9.09%。具体如表11所示。

用人单位招聘毕业生时，针对应聘简历最重视的方面主要集中在毕业学校、所学专业、社会活动经历、职业资格证书。从最重视的第一项比例来看，60.61%的用人单位重视毕业学校，12.12%的用人单位重视所学专业，6.06%的用人单位重视社会活动经历、获奖情况。从最重视的前三项所占比例来看，毕业学校的重视程度为75.76%，位居第一；所学专业的重视程度为69.69%，名列第二；社会活动经历的重视程度为57.57%，排名第三；职业资格证书的重视程度为27.27%，位居第四；获奖情况的重视程度为15.15%；课程成绩的重视程度为12.12%。具体如表12所示。

表12　　　　　　　　　用人单位最看重的前三项统计结果

题目\选项	毕业学校	性别	所学专业	政治面貌	课程成绩	获奖情况	社会活动经历	职业资格证书	外语和计算机水平	毕业生本人自我评价	学校评语	(空)
第一	20 (60.61%)	0 (0)	4 (12.12%)	1 (3.03%)	0 (0)	2 (6.06%)	2 (6.06%)	0 (0)	0 (0)	1 (3.03%)	0 (0)	3 (9.09%)
第二	5 (15.15%)	0 (0)	14 (42.42%)	0 (0)	1 (3.03%)	0 (0)	6 (18.18%)	3 (9.09%)	1 (3.03%)	0 (0)	0 (0)	3 (9.09%)
第三	0 (0)	0 (0)	5 (15.15%)	0 (0)	3 (9.09%)	3 (9.09%)	11 (33.33%)	6 (18.18%)	1 (3.03%)	1 (3.03%)	0 (0)	3 (9.09%)

注：表格中数据表示在33份回收的问卷调查中认为用人单位最看重的前三项的问卷数量，括号内是对应的问卷数占33份总问卷数比例。

三、改进专业硕士教育的意见和建议

1. 修订和完善培养方案

专业硕士培养方案大多存在一些不足：学术型课程设置较多，专业型课程设置偏少；课程学习时间较多，模拟训练、案例教学、实践实训时间不足；专业理论知识学习模块设置内容较多，职业素质、职业技能拓展模块明显不足，专业学位培养方案的特点和特色体现不充分。培养单位要主动对接行业主管部门、行业机构，充分听取用人单位的意见和建议，及时修改专业学位硕士研究生培养方案，细化课程模块和培养环节，强化专业特色，突出专业学位教育特点，增加实践实训、模拟、案例教学、素质拓展等环节、内容。邀请行业专家、行业公司高管参加方案论证，进一步明晰各课程教学和环节的目的、目标指向，最终形成科学、系统、有特色、可操作性强的培养方案，为进一步提高专业硕士研究生培养质量奠定基础，体现培养单位主动进行"供给侧"改革的决心和意愿。

2. 加强师资队伍建设，提高专业能力和水平

任课教师认真传授知识，帮助学生掌握专业理论知识，提高专业理论水平，相对来说，传授学习方法、研究方法、专业技能则显得不足。培养学生的问题导向意识、发现问题的能力和解决问题的技能需要融进课程学习，课程教学不仅传授知识，还应该传授方法、技能。导师应主动适应专业硕士教育的特点和要求，改革、改进指导方式、方法，努力提升专业能力及水平，切实履行导师"第一责任人"职责，既指导学位论文，又指导职业发展，全程指导，全面指导，全心指导。发挥专业学位"双导师制"的优势，建立校内导师与校外实践导师定期交流机制，利用校外实践导师的专业、实践优势，帮助校内导师熟悉行业情况、发展动态和研究需要，促使校内导师华丽转身。专业课程任课教师要主动学习运用专业学位教学方式、方法，开展案例教学、模拟教学、实践实训，延伸、拓宽课堂教学。稳定、提高专业学位教育师资队伍，采取引进、进修、培养、外聘等多种方式，建成一支专业理论素质较高、有专业技能水平、适应专业学位教学需要的师资队伍。

3. 加强校外实践导师管理，积极为校外导师提供便利的工作条件，充分发挥校外资源的有力补充作用

校外实践导师制是专业学位研究生培养的重要组成部分，培养单位应当聘请一支数量充足、水平较高的行业专家、行业公司高管担任校外实践导师，组建校外实践导师工作领导小组，尽快建立规范、有效的工作机制，形成可行的工作方案和顺畅的沟通渠道，在不影响校外实践导师本职工作的前提下，激发他们的热情，调动他们的积极性，激励他们乐于指导。实践基地建设不光要挂牌，更要有实质性的合作，建立合作机制，制订合作计划，推出合作项目，开展实践活动，真正让学生进入实践基地，进入专业实践，使学生成为学校与实践基地有效连接的纽带，最终实现学生、学校和实践基地全面获得收益。

4. 加强研究生思想政治教育工作，提升综合素质

培养单位不仅需要培养智商，还需要培养情商、胆商，需要指导学生做好职业发展规划，全方位做好就业准备，处理好就业与职业发展的关系。培养单位应当将研究生心理健康统一纳入管理，建立研究生心理健康档案，加强对研究生心理健康辅导。研究生团学组织应当针对研究生开展有特色的团学活动，开展团队训练营、领导力培养、社交与礼仪、沟通技能等素质拓展活动，开展学术节、辩论赛、社会公益、案例调查等实践活动，通过组织、参与活动提升素质，锻炼能力，磨砺品格，培养气质。

参考文献

[1] 王玲：《我国全日制专业硕士教育质量保障机制构想》，载于《学位与研究生教育》2012 年第 12 期。

关于税务专业硕士研究生培养的思考

——基于非税收学专业背景生源

赵丽萍

一、引言

大力发展专业学位研究生教育，培养高层次、应用型专门人才，是当前学位与研究生教育改革与发展的一个重要任务，标志着我国学位与研究生教育发展轨迹的历史性调整，税务硕士专业学位英文名称为"Master of Taxation"，简称税务专业硕士，主要面向税务机关、企业、中介机构及司法部门等相关职业，培养具有解决实际涉税问题能力的专门人才。税收学专业研究生分学术硕士和专业硕士两种，经在本校调查，笔者发现当前有很多本科非税收学专业的学生报考了税务学硕士研究生并被录取，尤其是税务专硕，这些学生在大学本科所修的专业有农林、法律、数学、计算机等，例如，本校 2015 年所录取的税务专业硕士中，有将近 50% 的学生大学本科不是税务学的。

对于非税收学专业背景学生，他们要和税收学专业背景学生一起学习，在执行学校的硕士研究生培养计划中，这些学生是否存在什么问题，原因是什么，导师应该如何指导他们，最终以达到硕士研究生的培养目标。这些问题直接关系到硕士研究生的培养质量，很值得我们去研究与思考。

二、税收学专业硕士研究生的培养现状

本文以广东财经大学为例，从培养目标来看，无论是税务学术硕士还是税务专业硕士，都是要培养税务、财务管理、审计等各行业的高级专业人才，这些高级人才或从事税收学专业的应用工作，或从事研究教学工作。税务硕士需要能从事国际税务、税务筹划等高层次应用工作；基于证券、基金业务，需要

研究生能从事证券分析师、经纪人、财务分析师、纳税筹划等工作；基于金融业务，需要研究生能从事金融机构及监管部门的工作；基于市场经济的发展，需要研究生能从事管理咨询、税务咨询、司法税务鉴定、税务师事务所等工作，还需要研究生能从事首席财务官（CFO）、首席风险官（CRO）等工作。

三、非税收学专业背景研究生培养易出现的问题

1. 选课比较盲目

现在高校对研究生的培养采取学分制，规定课程学习总学分，学分包含必修课、专业选修课以及任意选修课，而在选修课上，学校培养计划设计了很多课程供学生根据自己的实际情况选择，此时，对非税收学专业背景来源的学生就会在选取选修课时比较盲目，不知道该选什么课程学习，也不能根据学科群选择有关联度的课程来学习。

2. 对个人未来的发展规划不是很清楚

研究生毕业后自己将从事什么样的工作，很多非税收学专业背景生源研究生不清楚，也没有任何规划与设计，只是说将来能找到什么工作就干什么工作。当然，外界环境因素对将来学生所从事什么工作的影响需要考虑，但是如果没有未来工作规划，研究生阶段的学习和学术研究就没有目的性。

3. 需要补修大学课程

在研究生阶段，税收学专业学生应当展开更深入的税收知识学习和研究。但对于本科是非税收学专业的学生来说，他们的税收学基础较弱，甚至只是在研究生复试时为参加考试而学习了税务学内容，对知识的理解不够深入。因此，非税收学专业背景、生源学生需要在研究生阶段花费大量时间来补习税收学本科基础课程，导致深入学习研究生阶段知识的时间被侵占，阻碍了学生的发展进程。

4. 上课听不懂课程

研究生阶段的培养计划中，列示出的课程，如税务理论研究、财务理论研究、筹划理论研究，这些课程的学习需要学生有一定的基础。教师往往想在思路上、理论上给学生一个完美的框架，让学生掌握各个方向的方法论，但由于非税收学专业背景学生基础不够，教师想引领学生达到一定境界的目的就难以实现。

5. 学术研究开展不起来

很多硕士研究生导师的课题想请研究生参加，通过课题的研究，教学生方法论，而在课题的研究过程中，需要学生有发现、有探索、有创新，而非税收学专业背景学生往往表现出不会做的状态，教师指导的难度很大。

四、非税收学专业背景研究生硕士阶段出现问题的原因分析

1. 缺少深入的课程学习

税务专业本科阶段的课程学习一般包括税法、税收筹划、纳税检查、税收史等，这些课程为学生了解税务专业的知识搭建了系统框架，而非税收学专业学生只是为了应试学习了一些初级的专业知识，对整个税务专业的体系还不是很清楚。课程学习中缺少更深知识的课程，所以在研究生阶段的课程学习中有听不懂的情况。

2. 缺少实验课程

以广东财经大学为例，税收学专业大学四年会有两次小学期实习，专门安排 ERP 实验课程，模拟企业实际，让学生实验实践专业，在大学最后一个学年还会安排学生社会实践，到实习单位至少实习 3 个月，所以，税收学专业学生基本了解税务实务的基本内容，了解税务专业的工作内容。而非税收学专业生源学生由于在大学阶段没有参加过这些实验课程，所以很难对税务实务有很直接、很深入的理解，导致无法找到一个感兴趣的方向。

3. 缺少案例的教学

税收学专业本科在教授各科各门课程时，很多课程的教学中会引入案例，通过案例，可以让学生理解税务实操过程，理解税务的技术与方法。而非税收学专业背景生源学生没有接触碰这些案例教学的内容与教学过程，导致对税务专业定位不是很准确，以致很难规划未来，很难在税收学专业的研究中发现问题、解决问题，缺乏探索研究的实力。

4. 非税收学专业学生没有参加税务思维训练

非税收学专业学生大学本科阶段没有税务专业技能，而税收学专业本科生都会组织很多课外的活动，如大学生税务知识大赛、税法宣传、德勤税务精英大赛、大学生税务学辩论赛，还会组织很多讲座。因为非税收学专业学生没有参加过这些活动，视野还是比较闭塞的，以致挖掘税务专业领域问题的能力不

是很高。

五、研究生导师对硕士研究生培养的策略研究

1. 导师在学生入学之初就要详细了解学生

研究生入学后，导师一定要通过各种手段了解学生，例如通过调阅档案资料、沟通、专业讨论等方式。同时导师要了解学生的专业，很多专业是导师不精通的，导师要对这些专业的培养目标、课程安排、培养过程进行多方面的了解；另外还要对学生个体进行深入了解，例如感兴趣的专业、专业知识技能的掌握程度、是否参加过税务辅修的学习等。了解这些，是为了寻求快速推进学生达到税务硕士培养目标的途径。

2. 指导学生做好学习、研究规划

由于非税收学专业背景学生对专业了解不深入，没有系统性，所以往往对自己的研究生规划很模糊或者不是很合理，并不知道研究生阶段学习结束后自己能达到一个什么样的状态。所以导师在学生初入师门，就要帮助学生做好研究生学习规划，重点做 1~4 学期规划，因为这段时间导师能充分引导学生。例如，通过讲解专业，引导学生结合自己的专业找到自己感兴趣的方向，设计学习哪个系列的课程，引导学生发现自己感兴趣的研究方向，并为学生推荐需要课外阅读的书。

3. 导师在学生入学之初，建议学生强化专业知识与技能

随着网络技术的发展，网络上已经有了网络公开课程及很多电子资源，导师在学生入学之初，可以推荐学生通过这些网络课程强化专业知识与技能，不一定按部就班跟着本科生的课程上。这样非税收学专业学生可以根据自己的实际情况进行学习，能够节约一定的时间，以留下学习研究生阶段知识的时间与精力。

4. 导师邀请学生参加自己项目的研究

侧重在项目研究中教学生掌握税务专业的研究方法，大胆启用这些学生，给学生更加细致的指导，手把手教学生如何发现问题、解决问题，从而比较直接地教学生掌握税务专业的研究能力。

六、税务专业硕士培养模式创新的建议

从高校教育与社会实践的时滞角度来看，高校的税务专业硕士教育唯有具

备一定的前瞻性，才能培养出符合税收实践的高层次涉税人才。因此，当前迫切要做的就是立足我国税收实践的现实环境，设想未来税收实践的变动情况，努力架构以实践为导向的税务专业硕士发展蓝图，着力培养的税务专业硕士人才的专业能力、素质能力与应变能力。

1. 培养观念的转变

由于当前税务专业硕士教育还存在着种种困难，例如，培养规模有限、培养时间尚短且普遍存在的"重科研、轻实践"的倾向，因此，税务专业硕士的培养价值与重要性还是没有得到应有的肯定。为此，首先，必充分肯定税务专硕的培养价值，树立高层次应用型专门人才的质量观，提高社会各界、教师队伍、管理者与学生对专业硕士的认识。其次，需要政府和相关协会高屋建瓴地制定 税务专业硕士 教育规划，并通过大众媒介平台，如报纸、期刊、电视、广播、网络等，使高校管理者、教师群体和学生清楚地认识什么是税务专业硕士，它与传统财政学科学硕士有什么区别，发展方向与适宜人群分别是什么等基本问题，借此提高税务专业硕士培养的社会关注度，为学生入读及未来就业做好铺垫。最后，需要高校重视并推广本校的全日制专业硕士学位（含税务专业硕士教育），让相关教师与管理者重视税务专业硕士教育，并设定有针对性的教学、指导与管理方式。

2. 课程体系设计改革

税务硕士设置的专业培养方向基本上可以按照期望的工作职位分类，如服务企业、社会的相关税务工作和进入公务员系统从事相关的税务管理工作。教学方法由校内课题教学和校外实践两部分组成。包括课堂讲授、案例研讨、计算机模拟实验、社会调研、对口单位实习、参加学术会议、境外交流等。笔者认为，税务专硕的校外实践课时和比重应当予以增加，借此更好地将理论融入实践当中，如果能创造条件采用体验式教学，让学员挂职锻炼，更有利于培养学员的实际能力。课程安排和考核方面上，主要通过必修加选修的方式，或者大致分为公共课、必修课（核心课）和选修课（方向课）等。笔者认为增加更有针对性的研讨课、实践性的课程越来越有必要。

七、税务专业硕士培养目标的差异化

一方面，在培养税务专业硕士人才方案中，综合类大学和财经类高校目标定位差异较大，同一类型但不同层次学校的培养目标也有所不同。例如，复旦、人大等综合性大学具有丰厚的学术底蕴，在教学质量、科研实力方面优势明显，尤其是在人才培养方面注重国际化，着力培养理论基础扎实、综合能力较强、人文修养底蕴深厚的复合型人才；例如上财、西财、中财、东财等全国重点财经类高校是培养应用型高级人才的主要基地，着力培养出高素质、动手能力强、适应性广的实践型人才；而广东财经大学以广东省及华南地区的实际需求为落脚点，结合已有的学科特色，培养实践能力强、适应性广的、偏向实践的高层次复合型税务人才。

另一方面，区域内税务专业硕士培养单位之间的竞争将日趋激烈。而各培养单位的税务专业硕士竞争力除了受招收的生源质量影响外，主要取决于培养单位办学条件的优劣和管理水平的高低。这主要包括：培养单位师资力量、办学基础设施、政策激励以及内部管理体制和水平、培养单位对外争取的资源，以及培养机制的创新和形成持续强势的核心竞争力。但从现有的完成目标所需的软硬件来看，课程设置、实践教学、师资力量配备等方面尚不完善，短期来看是不可能实现上述培养目标的。尤其是在培养机制方面，受传统科学硕士培养"重科研、轻实践"观念的影响，有的学校仍旧要求学生注重理论学习，表现在大量的课堂教学中，理论知识的传授过多，缺乏相应的实践教学和案例教学等；有的学校恰恰走进了误区，忽视理论教学，单纯强调实践，导致学生往往学会了"是什么"，而不知道"为什么"，一旦有环境和条件变化，就无所适从，缺乏理论指导的实践的弊端便显现出来了。所以，税收学专业硕士研究生是培养税收学专业的高级应用及研究人才的，其实，除了积累知识以及技能之外，更重要的是培养不断学习的技能以及创新研究的技能。

综上所述，对于非税收学专业背景的学生，他们入学后，专业知识与技能的短缺致使其出现进步慢的问题，但是只要导师抓住关键，在学生初入师门时就从做好研究生阶段学习规划开始，细致地指导学生完成学制内的学习和研究工作，最终将学生培养成高级的税务专业应用人才以及研究人才。

参考文献

[1] 胡冰玉：《中美专业学位硕士研究生教育比较研究》，华南理工大学，

2011 年。

[2] 毛道根：《海关院校税务硕士专业学位研究生培养模式优化探索——以上海海关学院为例》，载于《才智》2014 年第 30 期。

[3] 唐登山：《信息技术、知识整合、教学行为——论武汉大学税务专业硕士生实验操作能力培养研究》，载于《湖北经济学院学报》（人文社会科学版）2015 年第 7 期。

[4] 杨杨：《税务专业硕士学位教育问题探析》，载于《考试周刊》2012 年第 92 期。

[5] 杨晓蕾：《专业硕士学位研究生培养管理的几点思考》，载于《考试周刊》2011 年第 45 期。

以仿真实践教学为契机，提升税务硕士的职业素养

——以广东财经大学校内仿真实习为例

方莉君

　　良好的职业道德、积极的职业心态、正确的职业价值观，是一名成功职业人必须具备的核心素养；掌握过硬的专业理论知识，能综合运用所学的理论知识分析宏观经济现象，善于运用税务专业知识开展微观经济管理是职业人做好本职工作的基本前提；具有宏观视野、全面系统地思考、细心谨慎地工作、善于思考、不断学习提升是每一名职业税务人必备的职业行为习惯。围绕我校税务硕士职业素养培养目标，依托国家级精品实验教学课程《企业综合仿真运作》，设计税务专业硕士研究生仿真实践教学课程，提升税务硕士的职业素养，打造税务专业学位研究生教育的特色优势和亮点。

一、构建校内仿真实践教学平台，提升税务硕士职业素养

　　实践教学环节是全日制专业硕士培养重要内容，是形成税务硕士职业素养的重要途径之一。广东财经大学税务硕士实践教学的主要形式有社会调查、行业调研、校内仿真综合实习和校外实习等。校内仿真综合实习是最大型、最全面的实践教学平台，也是税务硕士职业素养锻炼的主战场。

　　税务专业硕士校内仿真实践教学平台是由来自财税、会计、工商、金融等数十个专业的近百名专业教师、近 3000 名学生，组建近 400 家仿真公司（机构），构建仿真经济社会。在仿真市场经济运行过程中，来自不同专业的教师和学生分别扮演不同的经济管理者角色。模拟管理和经营者制订宏观经济政策、参与微观实体的经营决策管理，以决策者、经营者、实践者、学习者的身份参与经济管理。实验教学课程整合知识、能力、素质三大要素，以学生为主体，教师为主导，理论学习与实践学习相结合，税务专业知识与跨界学科知识

相链接，第二、三课堂与第一课堂相配合的多维教学平台。教学平台以开发、增强税务硕士的实践能力，培养税务硕士的专业素养为目标，运用现代信息网络技术，整合课程单项型实验、课程综合型实验、专业综合型实验、跨专业综合型实验分类模式，在校内搭建起各经管类专业交叉互动、立体化、网络状的实验实践教学平台。

仿真社会由 A、B、C、D、E、F、G、H 共 8 个国家组成。每个仿真国家有两个区域市场。以 A 国为例，A 国有两个区域市场，每个区域市场有 8 家相互竞争的生产制造公司（电子行业）。仿真国家 A 国还有 12 家商业公司（4 家向生产制造公司提供原材料和设备的供应商、8 家分属三个不同区域市场的购买生产制造公司产品的客户公司）、1 家第三方物流公司。企业运作仿真综合实习围绕着 8 家相互竞争的生产制造公司（电子行业）生产经营活动展开。

为保证仿真企业有序经营，协调不同经济主体的利益关系，规范仿真市场竞争环境，提供企业经营所需的信息、资金、人才、物资等，A 国还设有工商行政管理部门、税务部门、人才交流服务中心、综合信息中心、银行、租赁公司、认证中心、税务师事务所、会计师事务所、律师事务所等部门或公司。A 国（流通货币：人民币）和 B 国（流通货币：美元）间有商品进出口业务。

A 国的仿真虚拟社会结构如图 1 所示。

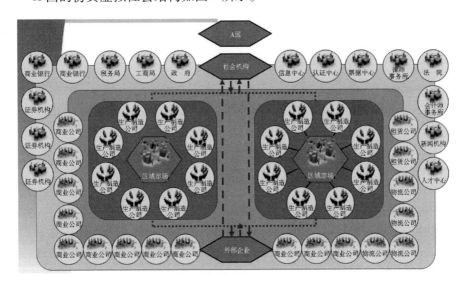

图 1　仿真虚拟社会（A 国）结构

二、税务硕士在仿真实践教学平台的角色扮演和职业素养训练

税务硕士以"税务总局政策研究室调研员"的身份参与平台的学习，参与税收政策制定、税收征收管理、生产制造企业纳税评估、税务稽查等经济管理和决策工作，把握市场经济活动和企业经营活动的主要规律，运用经济杠杆调节仿真社会的宏观经济运行。

● 仿真实习第八年

主要角色 国家税务总局驻企业、基层税务局、税务师事务所的调研专员

主要任务 （1）了解仿真市场的运行机制；（2）分析仿真市场的涉税业务；（3）参与微观经济实体的经营决策和管理工作，进一步学习企业、税务机关、税务中介的涉税实务；（4）为政策运行分析、企业涉税管理分析、基层税务机关工作分析收集宏观经济运行、微观经营管理的各种信息。

职业素养训练 税务硕士具备的职业道德，参与到仿真管理工作中；在仿真微观实体高强度工作，要求税务硕士具有其良好的职业心态，培养税务硕士正确的职业观；在基层锻炼的过程中，税务硕士不仅要熟悉微观经济管理的实务，具备扎实巩固的专业知识，还要细心思考、谨慎工作的职业习惯，且要学习沟通的技巧、锻炼办事能力；在经济管理信息收集过程中，应以宏观的视野，分析政策运行、经济管理中存在的问题。

● 仿真实习第九年

主要角色 国家税务总局政策研究室工作人员

主要任务 （1）进一步梳理或补充调研中获取的信息；（2）分析调研中发现的问题、分析宏观调控（税收政策）对仿真市场的影响、分析微观实体管理中存在的问题；（3）撰写调研报告：①宏观经济政策运行分析报告；②基层税务机关日常征管工作分析报告；③企业税务风险分析报告；④企业税收筹划报告。

职业素养训练 以宏观的视野，从纳税人、税务代理人、税务管理者、宏观政策制定者等多维角度，分析宏观经济运行的第一手数据，分析政策运行过程中存在的问题，思考解决的方法，并撰写调研报告、政策参考报告。税务硕士须进一步锻炼发现问题、分析问题和解决问题的能力。

三、税务硕士在仿真实践教学平台的职业知识技能锻炼

税务硕士在仿真实践教学平台中，不断提升自身职业知识技能，锻炼内容包括六个方面。

1. 制定仿真社会税收政策、设计仿真办税流程

税务专业硕士在研读仿真市场业务规则的前提下，分析仿真市场的特点，参与仿真税务局的税收政策制定工作。仿真税收政策既要保证仿真社会财政收入，又要有利于促进仿真社会经济发展；既要用于建立市场经济体系，又要促进现代企业制度的形成。仿真税务局可结合仿真市场实际，参照我国现行税收管理的各项办税流程，设计并公告仿真办税流程。期末提交仿真税收政策汇编、办税流程图。

2. 策划纳税辅导，参与税法宣传，提升纳税服务质量

为进一步方便纳税人办税、提高纳税人对税收法律法规的知晓度和遵从度，对税务机关的外在形象、业务流程、办税措施、税收政策等内容开展的宣传告知活动。税收宣传是纳税服务的范畴，仿真税务局通过广泛、全面、针对性、持久性的税收宣传，促使纳税人熟悉、了解税法所赋予的权利和义务，自觉提高税法遵从意识，使税收工作得到顺利开展。税务专业硕士策划并参与税法宣传工作，分析提升纳税服务质量的措施，期末提交税法宣传活动策划书、纳税服务质量评估及提升报告。

3. 开展税务管理，保证税款及时足额入库

税务管理是税务征管的基础环节，是税款征收的前提和防止税款流失的保证。税务管理包括办理税务登记、账簿凭证发票管理、审核纳税申报、税款征收、税源监控等工作。税务专业硕士参与税务管理工作，分析税务管理工作存在的问题，提出加强管理的措施，期末形成税务管理工作报告。

（1）税务登记。按照国家税收法规的规定，企业经营情况发生变化，应到仿真税务局办理变更税务登记。纳税人需如实填写"税务登记表"，并提供相关证件、资料，仿真税务局对报送表格、资料于一个月（仿真实习时间可能为 1~2 小时，具体时间由实习组织单位安排）审核完毕，为符合规定的企业办理变更税务登记。

（2）纳税申报。仿真企业主要采取企业自主的上门形式申报纳税。申报

周期以"年"为单位（实际工作中以"月"为申报周期），即一个经营年度纳税人申报一次，征收期为每年的第一季度。

办理纳税申报时，办税人员主要审核纳税人各税种纳税申报表填制的合理性和合法性，审核无误后为纳税人填开"税收缴款书"，申报业务结束。

鉴于仿真实习环境和仿真市场的特点，生产制造公司、会计师事务所、税务师事务所查账征收企业所得税。仿真税务局如无特殊规定，其他仿真实习单位核定征收企业所得税。如仿真税务机关无特殊规定，其他税种一律采取查账征收。

（3）缴纳税款。仿真市场的纳税人主要采取"纳税人直接向银行缴款"的方式缴纳税款。申报业务结束后，纳税人持仿真税务局填开的"税收缴款书"第二联和第三联到开户银行缴纳税款。银行在"税收缴款书"第二联盖章后作为"完税凭证"退还纳税人，第三联银行留存汇总并定期与税务机关对账。仿真税务局应定期与银行就税款的缴交情况进行对账。仿真实习期间，仿真税务局可推行税库银联网改革。

（4）发票管理。发票管理主要包括发票的印制、领购、使用、监督及违章处罚等。仿真实习的发票业务主要包括发票的领购、使用、监督及违章处罚。仿真市场主要有增值税专用发票和普通发票两种，不分面额，鉴于仿真实习条件所限，发票均为手工填写。

税务局建立纳税人的发票账簿，记录、管理、监督纳税人发票使用情况。按验旧领新的形式，发售发票。纳税人购买发票时，需填写书面申请表，并带齐以往发票使用的存根联，税务局工作人员依据相关规定，查验并收回存根联，作销核处理。无违章行为时可按规定发售相应数额的发票，并填写相关发票账簿。

仿真税务局定期进行增值税发票的发票联及抵扣联的稽核工作，保证纳税人开票及抵扣的真实性。税务专业硕士策划并参与第八年的发票大检查工作，提交发票大检查工作报告。

4. 开展行业评估和纳税检查

纳税评估是税务机关对纳税人履行纳税义务情况进行事中税务管理、提供纳税服务的方式之一。通过实施纳税评估发现征收管理过程中的不足，强化管理监控功能，体现服务型政府的文明思想，寓服务于管理之中。以帮助纳税人发现和纠正在履行纳税义务过程中出现的错漏，矫正纳税人的纳税意识和履行纳税义务的能力等方面具有十分重要的作用。税务专业硕士可针对仿真业务，对重点税源户开展行业评估工作，期末提交行业纳税评估报告。

仿真税务局依据税收政策、法规和财务会计制度规定，对纳税人、扣缴义务人履行纳税义务、扣缴税款义务真实情况的监督和审查。纳税检查是税收征收管理的重要环节，也是贯彻国家税收政策法规，严肃税收纪律，加强纳税监督，堵塞税收漏洞，纠正错漏，保证国家财政收入的一项必要措施。《征管法》规定，纳税人、扣缴义务人必须接受征收机关依法进行的纳税检查，如实反映情况，提供有关资料，不得拒绝、隐瞒。

仿真税务局的纳税检查工作主要分为纳税人自查、常规检查和专项检查三个环节。仿真税务局应对纳税检查结果以书面形式送达纳税人以及仿真税务局相关科室，如税政科、征管科、发票科，以备对异常情况进行处罚，期末形成纳税检查工作方案。

5. 税收统计、政策运行分析、参与宏观经济决策

仿真税务局应按年度进行税收统计工作。主要任务包括建立税收统计报表体系以及对税务统计结果进行分析，撰写分析报告。税收统计的主要内容包括税源统计、税收统计、税政统计和税负统计等。仿真税务局每年要向社会综合信息中心提供税收统计报表及分析报告。税务专业硕士根据税收统计信息分析税收政策执行情况。

6. 办理出口退税业务

出口退税是指对出口货物报关出口后，按一定的程序和手续，向税务机关申请退还或免征国内已征收（应征）的增值税和消费税的一种制度。

在仿真市场中，凡成功开发国际市场的制造企业即具备了出口商品的资格，且生产出口商品的制造企业即为出口企业。该类企业应及时向仿真税务局申请办理出口退（免）税登记业务。在发生出口业务（即与国际市场客户签订销售合同，且货物已报关离境）后，按年度（实际工作中是按月）填报退（免）税申报表及相关资料，向税务机关申请退（免）税。

税务硕士参与集中仿真实验教学 20 天，分散学习 22 天，共 42 天。通过短短的四十多天的高强度学习，课程旨在提升税务硕士的"职商"，培养用心敬业的职业精神、忠诚奉献的职业态度、正面乐观的职业情绪。促使学生向具有过硬职业知识，具有良好职业习惯的应用型高级人才目标迈进。

参考文献

[1] 曹洁、张小玲、武文洁：《对专业学位硕士研究生教育与培养模式的思考与探索》，载于《清华大学教育研究》2015 年第 1 期。

[2] 陈丽莎、武建文：《全日制专业学位硕士研究生教学环节和培养模式的思考》，载于《中国高教探索杂志》2010 年第 22 卷第 4 期。

[3] 姜岚：《专业硕士实践教学培养模式探索与思考》，载于《高教探索》2016 年第 3 期。

[4] 刘良惠、赵小宁：《企业运作仿真综合实习教程》，高等教育出版社2007 年版。

[5] 许亚琼：《职业素养概念办公室与特征分析》，载于《职教论坛》2010 年版。

[6] 许亚琼：《活动导向的职业素养培养研究》，华东师范大学，2010 年。

学术论文文献综述的撰写方法

周少君

学写综述，至少有以下好处：一是通过搜集文献资料，可进一步熟悉医学文献的查找方法和资料的积累方法；在查找的过程中同时也扩大了知识面；二是查找文献资料、写文献综述是临床科研选题及进行临床科研的第一步，因此学习文献综述的撰写也是为今后科研活动打基础的过程；三是通过综述的写作过程，能提高归纳、分析、综合能力，有利于独立工作能力和科研能力的提高；四是文献综述选题范围广，题目可大可小，可难可易，可根据自己的能力和兴趣自由选题。

文献综述与"读书报告""文献复习""研究进展"等有相似的地方，它们都是从某一方面的专题研究论文或报告中归纳出来的。但是，文献综述既不像"读书报告""文献复习"那样，单纯把一级文献客观地归纳报告，也不像"研究进展"那样只讲科学进程，其特点是"综""述"。"综"是要求对文献资料进行综合分析、归纳整理，使材料更精练明确、更有逻辑层次；"述"就是要求对综合整理后的文献进行比较专门的、全面的、深入的、系统的论述。总之，文献综述是作者对某一方面问题的历史背景、前人工作、争论焦点、研究现状和发展前景等内容进行评论的科学性论文。

写文献综述一般经过以下几个阶段，即：选题、搜集阅读文献资料、拟定提纲（包括归纳、整理、分析）和成文。

一、选题和搜集阅读文献

撰写文献综述通常出于某种需要，如为某学术会议的专题、从事某项科研、为某方面积累文献资料等，所以，文献综述的选题，作者一般是明确的，不像科研课题选题那么困难。文献综述选题范围广，题目可大可小，大到一个领域、一个学科，小到一种疾病、一个方法、一个理论，可根据自己的需要而定。初次撰写文献综述,特别是实习同学所选题目宜小些,这样查阅文献的数量相对较少,撰写时易于归纳整理,否则,题目选得过大,查阅文献花费的时间太多,影响实习,而且归纳整理困难,最后写出的综述大题小做或是文不对题。

选定题目后,则要围绕题目进行搜集与文题有关的文献。搜集文献的方法包括看专著、年鉴法、浏览法、滚雪球法、检索法等。搜集文献要求越全越好,因而最常用的方法是检索法。搜集好与文题有关的参考文献后,就要对这些参考文献进行阅读、归纳、整理,如何从这些文献中选出具有代表性、科学性和可靠性强的单篇研究文献十分重要,从某种意义上讲,所阅读和选择的文献质量的高低,直接影响文献综述的水平。因此在阅读文献时,要写好"读书笔记""读书心得"和做好"文献摘录卡片"。用自己的语言写下阅读时得到的启示、体会和想法,将文献的精髓摘录下来,不仅为撰写综述时提供有用的资料,而且对于训练自己的表达能力、阅读水平都有好处,特别是将文献整理成文献摘录卡片,对撰写综述极为有利。

二、格式与写法

文献综述的格式与一般研究性论文的格式有所不同。这是因为研究性的论文注重研究的方法和结果,特别是阳性结果,而文献综述要求向读者介绍与主题有关的详细资料、动态、进展、展望以及对以上方面的评述。因此,文献综述的格式相对多样,但总的来说,一般都包含四个部分,即:前言、主题、总结和参考文献。撰写文献综述时可按这四部分拟写提纲,再根据提纲进行撰写工作。

前言部分,主要是说明写作的目的,介绍有关的概念、定义以及综述的范围,扼要说明有关主题的现状或争论焦点,使读者对全文要叙述的问题有一个初步的轮廓。

主题部分,是综述的主体,其写法多样,没有固定的格式。可按年代顺序综述,也可按不同的问题进行综述,还可按不同的观点进行比较综述,不管用哪一种格式综述,都要将所搜集到的文献资料归纳、整理及分析比较,阐明有关主题的历史背景、现状和发展方向,以及对这些问题的评述,主题部分应特别注意代表性强、具有科学性和创造性的文献引用及评述。

总结部分，与研究性论文的小结有些类似，将全文主题进行扼要总结，对所综述的主题有研究的作者，最好能提出自己的见解。

参考文献虽然放在文末，却是文献综述的重要组成部分。因为它不仅表示对被引用文献作者的尊重及引用文献的依据，而且为读者深入探讨有关问题提供了文献查找线索。因此，应认真对待。参考文献的编排应条目清楚，查找方便，内容准确无误。关于参考文献的使用方法、录著项目及格式与研究论文相同，不再重复。

三、注意事项

由于文献综述的特点，致使它的写作既不同于"读书笔记""读书报告"，也不同于一般的科研论文。因此，在撰写文献综述时应注意以下几个问题。

（1）搜集文献应尽量全。掌握全面、大量的文献资料是写好综述的前提，否则，随便搜集一点资料就动手撰写是不可能写出好的综述的，甚至写出的文章根本不成为综述。

（2）注意引用文献的代表性、可靠性和科学性。在搜集到的文献中可能出现观点雷同，有的文献在可靠性及科学性方面存在着差异，因此在引用文献时应注意选用代表性、可靠性和科学性较好的文献。

（3）研究引用文献要忠实文献内容。由于文献综述有作者自己的评论分析，因此在撰写时应分清作者的观点和文献的内容，不能篡改文献的内容。

（4）参考文献不能省略。有的科研论文可以将参考文献省略，但文献综述绝对不能省略，而且应是文中引用过的，能反映主题全貌并且是作者直接阅读过的文献资料。

总之，一篇好的文献综述，应有较完整的文献资料，有评论分析，并能准确地反映主题内容。论文相同，不再重复。

四、文献综述特征

（1）一般字数控制在 4000 ~ 6000 字，8 ~ 15 页。

（2）以评述为主，不可罗列文献。

（3）基本格式通常包括题目、作者、摘要、关键词、前言、正文、结语和参考文献等几个部分。

（4）中文参考 15 ~ 20 篇，英文参考 20 篇左右，文献要新，50% ~ 80% 最好为 3 年内的文献。

（5）如果文献综述是为开题报告做准备，整篇文章建议为漏斗状结构，即"有什么研究进展，问题是什么，怎么找方向"。

五、按照文献综述的结构顺序分析常用句型

（1）内容。问题的历史、现状和发展动态，有关概念和定义，选择这一专题的目的和动机、应用价值和实践意义。

（2）正文。综述材料来源广泛，因此段落结构格式非常重要，举例如下；

第一句 第二句 第三句 第四句 第五句 第六句

主题句 陈述理论 1 研究支持 1 陈述理论 2 研究支持 2 略　主题句 研究支持 1 研究支持 2 研究支持 3 略 例外情况　研究意义 主题句 研究支持 1 说明理论 1 略 主题句

纵横结合式写法

写历史背景采用纵式写法，围绕某一专题，按时间先后顺序或专题本身发展层次，对其历史演变、目前状况、趋向预测作纵向描述。写目前状况采用横式写法，对某一专题在国际和国内的各个方面，如各派观点、各家之言、各种方法、各自成就等加以描述和比较。通过横向对比，既可以分辨出各种观点、见解、方法、成果的优劣利弊，又可以看出国际水平、国内水平和本单位水平，从而找到了差距。

（3）结语。一般为展望结构，如果是开题报告前的文献综述，需要把想做什么阐述清楚。

参考文献

[1] 黎莉、刘光洪：《学术论文写作规范综述》，载于《北方音乐》2010年第 12 期。

基于国外涉税英文文献阅读的税务专业硕士英语教学模式研究

付　菲

在现有基本双语教学模式中，沉浸型双语教学模式是最高级的模式，该模式的最大好处在于能够从教学一开始就直接全程运用英语进行教学，有利于培养英语的教学氛围，有利于学生尽快适应英语的教学环境，也有利于学生快速提高运用英语进行财政学专业学习的能力。对于专业硕士的专业英语教学有必要采取这种教学模式。这是因为专业硕士经过 4 年的本科英语教育以及全国研究生英语考试的筛选之后，入学硕士生的英语水平有了大幅度的提高，构成了该模式得以实施的基础。而要实施该教学模式，对于教材的选择就成为关键因素。笔者提出采用国外涉税英文文献作为税务专业硕士专业英语的教材之一的主张，并构建基于这一文献阅读的税务专业硕士英语教学模式的理论框架。

税务专业硕士专业英语的教学需要采用大量的国外涉税英文文献，因此加强对国外涉税英文文献的阅读就成为税硕教学的主要手段。国外涉税文献主要包括四大类。第一类是国外税制的英文原文文件。这类文件主要包括国外税法的原文文件、国外税收政策的原文文件，还包括国外政府为吸引国际投资者而出版的税务咨询文件等。第二类是国外英文期刊上发表的涉税学术论文。这类文献主要选择与税收相关的经济学学术论文，在期刊的选择上，以国外顶级经济学期刊为主。第三类是国外著名财经杂志上的财经类文章，例如，英国的《经济学人》杂志。当然在这一杂志中，税收英文文章较少，但有较多的财经类文章，也可以成为税务专业硕士的替代阅读文献。第四类是国际组织和研究机构关于国际税收方面的研究报告。例如，OECD 组织经常出版关于各国税收方面的研究报告。

对于第一类涉税英文文献，我们可以到各国政府税务主管部门网站下载相关的英文文件。在该类文献中，那些国外的税法文件和税收政策文件涉及较多的税务专业术语和法律政策专业术语，篇幅较长，阅读的难度也较大，因此不适合作为税务专业硕士的教材。而最容易得到且相对比较简单的是国外政府为吸引国际投资者而出版的税务咨询文件，该类文件具有较强的可读性，相对较为简单，适合税务专业硕士的英文教学。通过对该类文件的阅读，税务专业硕士可以快速掌握某国税制的基本面貌，初步学到税收专业英文术语，有利于提升其涉税英文文献的阅读水平。

对于第二类涉税英文文献，到国内各大学图书馆的英文文献电子数据库中可以方便地下载最新的涉税学术论文。在下载该类文献时，需要注意对文献的涉税主题、发表时间和期刊的权威性进行仔细的甄别与筛选。在英文学术论文涉税主题的选择时，主要应选择那些研究税收与宏观经济相关性的实证文献，有利于税务专业硕士从中学到研究相关问题的实证研究方法和思路，而不必关注国外税制、政策及理论的细节，当然有志成为国际税收问题专家者除外。在发表时间和期刊的权威性方面，应选择近五年来在英文权威学术期刊上发表的论文，其原因在于为了让税务专业硕士学生保持与国际税收主流学术界研究主题的同步性，以便于其以后能融入国际研究队伍，也有利于实现税务硕士培养的国际化。

对于第三类涉税英文文献，在几年前由于对国外知识产权的保护不到位，在网上可以免费下载英国著名财经杂志《经济学人》的文章和语音材料，笔者通过这一渠道得到了较多的相关方面的教学素材，可以将其用到税务硕士的教学之中。采用这类英文文献的好处就是既可以锻炼学生读写和翻译的能力，还可以锻炼其听的能力。但由于现在我国知识产权保护日趋规范，现在难以免费下载上述素材，这就制约了我们采用该类文献进行教学。

对于第四类涉税英文文献，这类英文文献属于国际公共品，到各国际组织网站可以很容易地免费下载，特别是要到一些国际经济合作组织和国际税务合作组织的网站上下载一些关于国际税务学术界关注的税务问题的研究报告。当然这一类报告往往长篇大论，少则十几页，多则长达上百页。但对于一个有30 名左右学生的税务专业硕士班来说，我们可以采用化整为零的方式进行教学，也就是规定每位学生阅读并翻译该研究报告的其中一页。

在上述四类英文文献收集齐全后，根据课时数和学生人数来安排阅读计划。我们可以以周或月为单位规定税务硕士生完成英文文献的阅读工作，这种阅读频度取决于硕士生的英文水平和学习的刻苦程度。在硕士生完成了英文阅读计划之后，还需要将其翻译成中文。并要求其用英文根据阅读和翻译中的所思所想写作与税收有关的文章，以锻炼其英文的写作能力。最后，还需要硕士生将其翻译的文稿和写作的文章制作成课件，可以安排 10~20 分钟的时间让其用英文向全班同学展示其翻译与写作的成果，以锻炼其英文演讲的能力，也就是说的能力。在其演讲完成之后，如果还有空余的时间，我们还可以要求其他税务硕士同学对其翻译和写作的文章进行评判及分析，学习其闪光点，指出其不足之处。当然，这一过程最理想的状态就是全部采用英文进行交流和分析，但这取决于学生的英文学习意愿与对话能力。

参考文献

［1］戴艳阳：《浅议专业英文文献阅读能力的培养》，载于《中国电力教育》2010 年第 28 期。

关于税务专硕《税务会计》课程教学的思考

周国良

一、《税务会计》的课程性质

从税务专硕专业教学培养计划的课程设置看，《税务会计》是其专业选修课；从课程本身的属性看，本质上是一门业务技能课，核心是企业涉税的会计业务处理；从课程具体内容看，既然是企业涉税的会计业务处理，那么首先应是税额的确认与计量，在税额确认计量的前提下进行会计的业务处理。税额的确认计量遵循的是税收法律条文规定，税额的会计处理遵循的是会计准则。因此《税务会计》是介于《税法》与《财务会计》的一门边缘学科或交叉学科，从该课程与《税法》《财务会计》的关系来看，《税法》所确认计量的税额是《税务会计》核算的对象，《财务会计》是《税务会计》的延伸或分离，是《税务会计》的基础。现在，国内外已经有越来越多的人承认，现代企业会计是以财务会计为核心，以税务会计和管理会计为两翼的企业会计体系。

二、《税务会计》教学目的及要求

通过案例式讨论教学，让学生全面了解及系统掌握主要税种的涉税会计处理，进一步加深对《税法》和《财务会计》课程内容的精细化理解，把握涉税会计业务处理的一般规则和特殊规则，提高综合业务应用分析能力和实践操作技能。本课程开设的前置条件是学生已经全面、系统地学习了《税法》《财务会计》等相关课程，开课时间宜放在研一第二学期。

三、《税务会计》教学计划及在教学实践中的执行

1. 总体课时安排与教学内容的妥善协调

从目前该课程教学时数在税务专硕的安排来看，教学周数为 18 周，每周

2 学时，共计 36 课时，考虑到平时还会不可避免地遇到法定节假日的冲击，最终实际能用于教学的课时也就不超过 32 课时，周数不超过 16 周。首先，这种安排在总体上是适宜的、合理的。但从《税务会计》教学内容来看，除第一章税务会计概论外，现行大大小小的税种共计 17 个；从《税务会计》教材内容编排的章节看，将 17 个税种基本上编排为 10 章，加上第一章税务会计概论，共 11 章。对主讲这门课程的老师来说，把 11 章的课程内容放在实际教学周数 16 周、教学时数 32 课时的空间去安排落实，需要在课程内容的设计上进行周密安排和灵活布局，在有限的教学时数内，贯彻落实本课程的基本内容框架体系和重点内容的释义解析。

2. 教学执行计划中教学内容设计的完整性与实际授课中教学内容取舍并存

每学期授课前，任课教师要设计并填写所授课程的"教学执行计划"，相关教学内容要具体到××周、需要占用多少学时，这是教学管理的必要之举，也是规范教学活动的应有之为。通过这个环节，可以让授课教师对所授课程的内容体系及框架结构有一个总体的把握和设计，进而在既定的教学周数与教学时数范围内做一个合理的布局。作为"教学执行计划"，毫无疑问应该反映本课程的完整内容体系和框架结构，这是不言而喻的，是必需的。但如何做到《税务会计》内容的庞杂性与"教学执行计划"内容完整性的相容，对主讲教师来说，具有很大挑战性。若本课程严格执行"教学执行计划"，在课堂上全面落实"教学执行计划"内容设计上的完整性，则势必导致教学过程的形式化和教学内容的空泛性，教学过程难以做到有重点、有难点、有深度，从教学效果看，学生获得的只能是该课程僵硬的骨干，无法获得有血有肉的灵动之精髓，远不能达到该课程所预想的教学目的和要求；若要做到教学过程的严谨性和局部教学内容的完整性，需要授课教师灵活贯彻落实教学执行计划。如何灵活？把课堂教学与学生自学相结合。这是研究生教育一贯倡导的，且在教学活动中也是这样做的，不是什么新创举。但问题是哪些内容放在课堂教学中，哪些内容应由学生自学，需要任课教师认真把握、合理设计与布局，即课堂教学内容要有取有舍，如何取舍？还与课程性质有关。

3. 课程性质的业务特征决定了有些教学内容、教学环节的不可跳跃性

该课程是业务技能课，其必然存在业务操作演进过程中的内在逻辑链条，授课中有些环节可以走马观花，有些环节则躲不开，需要按部就班，得一环一环往下走。最为典型的是增值税和企业所得税的会计处理，内容庞大，规定复杂，很多规定是课堂教学无法绕开的，得全面讲解分析。如增值税税额的确认计量及会计处理、增值税出口退税税额的确认计量及会计处理；企业所得税税额的确认计量及会计处理、所得税的纳税调整及会计处理；等等。这些在课堂教学中都不是三言两语就能概括的，也不是能绕开的内容。正是由于课程性质的业务性，决定了其相关教学内容逻辑链条的不可中断性，进而决定了其必要教学时数的予以保障性。通过 2016 年的初步教学体会，若让税务专硕生对这两个税的会计处理有一个基本认识和了解，仅增值税的会计处理需安排 5 周、10 个教学时数，企业所得税需安排 6 周、12 个教学时数。两税就需占用教学周数 11 周、教学时数 22 学时。如此一来，其他课程内容如何设计安排，课堂教学内容如何取舍至关重要。

四、《税务会计》课堂教学内容的取舍依据

《税务会计》课堂教学内容如何取舍，事关本课程基本教学目的与教学要求的实现，事关我们通过课堂教学，能不能为学生自学相关税种提供一个学习参考的模板和样本。依个人教学体会，课堂教学内容的取舍，应把握以下几个方面。

1.《税务会计》中的税务会计概论不能少

这部分内容是贯穿本课程的一条主线，是对该课程性质和内容的一个基本理论描述和概括，需简要介绍，是本课堂教学内容的首选，不能回避、不应省略。

2. 主体税种或主要税种的会计处理不能少

我国现行税种大大小小有 17 个，企业经营中普遍、大量存在的涉税会计处理，从税收大类上看无疑是流转税和所得税，从具体税种看有增值税、消费税、企业所得税、个人所得税等，相应的这些税种是我们《税务会计》课堂教学内容的必选。

3. 法律条文规定的流程及逻辑链条长的涉税会计处理

纵观我国现行税种，有些税种法律条文规定简单明了、内容直白、计算直接，不迂回、不复杂。但有些税种法律条文规定细致琐碎、内容庞杂、涉及环节多、规定的流程及逻辑链条长，税额确认计量需要考虑的规定点比较多。这些税种毫无疑问应纳入课堂教学内容中来。从这个视角来权衡《税务会计》

课堂教学内容的选取，主要是增值税和企业所得税。

4. 税额确认计量环节有一定难度的涉税会计处理。

一般而言，法律条文规定的流程及逻辑链条长的税种，其税额确认计量的难度也就比较大，二者呈正相关。因为规定冗长的税种，在计量过程中需要考虑的规定点就比较多、联系环节也多，相应的，计算程序也就较为复杂，且计量中容易出现各种规定之间的张冠李戴，出错的概率比较高。如增值税一般纳税人税额的确认计量、增值税出口退税的确认计量，企业所得税应纳税所得额的确定中会计利润的调增调减，等等。当然，也有个别税种，法律条文规定的流程及逻辑链条并不长，但税额确认计量相对有一定的难度，如土地增值税。因此，从税额确认计量有一定难度的视角看，《税务会计》课堂教学内容的选取应是增值税、企业所得税和土地增值税。

5. 具有涉外性质的特殊税种的会计处理

经济的全球化，促使国家间的贸易往来已趋常态化，在对外贸易往来中，如何体现国家主权和维护国家的经济利益，关税发挥着特殊作用。虽然从严格意义上说，关税属于国内税，但征收环节的特殊性决定了其具有涉外税的特征，其作用是其他国内税无法替代的。关税也应属于《税务会计》课堂教学内容不可或缺的一个环节。

综上所述，《税务会计》课堂教学内容的选取，主要应以《税务会计》教学内容的主线、增值税、消费税、关税、企业所得税、个人所得税和土地增值税的会计处理为主，其他税种的会计处理应以学生自学为主。这样的选择和安排与目前《税务会计》教学计划时数的安排是兼容的，也与《税务会计》教学目的及要求的实现是相契合的，同时也符合研究生教育一贯倡导的课堂教学与学生自学相结合的教育原则。

五、通过案例教学提高学生的涉税会计处理和业务操作技能

1. 选取经典案例

通过税务专硕《税务会计》课程的初步教学尝试，最深体会是学生对本课程案例教学的认可。涉税的会计处理包括两个环节：税额确认计量和会计处理。税额确认计量也就是《税法》课程中的税额计算，涉税的相关会计核算业务在《财务会计》课程中已有涉猎，这两门课学员在《税务会计》开设前

已经作为专业主干课进行了全面系统的学习，鉴于此，《税务会计》课程的课堂教学不必拘泥于具体内容条条框框的规定和解析，直接选取经典案例，直接和学员一起分析、交流、讨论案例。在案例的选取上应力求做到：（1）综合性。案例的选取不能只针对某一个税种，而是若干个税种的组合与搭配，在案例中体现多税种的格局，以提高学生综合应用所学专业知识和进行专业分析的能力。（2）重点性。在综合性的基础上，做到以某一个主要税种为重点、其他相关零星分散税种为非重点。即选取的案例内容主要应围绕重点税种来展开，即力求覆盖面，又要有重点，这样还可以做到课程内容与教学时数的有效协调。（3）全面性。在重点性的基础上，注重重点税种本身内容的全面性和覆盖面，力求在案例中反映重点税种的全貌，以加强学生对重点税种内容的进一步全面深化理解和掌握。（4）联系性。案例的选取要注重相关问题之间的内在逻辑联系，不能为了追求全面性，而只是不相干问题的简单拼凑，要寻求相关业务之间的内在联系，以加深学生对相关问题之间的联系性的认知和理解。

2. 以分析案例作为课堂教学的主要手段

为了提高课堂案例教学的有效性，案例内容应提前布置给学生，让学生做好课前准备。在随后的课堂讨论中，充分发挥他们在案例讨论中的主导作用，授课教师应做好讨论引导和最后的归纳总结，并针对某一具有代表性或典型性问题，进行相关知识点的梳理和解析。这有助于提高专硕生整体的业务技能，也有助于培养学生自己主动发现问题、分析问题、解决问题的综合能力。

3. 有些环节还应讲深、讲细、讲透

通过初步教学观察，专硕生在某些环节的专业主干课学习中，存在普遍程度的欠缺，主要表现在增值税出口退税和企业所得税中的纳税调整两个环节。特别是企业所得税调整部分，学员的基本状态是知道一些，但不深不透，甚至有的学员还似是而非。对此，应重点有针对性地进一步讲深讲透，并通过案例演示，让学员全面准确理解和掌握。

参考文献

[1] 罗先锋：《关于〈税务会计〉教学几个问题的探讨》，载于《职业教育研究》2006 年第 7 期。

学生教育

中国和越南高校德育课程实施方法的比较

董锦红

目前的国际背景是全球化的进程不断推进，各种文化、道德价值观在相互渗透、融合、冲突。全球化要求个人的道德素质更高，每一个国家都面临着一个新的课题：如何在吸收外来文化、接受外来道德价值观影响的同时，更好地保留本国优秀文化传统和道德价值观。这个问题给高校德育课程带来了更大的挑战。

所谓德育，就是为了培养和提高受教育者的思想政治素质而进行的教育。每一个时代、每一个国家都会通过不同的途径对受教育者的政治信念、政治观点和政治态度施加影响的教育活动。每一个学生都是国家的公民，每个人的成长都离不开本民族的传统思想、传统道德品质的影响。高校培养的学生要能适应现在社会的要求，既要有比较好的专业知识和技能，又要懂法、守法，还要有正确的世界观、人生观、价值观，归根到底是要培养一个有道德的学生。所以，各国高校都非常重视德育课程，通过各种载体和方法加以实施。

一、中越高校德育课程比较的背景

越南位于东南亚的中南半岛东端，地势狭长，南北长 1600 多公里，东西最宽处 600 公里，最窄处 50 公里。越南与中国唇齿相依，两国关系源远流长。在越南 2000 多年的可考历史中，从公元前 214 年至公元 968 年的 1000 余年间都是中国封建王朝直接治理下的属地。因此，在漫长的历史岁月中，中国传统文化和典章制度给越南以极大影响。在长达 2000 多年的历史岁月中，中国传统思想道德已经深深地扎根于越南社会的生活中，对越南的政治、经济和文化产生了深刻的影响，在越南的民族精神、政治思想、思维方式、文化教育、文学艺术、日常生活以及风俗习惯中，都处处体现着中国传统文化的思想影响。中国传统思想道德在越南存在的过程，也就是一个被接受、被吸收和被改造的过程。中国传统思想道德对越南的影响是复杂而深刻的。中国传统思想道德在越南的传播与整合，使越南形成了一种在内涵和形式上既属于儒家文化圈，又具有越南特色的传统道德文化。

中国和越南都是社会主义国家，都是以马克思主义为基础思想来建设、发展国家，所以在政治方面两国具有很多的共同点，而且都属于东方文化的国家，传统文化、思想观念有一些接近。中国的改革开放比越南早，发展速度比较快，物质文明与精神文明建设成果丰硕，提高了人民素质。从另一个方面来看，因为两国的历史文化不同，深层的文化是不一样的，传统行为习惯、思想方面也有所不同。综上所述，两国之间的高校德育有可比性，笔者将两国高校德育课程的实施方法进行比较分析。

二、中国德育课程的实施方法

中国现代德育课程可分为显性德育课程和隐性德育课程两大部分，而这两部分课程又包含有不同性质和类型的课程，正常情况下，任何一种显性德育课程都可以包含隐性意义的课程。中国高校德育课程的实施就是通过显性德育课程和隐性德育课程共同起作用的，包括显性课程和隐性课程两个层次及学科德育课程、活动德育课程、各学科中的隐性课程、学校物质环境和学校精神文化中的隐性课程五个方面。

1. 德育课程是对学生进行思想政治教育的主渠道

我国高校开设的马克思主义理论课、思想品德课，这些属于德育学科课程，具有计划性、正规性、显性、隐含性，也称为知识性德育课程，是任何专业的大学生都必修的德育公共课。通过这些课程帮助学生树立科学的世界观和方法论，确立正确的人生观和道德价值观，能正确理解无产阶级政党的路线、方针、政策，帮助学生增强法律意识、道德意识和社会责任感。但目前的学生对该种类型的德育课程普遍感到枯燥乏味，原因之一是教学内容不够新颖，二是教学方法多运用灌输法，所以不能够吸引学生。

2. 充分利用党团活动和第二、第三课堂对学生进行道德教育

大学生参加党团活动和第二课堂的积极性都很高，所以每所高校都通过对党团组织、学生会、学生社团等机构团体，积极引导和组织学生参加学校各种仪式、公益劳动、社会实践调查活动、文化艺术节、勤工助学等活动，此种形式的

德育活动具有正规性、计划性显性、隐含性、实践性，能够吸引学生积极参与。

（1）党组织活动。一是党组织的建设，通过党校、党章学习小组等形式对要求入党的学生进行共产主义思想和党基本知识教育，积极慎重地做好组织发展工作。二是抓好学生党支部的思想、组织和作风建设，使其真正成为学生的政治核心组织。抓实党员日常的政治理论学习，不断增强党性，带头做到德、智、体全面发展，起到共产党员的先锋模范带头作用。三是指导团组织开展各项活动，实施团组织建设，加强团的组织、思想建设，充分发挥共青团的突击作用，切实使团组织成为党的助手和后备军。

（2）第二、第三课堂活动。一是通过共青团、学生会、社团联合会等组织团体对学生进行基础文明建设，通过提倡开展文明宿舍评比、优良学风班、五四红旗团支部等活动，促进班风和校风的建设，引导学生注重文明修养，养成良好的行为和习惯。二是对大学生进行心理辅导。在高校大学生心理咨询中心的指导下，成立大学生心理促进会或心理互助小组等学生团体，协助心理咨询中心开展各种形式的心理健康教育活动。这些活动与其他德育活动互相促进、互为补充，解决了学生的各种心理问题，帮助学生心理健康成长。三是组织各种学术讲座、科研论坛、文化艺术节等活动，培养大学生参加科学研究的兴趣，引导大学生积极参加学院文化建设。四是组织大学生进行社会实践，利用寒暑假和课余时间组织学生开展各种各样的社会实践活动，是学生接触社会，了解国情，运用自己所学的知识为社会服务，了解社会主义建设的实际情况，培养学生吃苦耐劳、脚踏实地的精神。五是做好经济困难学生的勤工俭学工作，通过成立爱心援助基金、爱心互助会等方式，帮助经济困难学生解决实际问题，从经济上和思想上帮助他们，帮助经济困难学生自尊、自重、自强、自爱、自立的优良品质。

（3）实施以校园文化建设为载体的德育隐性课程。校园文化建设包括物质环境和精神文化两方面的内容。物质环境体现在建筑设计、班级教室设置及各种自然景观、人文物质观等因素对学生思想品德的隐性作用。例如，北京大学的未名湖、湖南大学的岳麓书院、武汉大学的樱花等。校园各种物质景观积淀着历史、传统、文化和社会的价值，蕴含着巨大的潜在教育意义，其直观性和超语言性潜移默化地影响着学生的价值观、态度和情感，它通过学生对各种物质景观的解读去领悟其丰富、深刻的内涵。

精神文化体现在两个层面。一是学校制度，可以解读为以制度形态为内容的隐性德育课程。它具体包括学校的组织结构，领导者治校的思想观念、方式，教学管理方式及其评价机制，学生工作教育、管理与服务的理念及一切活动的安排方式，规章制度的健全与合理性等。二是以文化、心理内容为特征的隐性德育课程，主要是指校风、学风、教风等人文氛围。学校中特定的人文氛围集中反映了校园的历史传统，精神风貌以及学校成员共同的目标追求、价值体系、道德情感和行为规范。

三、越南德育课程的实施方法

越南高校德育课程的设置在一般情况下都是公共必修课，没有设置德育选修科目。

1. 探索和构建具有越南特色的高校德育实施体系

（1）越南一直坚持号召和组织大学生进行榜样的学习，以对胡志明主席事迹学习为重点。因为从胡志明主席的个人角度来说，他是最伟大、最优秀的越南人，他结合了东西方文化的特色，将马列主义合理地运用到越南革命实际，他的才华、能力、高尚的道德品格始终是越南人的楷模。

（2）重视全面发展教育，要求学生既重视知识、技能的学习，更要重视做人。越南全国人民代表大会第八届会议既要求大学生全面发展、努力学习，在不断提高认识专业水平的过程中强调提高审美水平和体力，也要求学生训练养成基本的道德品质，具有健康的生活方式、文明的生活习惯，勤俭、忠实、仁义。

（3）越南德育的理论依据和现实依据主要是人格发展理论、越南传统特色、马克思主义化的胡志明主义。越南以马列主义道德原理为基础，把胡志明思想作为现代道德教育的基本方向，学习胡志明主席的道德品质。胡志明关于道德的要求包括：忠于国、孝于民；爱人，做一个有情有义的人；勤省廉政，至公无私；具有清白的国际精神。同时也要求大学生意识到在改革创新背景下，对运用和发展胡志明思想的问题及责任。

2. 越南高校政治教育课程与德育活动课程的实施

越南高校分别在大学生不同年级进行政治教育，全部都是公共必修课。一般从低年级到高年级的课程安排次序是：哲学、政治经济、社会科学主义、党史和胡志明思想。越南教育及培训部 2008 年 3 月 25 日下发的文件提出一个新点是"德育选修课的设立",鼓励各高校设立德育选修科目,学校组织建设课程计划,编写教科书并展开教学,但选修课的内容不许重复教育及培训部所颁发的组织理论科目的内容。

越南高校德育活动课程的实施通过党团组织开展各种活动。实施传统教育和革命理想教育相结合,由青年团和青年联合会一起倡导具有教育性的活动,开展了"青年保护祖国""青年立业"等品牌活动,体现了传统的道德与新的道德品质的交叉、互补。同时,学校也通过各种俱乐部开展团体活动,通过这些活动传授政治思想,深刻地感染学生,潜移默化地改变学生的思想、行为。

3. 越南高校德育课程的实施体现了学校、社会、家庭共同育人的目标

因为越南大学生的上课时间一般是一个早上或一个下午,晚上没有安排课程,所以学生的课余时间可以参加各种各样的志愿活动和社会实践活动。例如,越南河内国家大学在团工作总结中肯定了高校品牌活动"蓝色夏天志愿"的德育成效,认为该活动真正给学生一个训练的环境,体现生活实践和了解自己对共同体生活的责任,各个志愿战士所做的事情得到了社会、人民的认同,得到了地方领导与人民的高度评价。在高校开展这些活动的同时,得到了学生家庭的配合,帮助学生培养良好的生活习惯,在社会各层面设立了法律教育、环境保护等指导委员会,配合高校进行思想道德教育,取得了良好的教育效果。

四、中越高校德育课程实施方法的分析比较

中国和越南都是社会主义国家,社会各个方面的理论基础都服从马克思主义理论和社会主义思想,高校德育课程的实施是为了确保要达到共产党社会主义国家所确定的德育目标。中越两国都尽量保留、发扬自己的传统品德并融合、汲取、学习各国的优点。设法通过德育课程的实施,建设一个具有中国特色的社会主义国家,一个具有越南特色的社会主义国家。

1. 显性德育课程实施的差异

中国和越南高校都使用国家统一的德育教材,不同的是德育科目的设计。

中国高校的德育经过几十年的发展,已经摸索出一套科学、高效、可行的德育实施方法,显性课程科目的设计合理实际,教材的内容与时俱进,教育的手段丰富灵活。中国高校德育课程除了统一的教材以外,每所学校都编写自己的教学参考资料。另外,高校还设立了辅导员队伍,专门从事大学生的思想政

治教育工作，辅导员对学生的教育、管理、服务都是围绕着德育的内容展开，通过课堂授课及指导第二、第三课堂活动等形式对大学生施以道德教育。而越南高校显性德育课程的设置比较单一，政治教育的色彩更浓厚，直到 2008 年才推出德育选修课的设置，教材的编写比较缺乏。越南的高校虽然也有班主任负责处理学生的所有事情，但工作实施方法缺乏系统性和科学性，起不到德育引导作用。

2. 高校德育隐性课程实施的差异

中国高校比较注重德育隐性课程的实施。"学高为师，身正为范"是中国著名教育家陶行知先生的名句，现在这几句话已经成为国内许多师范院校的校训了。简短数字，概括出教师风范，"学高为师"是说教师必须业务精炼，知识面广，有高超的教学教育能力；"身正为范"是说教师是高尚人格的化身，教师的言行就是道德标准。由于中国改革开放三十多年取得了巨大的成就，中国高校在校园物质环境建设方面投入了更多的人力、物力，更好地促进了校园精神文化建设，使大学生在良好的德育氛围中健康成长。

越南高校在德育隐性课程方面缺乏开发，根据越南教育及培训部的统计数据，越南对教育和培训事业投资最近几年有很大的改变，改善了各所院校的物质环境和教学硬件。但由于受国家经济实力所限，越南在师资培养和校园建设方面还是比较落后，缺乏对大学生的有效引领，使学生的成长受限。

通过对中越高校德育方法的比较，发现越南高校德育方法还有很大的提升空间，可以借鉴中国多年的探索经验；中国也更应意识到高校德育的重要性，德育方法与德育内容应该与时俱进，加强全社会对高校德育的重视，为培养社会主义合格接班人而努力。

参考文献

[1] 陈力、刘华：《近现代越南教育的格局》，载于《宁波大学学报》（教育科学版）2010 年第 32 卷第 1 期。

[2] 宋文长：《越南教育社会化的现状及前瞻》，载于《东南亚纵横》2006 年 8 月。

[3] 赵康太、李英华：《中国传统思想道德与东南亚伦理》，中国社会科学出版社 2007 年版。

高校大学生诚信现状及诚信教育体系的构建研究

柳　阳

大学生作为民族的希望和未来，作为青年中富有朝气和创造力的优秀群体，其诚信状况将直接影响到我国整个社会诚信环境的构建。但是近年来随着意识形态的急速变化，大学生在学习、生活、求职等多方面都呈现出群体化的诚信缺失情况。长远来看对我国经济的正常发展、社会的和谐稳定都会造成恶劣影响。2004 年中共中央、国务院发布《关于进一步加强和改进大学生思想政治教育的意见》，指出部分大学生"诚信意识淡薄"已成为大学生思想政治教育面临的严峻挑战之一。因此，加强对大学生诚信问题的关注，建立一套系统完善的诚信教育体系对大学生、高校和整个社会的发展都有着至关重要的意义。

布什维和纳什（Bushway and Nash，1977）初次界定了现代意义的大学生诚信问题，斯威夫特（Swift，1998）通过调研证实了大学生活中有过欺骗行为的毕业生，在工作中也容易有不诚信的行为，杨（Young，2005）在此基础上指出互联网的普及使得大学生不诚信行为呈现递增趋势。国内学者也非常关注这一问题，李洪伟等（2012）从校内利益分配、个人期望、社会环境、网络环境和恋爱五个方面构建了大学生诚信的影响因素指标体系。通过结构方程模型（SEM）的检验，得出结论，认为个人期望能够促进大学生的诚信提升，而社会环境和恋爱则会使大学生诚信下降。网络环境的影响则相对来说比较间接。所有影响因素中，社会环境对诚信的影响最为重要。本文将基于已有的研究和在工作期间对学生诚信现状的了解，从高校大学生目前诚信缺失的类型入手，对各类诚信问题背后的原因进行分析，最后提出关于诚信教育体系建立方面的相关建议。

一、高校大学生的诚信现状

中学时期学生为了考大学，学习知识是学生们的首要任务。大部分学生在进入大学后才真正开始独立面对生活，他们突然拥有了很多自由的空间，可以自主决定学习内容，甚至可以决定是否要在大学学习，他们还需要处理更为复杂多样的人际关系和社会活动，这些都在不停考验着大学生尚不坚定的人生观、价值观和世界观，他们可能为了避重就轻、投机取巧而做出缺乏诚信的行为。具体包括：学习方面考试作弊、学术造假；经济方面拖欠学费、恶意欠贷；就业方面履历造假、任意毁约；生活方面坑蒙拐骗弄虚作假等。

1. 日常言行缺乏诚信，背信违约

有调查显示，未曾说过假话的学生不到10%，而且大部分没有说过谎的学生主要是幼儿和小学生，可见大学生能在日常保证诚信的比例很低。当代大学生通常认为如今生活中难免要说一下谎话，如果太诚实了，会被人取笑为"傻瓜"，不知变通，他们甚至不认为日常生活中的谎话是不对的行为。比较典型的例子是几乎所有高校的大学生都存在逃课后委托同学替签到的现象，甚至还衍生出了"代课"这一职业，只要付钱就有人替你去上课，既可以逃课又不会影响自己的平时考勤成绩，因此在高校中广受大学生的"欢迎"。可见，当代大学生对于日常生活中的说谎行为已经超出了一般的认知范围。

2. 考试诚信、学术诚信陷入危机

当代大学生的学校娱乐活动是丰富多彩的，大多数学生为了不让自己落后于其他人，盲目地参与各种社团活动，为此学习出现危机。直到期末考试，许多学生甚至没有上过几堂课，更没有复习的时间。为了不挂科或者得高分，就选择作弊的方式应对考试。一项对南京大学、南京师范大学、南京理工大学等7所高校5000名在校大学生进行的一次调查表明，近一成的被调查者承认自己在考试中经常作弊，另有59.5%的被调查者承认偶尔会作弊；而在即将到来的考试中，肯定不准备作弊的则只占58.1%。在回答作弊时的原因时，有35.7%的人选择"考差了没面子"，25.2%的人选择"题目不会时心慌"，21.0%的人选择"为了及格"。同时，在与作弊学生的交谈中，我们发现作弊者的心态由过去偷偷摸摸、害怕羞耻变得比较坦然，认为考试作弊并没有什么不光彩的，身边的同学都有过作弊的行为，只是自己比较倒霉，不幸被抓到了而已。而且，作弊手段不断出新，作弊工具变得现代化，由过去夹带"小抄"发展到"枪手"替考、利用手机传递试题答案等。在学术方面，由于互联网的普及给学生抄袭论文带来了极大的"便利"。无论是课堂作业、学年论文还是毕业论文，都可以从网上下载到类似主题的论文，稍加修改或根本不修改就可以应付了事。以至于很多学生虽然大学毕业了，但是对自己所学专业缺乏系统的了解和深入的思考。在进入职场后，他们也会习惯性地采用同样的方式来应付工作，给自己和社会都带来负面影响。

3. 就业诚信陷入危机

近几年来，经济形势下行和毕业人数的不断上升，使越来越多的应届毕业生面临着巨大的就业压力。为了毕业之后与更好的企业签订合约，找到一份更加满意的工作，有些学生在自己的毕业履历上可谓是"煞费苦心"，不仅是伪造学习成绩、学校评语和夸大事实的行为，更甚者有伪造证件证书、虚构实习经历和培训经历等的行为。但是当单位发现学生的这些行为后，因为学生违背了诚信原则，要求学生按照合同规定支付违约金时，大学生却不愿意缴纳违约金。造假就职履历和无故毁约的现象不仅反映了当代大学生诚信素养的缺失，而且严重影响了毕业生人才市场秩序的稳定。

二、高校大学生诚信缺失的形成原因

1. 大学生自身缺乏诚信意识

目前的在校大学生主要是"90后"，部分是独生子女，在家娇生惯养，对家长及学校的教育持逆反心理。他们的成长环境普遍较为自由，物质水平较为优越，在成长过程中受到的挫折和打击较少。因此，他们表现出的主要特征是思维活跃，容易接受新思想，但辨别能力不强，又不愿意吃苦受累，对社会上良莠不齐的现象难分真伪，易跟风从众和受他人影响等。进入大学阶段后，很容易出现随波逐流的现象。如果同宿舍或同班同学不上课，即使他们认为上课才是正确的，但是为了"合群"他们也会选择不上课。他们习惯了由父母和老师来安排，尚未建立起自主地为未来做长远考虑的意识。在博弈论中有一个重要的理论，人只有在循环博弈中才会重视自己的信誉，因为在不断的循环交易中缺乏诚信的人会受到惩罚而最终不得不退出市场。这意味着，没有长远考虑的人通常会选择欺诈的方式来获取单次博弈中的最大收益。大学生由于缺乏这种长远考虑的能力，又易于随波逐流，会轻易地放弃诚信来达到目的，直到在循环博弈中付出惨痛的代价才能意识到诚信的可贵。

2. 高校的教育方式生硬、教育内容单一

国内高校的诚信教育起步较晚。因此，目前的诚信教育方式和内容尚处于较初级阶段。在诚信教育的方式、方法上，重灌输轻引导；在诚信教育的手段和形式的选择上，又存在被动性和滞后性的缺陷；在诚信教育的内容上，一味强调应该做什么，而没有阐明不应该做的原因以及可能带来的后果。中国的教育本身就存在重知轻德的问题，在大学阶段如果不能够将"德"的部分补充完整，大学生很容易出现负面的"三观"。而对学生诚信等基本的道德评价则没有硬性的、可操作的量化指标，这也是大学校园频频发生违背诚信道德的一个原因。

3. 社会意识形态的功利化

近年来中国经济的发展是飞速的，与此同时也出现了某种程度的道德危机，表现为道德评价失范、价值取向紊乱、非道德主义泛滥、社会道德控制机制弱化和道德教育扭曲变形。社会上出现了浮躁心理、急功近利、拜金主义、功利主义等社会意识，对高校大学生产生了一定的消极影响，表现在某些大学生心理上的狂躁与骚动，学习不安心、做事无恒心，更表现在道德观中强烈的"功利主义"和"理想主义"，导致高校大学生在学习观上不务实，想走捷径，总想以最小付出获取最大回报。更为严重的是，当今社会道德认知普遍较低，无信并不可耻的心理大有人在，这意味着大学生缺乏诚信的行为可能不会受到社会道德的指责和教育。在这种社会心理背景下，大学生将自身缺乏诚信的心理和行为合理化、常规化甚至扩散化。

三、高校诚信教育体系的系统建设

为了提高大学生的诚信意识，需要在高校中建立其系统完善的诚信教育体系，用科学、合理的方式进行诚信教育，具体提出了以下几点建议。

1. 要营造诚信氛围，将诚信教育和思想政治教育紧密结合起来

当代大学生对一般日常生活中的诚信问题认知出现了危机，他们认为日常生活中的说谎行为仅仅是一般行为，不具备恶劣性。为了改变大学生的这种认知，应当将诚信思想教育渗透到大学生的日常生活中，营造诚信的氛围，使大学生重新审视自己的价值观，努力学习诚信做人。为了营造诚信氛围，针对大学生们的活动时间和空间，一方面可以借助于微信和微博等线上平台，宣传具有诚信这种正能量的文章或者事迹，引导大学生诚信做人；另一方面可以借助于思想道德修养课这一教学平台，将培养当代大学生的诚信思想融入课堂中，将诚信作为学生的一门必修课。通过设计与时俱进的教学内容，将社会经济发展与社会诚信紧密结合起来进行诚信教育的渗透，突出社会诚信的重要意义，使得学生从思想上建立起诚信的意识。让学生通过实践体会诚信缺失造成的社会危机更加具有现实意义，例如可以组织学生亲身参与社会诚信调查，了解当代大学生的诚信状况，通过分析诚信现状可以引发学生对不诚信现象的反思，进而提高学生的诚信觉悟。

2. 加强高校诚信的制度建设，完善有效的监督和管理机制

针对上述的大学生的考试诚信和学术诚信危机，加强高校的诚信制度建设，增加学生的违信成本，从根本上消除违信问题。加强高校的诚信制度建设，完善有效的监督和管理机制，可以从下面几方面考虑：首先，要针对每年的新生做好诚信教育，尤其重点放在考试诚信和学术诚信方面，并且将教育内容具体化，让学生认识到考试不仅是对知识能力的考核，也是对人格品质的测试，使学生树立科学的考试观，明确考试目的，让学生清楚地知道何为文本抄袭、何为考试作弊行为；其次，奖惩分明，对于诚信做得好的学生要及时给予表彰，对于不诚信的学生也要严厉的给予批评，从而在校园内营造一种人人守信的良好校风；最后，完善学校诚信教育监督机构和考核评价体系。

3. 将大学生的思想政治教育与社会长远发展建立紧密联系

大学生就业中随意的违约这种诚信缺失行为对大学生自身、高校学风校风建设以及国家和社会的长远发展都造成了严重的负面影响。因此，将大学生的思想政治教育放在整个国家和社会的层面去考量，重视其长远发展显得尤为重要。应当建立健全与法律法规相协调、与社会主义市场经济发展相吻合、与大学生成长成才需要相适应的操作性强、制约性强的信用制度，把诚信要求具体体现到各项规定之中。用制度规范引导大学生的学习、工作和生活，用制度巩固诚信成果、遏制失信行为，培养大学生的诚信品质，增强大学生的守信意识，树立守信为荣、失信可耻的道德观念。

参考文献

[1] 李洪伟、王炳成、陶敏：《大学生诚信的影响因素分析——基于结构方程模型的实证》，载于《管理评论》2012 年第 24 期。

[2] Bushway, A., Nash, W. R., "School Cheating Behavior", *Review of*

Educational Research, 1977, 47 (4): 623 –632.

[3] Swift, C. O. , S. Nonis, "When No One is Watching: Cheating Behaviors on Projects and Assignments", *Marketing Education Review*, 1998, 8 (1): 27 –36.

[4] Young, J. R. , "Professors Give Mixed Reviews of Internet's Educational Impact", *The Chronicle of Higher Education*, 2005, 51 (49): A32.

微信在高校辅导员就业指导工作中的运用研究

卢洁虹

据人力资源和社会保障部的数据显示，2016 年我国高校毕业生达 765 万人，比 2015 年增加了 16 万人。以高校毕业生为主的青年就业群体数量持续增加，对就业产生较大的压力。在当前严峻的就业形势下，加强对大学生的就业指导，使其有效了解和掌握求职信息，提高就业技能，是大学生就业成功的关键，也是高校辅导员工作的重要内容之一。

探索高校辅导员就业指导工作的新方式，拓宽就业指导服务渠道，事关高校毕业生更高质量就业与高校未来的长远发展。传统的就业指导方式存在着信息传送内容单一，缺乏多样性；课程讲授相对局限，缺乏连贯性；指导方式整齐划一，缺乏针对性等不足。随着信息技术的飞速发展，越来越多的信息传播工具不断涌现，以微信为代表的信息传播软件在方便人们生活与工作的同时，也为高校就业指导服务提供了新的途径。辅导员可以通过开通微信公众平台、建立微信群、与学生互为微信好友等方式，进行就业指导相关服务，发掘多样化的就业指导渠道，构建就业指导服务的网络信息平台，促进大学生更加充分与更高质量就业。

一、传统高校辅导员就业指导工作存在的不足

就业指导工作是高校辅导员日常学生教育管理工作的重要部分，是人才培养的前沿阵地。随着时代的发展，传统就业指导工作的不足日益凸显，主要表现在以下几个方面。

1. 信息传送内容单一，缺乏多样性

在就业信息的传送上，辅导员往往只是注重转发招聘信息、宣讲会和招聘会信息，却忽略了相关的法规、就业政策、就业程序与要求、简历制作与面试技巧等信息的宣传，信息传送内容单一，无法满足大学生多样化的实际需求。

2. 课程讲授相对局限，缺乏连贯性

开设就业指导课是辅导员传统的就业指导方式之一。通过讲授相关的就业知识，大学生的自我认知、就业技能有了一定的提升，但是这样的提升方式只对连续上课的学生产生教育成果，且其对学生的指导仅限于课堂，在时间和空间上存在着不连贯性。

3. 指导方式整齐划一，缺乏针对性

不同年级、不同专业的学生在不同阶段的关注点和需求有所不同，这就要求大学生就业指导的内容需要根据指导对象的特点进行个性化的设计。但是在就业指导信息的发布上，辅导员往往缺乏对指导对象细致的切合，忽视对就业指导信息进行科学分类与整理，没能为大学生准确、有效地发布各类信息，使得学生所获得的就业指导没有差异化，缺乏针对性。

二、微信的发展对辅导员做好就业指导工作的重要意义

据中国互联网信息中心 CNNIC 发布的第 37 次《中国互联网络发展状况统计报告》显示：截至 2015 年 12 月，中国手机网民规模达 6.2 亿，占比提升至90.1%，无线网络覆盖明显提升，网民 Wi – Fi 使用率达到 91.8%。我国网民以 10~39 岁年龄段为主要群体，比例达到 75.1%。其中，20~29 岁年龄段网民的比例为 29.9%，在整体网民中的占比最大。具体来看，2015 年新增加的网民群体中，学生群体的占比为 46.4%，这部分人群对互联网的使用目的主要是娱乐、沟通。可见，随着社会进步，科技发展，网络和手机已成为大学生日常生活的一部分。新媒体技术运用的普及化，使网络新媒介逐步成为大学生传播信息、彼此沟通和联系的主要工具，以微信为代表的终端软件不断影响大学生的信息获取、加工方式以及信息传播的范围。利用微信开展就业指导工作，是辅导员适应时代发展，提高工作效率的必然要求。与传统的就业指导方式相比，微信具有以下特点。

1. 多样性

微信以文字、声音、图片和视频等多媒体形式呈现，同时还可以实现超文本链接，无论是在内容还是形式上，都具有多样性。辅导员将微信引入大学生就业指导，有利于丰富就业指导工作的内容，创新就业指导工作的形式，改进就业指导工作的手段。微信为辅导员开展大学生职业生涯规划指导、就业案例

宣讲、就业心理咨询等提供了一个多样化的平台。

2. 便捷性

以其及时便捷性的特点，微信为宣传国家就业政策、就业法律法规、就业信息等畅通了渠道，使学校与辅导员、辅导员与学生、学生与用人单位、用人单位与学校及辅导员之间实现就业信息的快速传播，并保证信息的对称。通过微信移动终端，辅导员和大学生之间可以方便快捷地进行互动和交流，突破时间和空间的限制，随时随地发布、接收、搜索和转发相关的就业信息。

3. 针对性

作为一款基于智能手机平台的免费应用软件，微信可以实现点对点、点对面和面对面的就业信息传播、交流与互动。通过微信，辅导员可以为大学生个人提供个性化的就业信息发布、就业政策解读、就业技能培训、就业心理辅导等服务，也可以开通微信群，进行专题研讨，解决不同群体遇到的问题，这都体现了微信在大学生就业指导中的针对性。

三、高校辅导员运用微信开展就业指导工作的途径探索

就业指导方法选择的恰当与否，直接关系到高校毕业生的就业情况。传统的就业指导方式已无法满足当前的就业需求，在复杂多变的信息时代，高校辅导员可以利用微信，创新就业指导的方式方法，提高就业指导的效能。

1. 开通就业指导微信公众平台，开展"点对面"的就业指导

首先，开通就业指导微信公众平台，选拔学生干部，组建一支专门的团队进行平台的管理与维护。该团队可以归属于学院团委学生会的信息部门，也可以独立开来，成立学院或年级的微信团队。其次，要做好微信公众平台的宣传和推广。如何让更多大学生知道并且关注平台，对平台作用的发挥尤为重要。辅导员可以通过集中的班会、级会、学生干部会议、QQ群、网站、短信、宣传栏等多种方式进行宣传，提高平台的关注度和受众率。最后，根据不同年级学生的特点，推送个性化内容。推送专业介绍，帮助一年级学生认识所学专业，初步规划职业生涯；为二年级学生提供职业性格测试、职业兴趣测试和职业能力测试等，使学生有大致的职业方向；对三年级学生进行就业形势和政策教育，帮助学生明确职业定位；对毕业生开展应聘技能培训，推送招聘信息，宣传国家相关政策，帮助学生顺利就业。

2. 建立各类微信交流咨询群，开展"面对面"的就业指导

一方面，辅导员根据学生不同的兴趣和就业方向，建立相应的微信群，如备考公务员交流群、备考银行交流群、备考国企交流群等，为学生共享就业信息、交流应聘技巧、相互排忧解难提供平台。

另一方面，辅导员可以成立校友交流群，邀请优秀的毕业生进群，为在校生介绍求职经验，分享求职心得，以"过来人"的身份，讲授职业经历，在激发在校生的兴趣和上进心的同时，帮助他们提高求职技能。

3. 通过互为微信好友的方式，开展"点对点"的就业指导

一是通过添加微信好友的方式，解答个别学生在求职过程中遇到的问题，如就业方向的确定、就业城市的选择、应聘技巧的掌握和求职心理的调适等，在保护学生隐私的同时，以朋友的身份，了解学生的就业情况，提高就业指导的效率。

二是通过微信朋友圈，一方面，转发相关的就业政策、招聘信息和求职技巧，将有益的信息分享给学生；另一方面，通过关注学生的朋友圈，及时了解学生在求职过程中遇到的问题，掌握学生的心理动态，以便开展深度的就业指导。

参考文献

［1］崔旸、徐进航：《基于微信公众平台模式下的大学生就业指导问题研究》，载于《科技视界》2015 年第 31 期。

［2］蔡信海：《微时代下新媒体在高校就业工作中的应用问题及对策研究》，载于《科教导刊》（下旬）2015 年第 11 期。

［3］董研林、崔瑞锋、赵辙：《探求利用"微信"提升大学毕业生就业能力的有效途径》，载于《教育教学论坛》2014 年第 43 期。

［4］吴蓉蓉、王宁：《微信公众平台在毕业生就业促进中的价值分析》，载于《延安职业技术学院学报》2015 年第 2 期。

［5］中国互联网络信息中心：《第 37 次中国互联网络发展状况统计报告》，http://www.cnnic.net.cn/hlwfzyj/hlwxzbg/hlwtjbg/201601/t20160122_53271.htm。

新媒体视域下高校班集体建设的机遇和挑战

王宝莹

　　高校班集体是高校日常管理、教育以及学生生活、活动的重要媒介，它的发展对于大学生的成才起着极其重要的作用，所有的教学任务、教育方针都体现在了基层的班集体建设当中。我国新媒体技术在日新月异的长足发展，网络媒体的广泛应用，人们的学习方式、生活方式乃至价值观念都受到了一定的影响，并且潜移默化地改变着。据不完全统计，截至 2014 年 12月，中国网民规模达 6.49 亿，手机网民规模达 5.57 亿，手机上网使用率为85.8%。我国已经进入全新的新媒体时代，信息获取的方式便捷高效，信息传播的模式也在改变着人们的交际模式，从而消解着传统的集体观念，我国高校班集体建设遇到了前所未有的挑战。但事情有两面性，有挑战也有机遇，新媒体时代的开放性、互动性、及时性也极大地促进了新时期高校班集体建设的重大变革，因此如何利用新媒体时期的机遇加强高校班集体建设也是这个时代的一项重大课题。

一、新媒体时期高校班集体建设遇到的挑战

　　新媒体是指依托"数字技术、互联网络技术、移动通信技术等新技术向受众提供信息服务的新兴媒体，主要包括网络、手机、数字电视等"① 现如今越来越多的人正在受到这种新兴技术的影响，在生活中新媒体的作用也逐渐增大，特别是在高校大学生群体中，已经成为高校生活中不可或缺的一部分，大部分的学生已经对新媒体产生了依赖，而传统的媒体技术对于大学生的影响力也逐渐变弱。受此影响，学生获取信息的方式变化，思想价值观念以及人际相处模式也在改变，使得当代大学生思想活动的独立性、选择性、多变性、差异

---

① 屈艺：《新媒体时代高校网络文化建设研究》，载于《前沿》2012 年第 13 期。

性明显增强，大学生学习方式、生活方式乃至思想价值观念的多元化使高校班集体建设不断面临挑战。

1. 班集体概念弱化，班级凝聚力缺乏

随着新媒体技术在教育系统中的广泛应用，学生在线上活动的方式日渐增强，再加上完全学分制改革等教育理念的普及，传统的固定行政班集体上课的形态已经改变，大规模网络在线课程因其方式的新颖、便捷已经受到了高校学生的普遍欢迎。在这种情况下，学生可以进行自主选课、自主学习、自主安排自己的学习进度，同一班级在共同的课堂中学习的机会更加减少，班级成员聚在一起的机会也同时减少，大大削弱了学生对班级的认同感，对于班集体的概念也逐渐弱化。更需警惕的是，由于网络技术的发达，导致学生过于沉迷线上的交流或者某种虚构的世界而忽略了现实生活中交往的必要性，这种交际方式的改变不但加深了学生性格的孤僻，同时也使得学生的人际交往范围与班集体渐行渐远，班集体的概念也日渐模糊。众所周知，班级凝聚力是建立在班级活动的基础之上的，只有班级同学们的积极参与，日渐达成集体建设理念，有了共识才会形成一定的凝聚力。然而，新媒体时期比较松散的组织形态给集体活动带来了极大挑战，传统的班会等活动方式也被线上的即时通信所取代，集体活动常年不能开展，自然班集体的凝聚力和归属感也无法维系。

2. 班集体管理模式僵化，班集体建设者作用不明显

在班集体建设中，是否把学生当成班集体的主人，是否为每个成员创造了成功的机会，使他们找到自身的位置，看到自身价值，使他们的个性得以健康充分的发展，是衡量一个优秀班集体的最根本的标志。然而传统的班集体管理模式是建立在固定的班级、固定的群体基础之上的，然而在新的时代背景下，这种模式的目标日渐模糊，管理制度缺位，无法发挥学生的主体地位，民主程序在某种程度上不能得到使用，班级制度对于学生无法产生约束作用，制度容易流于形式。班集体建设的主导者主要是由辅导员、班级主任、班级干部为主体来发挥作用的。辅导员在日常的班集体建设中是具有重要引导作用的，但是现实中，辅导员因为工作复杂、管理学生过多、自身能力不足等问题，并没有做到应有的指导。班级主任则大部分是由年轻的专业课老师或者老教师以学业导师的方式来组成，但大部分老师由于同时承担了教学任务和科研任务，很难

集中精力到引导学生上面，普遍都是置之不理。而学生干部则是由班集体选举产生，是维系学生和老师以及学院之间的沟通桥梁，也是一个班集体最实际的服务者，但新媒体时期组织形态的混乱，也导致了学生干部的归属感不强烈，无法真正有效的投入到为班级服务中去。以上的班集体建设者还会存在不愿创新思维，固守传统理念的想法，缺少利用现代信息技术创新开展思想教育工作的意识和能力。

二、新媒体时期高校班集体建设的机遇

1. 有利于提高班级学生积极性，拓宽班级文化宣传途径

现如今，全国各高校逐渐重视新媒体技术在高校大学生教育管理工作中的重要作用，不断加强高校新媒体的建设和使用。正因如此，新媒体在高校日常管理中已经涵盖了大学生日常事务管理、心理健康教育、学生科技竞赛、校园体育生活等多个方面，极大地调动了大学生关注和参与的积极性。因为新媒体时期信息技术的开放性、便捷性极大迎合了"90后"学生群体的心理特点，学生可以通过新媒体进行班级活动形式的甄选和筛别，及时地了解到班集体的更多动态，与更多的班级同学进行互动，从而参与到班级建设中来。同时也可以将自己通过新媒体所学习的知识、经验反馈给班集体，增强班集体的凝聚力。通过调查了解，现在大学生普遍都开通了QQ群、微信、微博等通信方式，而且大部分同学花在上面的时间都占据了生活的大部分时间。所以，班集体可以利用这种方式，开通相关公众平台，发布班级通知、活动新闻等进一步展示和宣传班级文化，从而加强了班级成就感。

2. 有利于营造优良班级学风，改进班级建设方式

新媒体时期的班级学风是以先进的网络技术、方便快捷的信息渠道为基础的，信息资源高度共享并传播迅速，颠覆了传统教学的固有模式，增强了学生学习的自主性，开阔了学生的眼界，丰富了知识，激发了学习热情，从而也某种程度上促进了班级学风的进一步提升。新媒体的背景下，要求班集体建设的工作方式要适应实际要求，要更加科学有效地达到新时期下班集体建设的目标，符合大学生的根本实际。研究新时期下学生特点，找到班级集体建设的新规律，利用新媒体平台，改进工作方式，发挥大学生在班集体建设中的主要作用。

三、新媒体时期下班集体建设的相关对策

1. 转变观念，加强对学生的正确引导

新媒体时代，教育工作者应该摒弃以往守旧的传统观念，与时俱进，提升自身运用新媒体技术的能力。与学生同步，建立和谐媒体关系，注重规范化的引领。同时，利用新媒体技术，抓住新时期学生发展的规律、心理特点等，了解学生的真实需求、思想动态，正确的引导学生树立积极的人生观、价值观。学会用现代的媒体平台解决学生工作中的常见问题，比如可以以网友、微友的身份与学生进行平等的交流互动，通过网络平台了解学生的意见和需求，并及时地进行回馈和处理。也可以通过留言簿和调查问卷的方式获得一定数据，了解真实的思想情况，针对性的采取措施，解决学生的思想问题和实际问题。

2. 搭建网络平台，创新班集体建设活动

在新媒体的时代背景下，网络技术的不断提高，在增强 QQ 群、微信、微博等平台建设的同时，也要努力研发出更适合本学校实际情况的网络平台。例如，近几年在各高校广泛投入使用的易班网等新媒体平台。易班网是一个类似于微信的互联网综合社区，是最适合高校班集体建设的新媒体平台，它可以为班级成员开辟自己班级的平台，在其中建立制度、开展活动等，可以实现同班同平台的聚力作用。同时在内容和形式上进行创新，实现线上线下同步协调开展班集体建设的活动。

总之，新媒体时代有利有弊，对于高校班集体建设来说，它既是挑战优势机遇，只有不断适应时代发展的要求，牢牢抓住新媒体时期的特点，建立长期有效机制，想学生之所想，及时有效的解决学生实际问题，才能更好地推动高校班集体建设，构建和谐美好校园。

参考文献

[1] 姜涛：《高校班集体文化建设的几点思考》，载于《辽宁行政学院学报》2013 年第 3 期。

[2] 屈艺：《新媒体时代高校网络文化建设研究》，载于《前沿》2012 年第 13 期。

高校网络社区管理探究

周泽鸿

随着互联网技术的飞速发展，高校网络社区逐渐兴起，并成为大学生自主学习、获取咨询、人际交往、发表言论的重要载体和平台。在网络社区这个公共空间中，一些重大突发事件或敏感话题往往会通过一系列媒介以最快的速度传播开来，并在大学生群体当中引起极大的关注和广泛的讨论，网络上的极端炒作及过度渲染极有可能使得某些个体的不满情绪激化为群体性矛盾，甚至会对学生的思想、价值观、行为方式等产生负面影响。互联网在推动教育系统发展和完善的同时，其无边界特性也使得高校网络社区变成西方各种敌对势力进行渗透、腐蚀、毁坏的重点目标，这种极为复杂的状态给高校思想政治教育工作带来的问题和压力是前所未有的。因此，对高校学生网络社区进行深入研究，加强校园网络舆论的引导，建立健全高校学生网络社区的管理机制，将对建设高校思想政治教育新平台、拓宽先进文化传播空间、提升大学生精神生活健康水平起到积极的推动作用。

一、高校思想政治教育在网络社区化模式下面临诸多困境

1. 思想政治教育的网络化环境更为复杂

尽管网络社区早已在20世纪90年代就已经进入学术界的视野，但这个概念却一直没有明确的定义。琼斯（Jones，1997）曾对网络社区的特点进行过总结，认为网络社区具有一定程度的交互性，成员类型多样，成员关系的维持依靠互联网这一虚拟的公共空间。与现实的社会生活公共空间不同，网络社区中人际交往的维持不需要采取面对面的模式，通过互联网这一媒介，人际交往能打破地域的隔阂，并在短时间内汇集数量庞大的群体，对某些信息展开集中讨论，甚至不需要进行过滤。网络社区的形成得益于互联网的大范围普及，而大学生是高校网络社区的主要"网络公民"，在这种虚拟的空间中，人际交往

更为开放，言论表达更为自由，因此深得大学生青睐。

然而，正是由于网络社区具有强烈的虚拟化色彩，加上大多数网络活动可以匿名进行，因此大学生网络社区群体成员也变得不稳定，甚至容易缺乏约束力（王军、蔡丽娅、陈斌，2006）。网络社区所带有的隐匿功能导致思想政治教育的网络化环境变得更为复杂，一些国际性事务、国家重大政策的发布与调整，以及民生情况的改善与否都有可能成为大学生在网络社区中进行讨论的对象，而网络与现实的交错极容易导致一些不良情绪的生成，甚至造成过激言论和负面舆论。从早期的 BBS 论坛、新浪论坛、网易论坛、聊天室、电子邮件到现在的 QQ 空间、博客、微博、微信朋友圈，互联网技术手段的进步催生了越来越多的新媒体，大学生进行网络活动的虚拟社区也更加多样化，表达情绪、反映声音的渠道随之增多。与此同时，大量网络垃圾信息的产生给了西方敌对势力进行意识形态渗透的机会，对于判断能力不足的大学生而言，网络社区的隐匿性所带来的不良后果难以想象。这无形之中增加了高校思想政治教育工作的难度，对校园网络社区的监控与管理也提出了更高的要求。

2. 大学生的思想行为在网络社区中更为多变

不可否认，高校大学生对于网络活动的参与热情尤为高涨，他们一方面思想活跃、敢于表达，另一方面心智又尚未完全成熟，在面对东、西方文化差异和价值观念冲突时，容易产生混淆，不利于形成正确的思想观念。尽管网络的传播具有可控性，有相对的自由空间，但网络社区能够在短时间内打破地域阻隔，信息传播速度极为快速，加上性别、姓名、年龄、职业等身份信息都可以具备不同程度的隐匿性，信息发布随意性较大，导致许多不良的文化思想无处不在，网络社区信息传播失范现象严峻，并且追踪难度大。大学生在这样的网络社区当中如果受到弥漫的非理性情绪的影响，或者因为社会发展节奏太快、生活焦虑、竞争加剧等因素的刺激，则有可能爆发情绪化、非理性的网络舆情，如 2008 年北京奥运会圣火在巴黎传递受阻后国内许多论坛发起了言语过激的爱国帖子，随后引发大学生上街"抵制家乐福"事件。

凯斯·桑坦斯（2003）曾在著作中指出，相比于现实生活而言，在网络上发生群体极端化倾向的比例是前者的两倍多。这也意味着，一旦不满情绪聚积到一定程度而得不到宣泄，那么大学生网民群体在网络社区上暴露极端化思想和行为的倾向将更加突出。需要提及的是，在校园网络社区当中，信息传递产生的刺激和大学生群体形成反应的时间较之现实生活大大地缩短，便捷的传播渠道、信息发布的随意性都将导致网络舆情向网络舆论快速转化。大学生可以通过浏览、跟帖、发帖、直接回复、留言、参与投票等方式参与到各种网络社区活动当中，而网络活动的媒介除了文字之外，还包括图片、语音、视频等带有感官冲击效果的素材，在未全面了解、过滤网络信息的情况下，大学生可能会因为片面、主观的臆断产生错误的思想认识，从而引发现实生活当中的过激行为，甚至产生不可预估的社会风险。

3. 高校网络社区监控力度与管理水平有待提升

2000 年，为了贯彻中央思想政治工作会议精神，教育部在《关于加强高等学校思想政治教育进网络工作的若干意见》中强调，要"切实加强对思想政治教育进网络工作的领导，进一步理顺管理体制，扎实推进思想政治教育进网络的各项工作。"经过十几年的探索和尝试，许多高校充分运用互联网技术，积极、主动地占领思想政治教育的网络阵地，在学生论坛建设、网络信息传播引导、网络行为规范等方面都取得了一定成效。另外，也有学者建议通过加强网络社区道德教育、规范网络社区行为、实行网络社区实名制等途径开展网络思想政治教育（张玉漫，2012）。然而，由于网络社区在信息发布和审查方面有别于传统媒体，大量虚假、失真的信息传播较快，监控难度非常之大，这对于网络思想政治教育工作而言无疑是一个巨大的挑战。

美国传播学先驱库尔特·勒温于 1947 年在其著作《群体生活的渠道》中首次提出"把关人"理论。他认为在群体传播的过程当中，应该存在着一些"把关"的人，对信息进行筛选和过滤，只有符合社会价值规范的内容才能进入传播渠道当中，信息把关的环节主要分为"搜集—过滤—制作—传播"（李彬，2009）。高校网络社区的信息监控困难之处在于许多信息因为具有隐匿性而无法完整实现信息把关的四个环节，一些虚假、偏差的信息还没有过滤就通过贴吧、邮件、博客等网络媒介快速地传播出去，这也是网络谣言频频发生的重要原因。

二、对高校网络社区进行管理的必要性

1. 有助于开展大学生网络舆情引导

与报刊、书籍等传统大众媒介相比，互联网在获取信息方面更为便捷与迅

速,大学生通过网络社区往往能够获得丰富的资讯,各种 BBS 论坛、博客、微博等就类似于网络社区的公共空间,国际事务、国内社会热点问题、高校内部事件等都会通过各种媒体渠道在这个空间当中快速传播开来,并且极有可能由小范围的关注讨论转变为多数人的意识碰撞,逐渐形成具有一定规模的网络舆情。高校网络社区正如德国学者尤金·哈贝马斯所指:"能够形成公共意见的公共领域,一个可以自由交流和辩论的公共空间。"① 在这个公共空间当中,一些敏感的社会问题往往是网络舆情集中爆发的导火索。如每到抗日战争胜利纪念日,在各种贴吧上面所发布的"抵制日货"帖子经常会受到广大高校学生的关注,并被大量转发,进而在短时间内形成网络舆情,甚至引发诸如"打、砸、烧"等过激的爱国行为。

互联网技术运用得当,不仅可以帮助大学生开展人际交往,进行自主学习,而且也有利于借助网络社区展示自我。但如果网络社区得不到有效的监控和管理,那么其他社会群体在网络社区的一些负面舆论活动则容易对大学生群体的思想和行为产生不可预估的影响。事实也证明,许多大学生在接触到各种散乱、混杂的舆情信息时,自己原有的观念和意识会逐渐被左右,当自我感觉到言论与多数人的价值观或者行为不相符时,就会开始产生盲目从众的心理。由此可见,在高校网络社区当中,应该借助权威的话语对某些负面舆情信息进行澄清及纠正,避免偏激性网络舆情情形的产生(张书明、杨林,2011)。建立健全的高校网络社区管理机制,有助于对大学生开展网络舆情引导,提高他们的信息甄别和筛选能力,而非简单地进行"封号"或者"删帖",屏蔽虚假、消极的网络舆情信息只是一时之计,从长久来看,合理引导、主动管理才是根本。

2. 有助于维持高校网络社区的规范秩序

高校网络社区的传播信息和内容多种多样,除了社会热点和时政问题,还有与大学生自身利益相关的各类校园话题,如学术探讨、休闲娱乐等,甚至还存在着部分低俗、商业色彩浓厚的垃圾信息。就目前阶段而言,高校网络社区管理力量还较为薄弱,在一定程度上容易导致网络社区出现无序状态,一些暴力庸俗、夺人眼球的网络信息访问量、点击量、跟帖量庞大,校园网络上匿名

---

① [德]尤金·哈贝马斯:《公共领域的结构转型》,学林出版社1999年版,第98页。

人士之间的争吵、谩骂和人身攻击比比皆是。一些大学生将在现实生活中无法发泄的情绪带到网络社区当中，利用网络的隐匿性肆意捏造事实、胡乱造谣，对校园和谐与社会稳定造成了严重的消极影响。

我国当前正处于社会转型的特殊时期，网络社区道德失范现象泛滥，信息发布者、信息接收者道德评价标准、道德控制机制都处在失范的范畴内（钟瑛，2006）。很多现实的社会矛盾和冲突反映在高校网络社区当中，影响着大学生的情绪、态度、观念和行为。如今年轻一代的大学生，拥有更强的互联网信息技术使用能力，也更擅长于借助网络社区强大的传播功能来行使舆论监督权，但一些大学生由于心智不成熟，在参与网络社区活动时会出现表达随意、无端造谣、攻击他人的现象，甚或被别有用心的人所利用，企图扰乱正常的社会秩序。为此，建立健全的高校网络社区管理机制就显得尤为迫切，网络思想政治教育应该在现实空间和虚拟空间当中同时开展，二者的结合将有助于维持高校网络社区的规范秩序，避免网络亚文化传播圈所引发的互联网无序状态。

3. 有助于预防高校群体性事件的发生

在高校管理体制当中，群体性事件的预防无疑是极为重要的一环，这不仅事关校园安全，而且也关系到社会秩序稳定。高校网络社区文化日益呈现多元化特征，校园网络舆论虽然由少数人制造，但对大多数学生却能产生辐射性的影响，一旦大范围传播就会引发集中讨论。当这些讨论围绕某一特定主题频繁出现且带有持续性、一致性、强烈性特征时，就会对大学生的态度、观点，甚至现实行为产生或大或小的影响（陈力丹，1999）。对网络社区缺乏管理有可能成为高校群体性事件发生的诱因，这是因为社会矛盾的聚积会使得大学生表达诉求的愿望更加强烈，一些事关切身利益的偶发事件有可能会通过网络媒介的传播激发大规模的学生群体行动。如 2008 年，美国有线电视新闻（CNN）主持人卡弗蒂在节目中发表辱华言论，当时超过 140 万中国网友在网易签名抵制 CNN 播报北京奥运会，许多学生在 BBS 上发表了不理性的爱国言论，一度出现在网络社区号召群体游行示威的倾向。

高校群体性事件的发生往往是对某一事件刺激所做出的集体行为反应，当代大学生所处的时代复杂多变，受互联网传媒影响颇深，容易被网络舆论所煽动，出现罢课、罢餐、游行、示威等激烈的行为，由此导致一系列的严重后果。因此，为了避免负面的校园网络舆论误导大学生，应不断增强对高校网络社区进行监控和管理的力度，控制好舆论局势，以此预防高校群体性事件的发生。

三、高校网络社区管理体系的建立和完善

在高校网络社区管理体系的建立和完善过程中，必然会遇到一些特殊的问题，如网络内容治理的探索、技术"瓶颈"的突破、组织保障机制的落实等。围绕高校网络社区的管理问题，可以参考、借鉴国外的一些做法，构建适合我国实际情况的高校网络社区管理体系，以此提升高校网络思想政治教育工作的效率和水平。

1. 技术监管层面：成立高校网络社区管理机构

互联网技术的全球普及在给高校大学生带来丰富网络资源的同时，也成为负面舆论信息、西方意识形态渗透的温床，因此，对高校网络社区进行管理的呼声随之高涨。网络时代信息内容的自由传播容易使得大学生在虚拟的空间里陷入自私、偏激的洪流当中，为了减少垃圾信息对大学生群体的刺激，保证网络传播内容不偏离正轨，高校应该成立相应的管理机构对网络社区进行干涉和监控。

美国向来宣称"言论自由"，但其互联网管理手段却强硬得出人意料。美国联邦政府在"9·11事件"后增强了互联网信息的监控力度，并将Twitter、Facebook这两大著名社交网站的用户信息纳入监管之下；各州也有自己的网络社区管理机构，彼此相互协作，各个网络行业协会也有严格的规范与制度，网络警察会对互联网上一些敏感、不当的信息及时进行过滤，若有攻击性或煽动性的帖子出现则会遭到删除，发布者也会受到相关处罚（姜闽虹，2015）。我国传统的网络监管技术核心在于敏感信息识别，但监管效率与识别准确率之间容易存在矛盾。为了对高校网络社区进行有效的监控和管理，可以借鉴美国的互联网监控技术措施。

第一，组建专门的校园网络社区管理队伍。由专门人员对本校校园网内一些来历不明的链接、言论不当的信息进行屏蔽和删除，防止不良信息在校园网内传播扩散。还可尝试对同一区域内的高校进行联网监管，一旦发现有不良信息渗入则禁止网站的访问并进行清除，同时加强对一线思想政治教育工作者的网络安全培训、指导与支持，确保大学生信息技术使用的安全。

第二，提升校园网络技术手段的监控水平。网络行为的规范不能仅仅停留于思想政治教育工作者进行言语教育的层面，为了切实提高校园网络社区的管理水平，应该加大对先进网络监控技术的资金投入，在校园网服务器终端上安装监控系统和自动过滤软件，对区域网内的网络活动进行全面监管，严厉打击危害大学生思想观念的网络违法行为。

第三，借助第三方机构加大校园网络社区管理力度。一般的高校由于经费、岗位配置、技术人员能力等问题，可能无法全面地对校园网络社区当中的有害信息和违法信息进行判断及识别，因此需要借助第三方网络服务机构提供监控技术支持，帮助高校网络社区管理人员和思想政治教育工作人员提高网络安全信息的识别与评价能力。

2. 法制监管层面：制定校园网络社区管理法规

从目前来看，我国的网络言论自由管制由于受到网络监管利益格局的深刻影响（李永刚，2007），实际监管效果与预期存在着较大的落差，在这种情况下，网络管制应坚持依靠法律来明确法责的规制原则（陈桃生，2006）。我国的网络社区法制监管难度比较大，新的网络社区问题层出不穷，为了给高校大学生营造健康、安全、理性的网络环境，应该加强顶层设计，出台相关的高校网络社区管理法规，在保障大学生言论自由的基础之上，借助明确的法规条例约束、限制非法信息和非法言论在校园网络内的传播，树立法理权威，以此提高校园网络社区的安全系数。

在这一点上，日本的网络内容治理模式、英国的青少年网络安全保障体系、德国的互联网法制建设皆有许多值得借鉴的地方。2008 年 6 月，日本国会专门出台了《青少年网络规制法》，目的在于通过提高过滤软件的性能和普及性，减少青少年接触不良信息的机会，基本理念在于教育青少年自觉使用网络，充分动员了政府、相关企业、学校及监护人的力量（刘轩，2015）。而为了提高青少年安全上网的保护力度，英国先后出台了《恶意通信法》《计算机滥用法》《数据保护权法》《隐私和电子通信条例》等法律法规，明确了网络服务商若没有对网络不良信息进行删除将遭受起诉，通过立法保障对青少年学生网络行为进行了规范与保护（周秀礼等，2015）。德国作为全球第一个制定网络管理法的国家，其网络管理组织十分严密，从联邦政府到州一级政府，甚至跨州之间都有专门的管理机构，学校则是德国政府在实施网络管理过程当中所关注的重点场所。《青少年媒体保护州际协议》《阻碍网页登录法》《多媒体法》等多部法律对于网络言论的管理十分奏效，手机通信也被列入管制范围，在制度层面就明确规定了什么样的言论应该受到法律制裁和保护（姜闽虹，2014）。

由此可以看出，上述发达国家的互联网法制建设体系相当成熟，网络治理理念与我国所提倡的"以人为本"理念极为相似，立法的目标紧紧围绕减少网络垃圾信息和负面舆论的危害这一治理逻辑，一些严谨的网络法制管理措施非常值得我国进行参考和借鉴。

第一，建立专门的校园网络社区管理法规。由政府来统筹校园网络环境的整治计划，高校配合实施具体的措施，广泛推动不良信息自动过滤软件的运用，并为一线思想政治教育工作者提供相关培训和指导。

第二，依据校园网络社区管理法规面向大学生开展网络安全教育。不断提高大学生的信息识别能力，逐步减少对信息筛查技术手段的依赖，将网络安全教育和网络素养提升列入高校人才培养计划。

第三，严格贯彻落实校园网络社区管理法规。对于在校园网络社区内随意发布虚假信息、混淆视听的大学生，应由思想政治教育工作者适当进行管理和教育；一旦发现有散播恶意谣言攻击他人、具有煽动性的言论，则应及时监控，根据相关管理法规进行处罚，防止网络社区信息传播的滥用。

3. 自律监管层面：普及高校网络社区道德教育

对于高校网络社区的监管，除了国家立法介入和行业技术监管，还需要大力培植高校网络社区的自律监管模式，不断推进高校网络社区道德教育的普及，依靠大学生网络素养的提升来实现网络社区信息的文明传播，这就需要高校决策层、思想政治教育工作者和其他民间力量共同建设及管理。高校网络社区的秩序维护可以通过自律得到实现（T. John，1997），即在大学生"网络公民"共同参与的基础上来制定道德标准和制度规范，而非单纯利用法律解决高校网络社区所存在的社会问题。

韩国的青少年网络社区失范行为一直是其国内社会的关注焦点，针对这一问题，韩国政府从 2009 年开始积极倡导学生网络素养教育，并开设了网络礼仪课程，旨在提高学生网民的道德意识和社会责任感；还通过招募志愿者成立"互联网巡逻队"来接受有害信息的举报（王育珍等，2014）。这也给我国高校网络社区的自律监管提供了一些启示，网络社区的行为监控存在着极大的难度，需要依靠道德标准进行约束。为此，在普及高校网络社区道德教育方面，可以从以下三个方面尝试。

第一，明确高校网络社区道德底线。网络社区内部的公共事件有着较为复杂的语境，为了不让造谣、欺骗等道德失范行为一再挑战网络社区的道德底线，应该在大学生群体当中大力推广网络道德规范，将真实、诚信列为高校网络社区的道德底线，引导学生对自己的网络言行负责任，不造谣、不传谣、不信谣。

第二，借助家庭和非政府组织的力量进行道德教育。对大学生的网络道德规范宣传普及到全社会，积极引导大学生自觉遵守网络文明公约，让学生真正明白什么言行是符合道德标准的、什么言行是错误且不被接受的。思想政治教育工作者应借助家庭和非政府组织的力量，不遗余力地做好大学生网络道德素质提升工作，塑造健康、文明的网络环境。

第三，鼓励大学生自主建立高校网络社区道德规范。高校网络社区的自治、自理、自律在很大程度上依靠大学生"网络公民"自发建立的道德规范和管理准则，学生参与到网络社区的自治当中能够进一步增强他们对于网络社区道德规范的认同感，有助于培养其自觉遵守道德规范的意识。思想政治教育工作者可以鼓励大学生对网络社区内部成员的言行进行自我管理，创建用户公约，共同监督实施。

参考文献

[1] 陈力丹：《舆论学——舆论导向研究》，中国广播电视出版社1999年版。

[2] 陈桃生：《网络环境中的言论自由极其规制》，载于《贵州大学学报》（社会科学版）2006年第1期。

[3] 姜闻虹：《德国对青少年的网络聊天管理及保护》，载于《北京青年研究》2014年第1期。

[4] 姜闻虹：《美国的网络管理与青少年保护》，载于《新闻与写作》2015年第2期。

[5] 李永刚：《中国互联网内容监管的变迁轨迹——基于政策学习理论的

简单考察》，载于《南京工业大学学报》（社会科学版），2007 年第 2 期。

［6］李彬：《大众传播学》，清华大学出版社 2009 年版。

［7］刘轩：《日本网络内容的治理模式及其现实困境》，载于《南开日本研究》2015 年。

［8］王育珍、朴美玉：《韩国青少年网络失范行为及其观察》，载于《人民论坛》2014 年第 14 期。

［9］王军、蔡丽娅、陈斌：《大学生网上虚拟群体——高校思想政治教育的新对象》，载于《扬州大学学报》（高教研究版）2006 年第 10 期。

［10］张玉漫：《新兴网络社区下的大学生教育探索》，载于《中国成人教育》2012 年第 6 期。

［11］张书明、杨林：《大学生群体性事件预防中的网络舆情监控探析》，载于《思想政治教育研究》2011 年第 2 期。

［12］钟瑛：《网络信息传播中的道德失范及其制约》，载于《信息网络安全》2006 年第 4 期。

［13］周季礼、李加运、魏翠红：《英国保护青少年上网安全的主要做法及启示》，载于《信息安全与通信保密》2015 年第 7 期。

［14］凯斯·桑坦斯：《网络共和国——网络社会中的民主问题》，上海出版集团 2003 年版。

［15］［德］尤金·哈贝马斯：《公共领域的结构转型》，学林出版社 1999 年版。

［16］Bagozzi, R. P. and Dholakia, U. M. "Intentional social action in virtual communities", *Journal of Interactive Marketing*, 2002, 16 (2): 2 – 21.

［17］Jones, Q. , "Virtual-communities, virtual settlements & cyber-archaeology: a theoretical outline?", *Journal of Computer-Mediated Communications*, 1997, 3 (3).

［18］John T. Delacourt, "the International Impact of Internet Regulation", *Harvd Int'l LJ*, 1997 (38): 207.

浅谈高校延长学年学生教学管理的思考与实践

刘淑美

近年来，我国的高等教育事业发展比较迅速，随着大学生人数的扩招，上大学已经成为一种普遍的社会趋势。在新形势下，我国高校面临着新的挑战，如独生子女多、个性鲜明、自我管理能力相对较弱等；学分制的推行，使教学管理逐步由传统的"群体管理"向现代的"个体管理"模式转变，这对于学生独立性和自觉性的要求便越来越高，而"延长学年"学生的出现和增多，成为由此引发的问题之一。

在广东财经大学财税学院也同样存在一群延长学年的学生，如何做好这些学生的教学管理是我目前从事的高校教学管理工作的一个新课题。笔者以广东财经大学的教学管理系统为依托，仔细分析学生延长学年的原因，不断探索针对延长学年学生的教学管理工作，并提出了相应的解决对策。通过国家、社会、学校、家庭以及大学生自身的共同努力，加大对学生的思想和心理健康教育，切实降低延长学年学生的比率，促进他们顺利完成学业。

通过仔细分析延长学年学生产生的原因，不断探究针对延长学年学生的管理方法，并从实践的效果出发给出恰当的措施，富有成效地开展教学管理工作，降低延长学年学生人数，以帮助学生尽量缩短延长期，从而顺利完成学业。

一、哪些是"延长学年"学生

因为延长学年的学生问题与其学分数密切相关，那么我们得在了解延长学年学生之前，先了解"学分"这个概念。就目前我国高校的学分而言，指完成某项科目所获得的分值单位，用于考查衡量学生修读该门课程所需要的学习量和具体修读效果。每位学生具体需要修读的学分总数，我国教育部门根据专业的不同，对大学生要求所修的学分也有所不同。而"延长学年"学生，是指那些在规定学制时间内（广东财经大学以四年制本科为准），未完成教学计划规定的课程、没有达到专业培养计划的学分，申请延长学习时间的学生。

二、延长学年学生的现状及原因分析

1. 延长学年学生现状

我国的高等教育已转为大众化教育。但是随着高等学校招生规模的扩大、弹性学分制的施行及新时代大学生多元的价值观等多种原因让高校出现了延长学年的学生。广东财经大学实行学分制以来，延长学年学生成为校园里的一个不容忽视的群体，特别是随着延长学年学生比例的上升，给学生管理、教学管理、安全、稳定及成效带来了严峻的挑战，给学院的形象、声誉、招生、就业等造成一定的负面效应。针对这一问题，学院学生工作处和教学管理科做了一些思考与实践探索。按照财税学院近几年的统计数据显示，学校每年因各种原因需要延长学年的人数为 5~9 位，占学院同期毕业学生总人数的比例约为 1%。

2. 延长学年学生成因分析

（1）学生自我管理能力差。现在的大学生有很多都是独生子女，父母可能在高中之前生活照顾和管理过于到位，没有意识去培养他们独立自主、吃苦耐劳的品质，部分学生习惯了大学前的教育模式，对大学的教育、管理方式不适应，缺乏学习的主动性、持久性和探索精神。当独自异地求学时，出现了部分学生学习上没有自觉性，没有明确目标，更缺乏远景规划。这部分学生上大学脱离父母的监护与管理后，自我控制能力相对弱一些，对外界诱惑抵抗力差，随着环境、同学或朋辈的不良影响等使得在学业上分心，成绩逐渐下降。例如，面对网络很容易沉迷，成绩逐渐下降，有部分同学忙于打工、赚钱或者发展自己的兴趣爱好，颠倒主次，忽视学习，便出现诸如修读学分不够需要延长学年的情况。

（2）独生子女心理素质有待提高。有部分大学生独处异地求学时，因为同一所大学同学们的录取分数线早决定了，大家在学习成绩上都处于同一个层次，广东财经大学这几年的分数线都较高，能被录取进来的学生在之前的学校应该成绩都相对优秀，到大学后部分同学可能找不到之前的优越感，可能会感到被忽视，少关爱，孤独。有的父母可能忙于工作或离异，忽视了对孩子的引导教育，造成孩子责任心缺失、性格孤僻等，存在部分学生不太会与其他同学和谐相处，跟同学之间的人际关系紧张、学习压力大等而产生不良情绪的压抑，影响学习。

三、延长学年学生存在的一些问题

目前，我国高校中延长学年的学生人数增多，其问题日益凸显。笔者通过与学生本人、同学、任课教师、家长及辅导员多方了解，总结出较普遍的情况：

1. 心理影响

延长学年的学生需要补齐缺少学分对应的学费才能选课，还需要交住宿费，加上生活开支，无疑使学生的经济压力大大增加。他们需要加入下一届学妹学弟的班级，与新班级的同学自主选课的内容不相同，加上本身跟他们不是特别熟悉，难以与新的同学、老师亲近和沟通，本身自己也属于延长学年的学生，不易融入新的集体。以上都会给学生心理等方面造成影响，使之产生自卑感、无归属感等。

2. 安全隐患

部分延长学年的学生住在校外，可能边工作边修读所缺学分，这部分校外学生的安全管理很难落实。再加上他们不易融入新的集体，同班同学大部分都毕业离开学校，到达新的工作岗位也都比较忙碌，因而这些延长学年的学生如果生病了、受伤了都没有其他同学知道。一旦发现不及时、处理不妥当，则安全隐患很大，甚至有可能带来严重的后果。

3. 信息不畅

有一些学生办理完延长学年的手续后，因为加入了新的班级，因此负责的辅导员也跟随发生变化，如果学生本人不主动与新的辅导员联系，可能会出现新的辅导员对这部分学生的管理失控。辅导员或老师要通知延长学年的学生某些事，如招聘信息、考试安排、讲座时间等，都会造成信息传达上的不畅，重要消息通知不到或是迟误，对延长学年学生必然造成损失。

4. "恶性循环"

据统计，大多延长学年的学生是因为成绩不好而延长的。所以当他们被编入新的班级时，便会为新集体带来影响，如班重修率增高。"无人熟悉、不被接受"，这些延长学年的学生很容易产生自暴自弃的情绪，这必然导致学习成绩不理想。当前我国就业形势的严峻，使应届正常毕业的大学生找工作都感觉困难，更何况这部分延长学年的学生。长此恶性循环，毕业、就业都遥遥无期。

四、如何加强对延长学年学生的管理

1. 统一制度、合理收费

我国各高校的管理制度各异，建议我国教育部门应尽快出台统一的关于延长学年学生的各项制度，如延长学生的学分条件、延长学年的时间、延长学年的管理要求等。同时，应规范收费标准，做到合理合法。

2. 专人专管，加强学业指导

建议对延长学年的学生采用"双负责制"和"校内集中住宿"的管理办法。"双负责制"是指原来的辅导员或班主任和新的辅导员或班主任一起对其进行管理与帮助。因为原来的老师更清楚该生的情况，在初期帮助新老师掌握其情况，等到两方建立起一定的联系后，再由新辅导员或班主任来接手。而"校内集中住宿"是指学校将延长学年的学生在校内统一安排、集中住宿。专人专管，加强学业指导，具体方法是：指定专任辅导员对延长学年学生开展一对一的帮扶工作，由教务员确认学分，根据开课情况及缺课情况具体指导学生选课；由专任辅导员督促其选课、上课，并及时与任课教师、家长等进行沟通，由任课教师、导师对其课程学业进行帮扶。这样，一是方便老师、同学与延长学年学生的交流，通知、信息可以及时传达；二是便于辅导员掌握学生的日常生活情况；三是避免了延长学年学生产生孤独感。

3. 爱心投入、保障安全

集体的关心能带给延长生归宿感，同学和老师的帮助对增加他们的信心是有利的。在温暖的环境中，延长学年的学生更容易获得安全感。对待延长学年的学生，老师应该更加热情、耐心，不能嫌弃他们，要做到爱心投入，经常与他们谈心，深入到他们中间去。同时，老师还要发动和引导现在班级的同学多与他们交往，真正做到接纳和关怀。

4. 督促学习、帮助就业

教育者除了从感情上要多给予关怀以外，还要从精力上多投入，严格管理。应要求和督促延长学年的学生按时出勤、认真听课，并加强对他们的监督及考核。而当这些延长学年的学生可以顺利毕业的时候，便要根据他们的个人情况给予帮助，针对性地进行分析和指导，并尽力为其推荐工作。

5. 家校结合，共同做好学生管理工作

通过调查发现，大部分延长学年的家长对学生的在校情况不是十分了解，而延长学年学生的自我控制意志相对薄弱，因此更加需要家校共同努力。老师应该和家长之间建立起密切沟通的桥梁，让家长全面掌握学生的在校情况，向家长公开学院办公电话，家长可以多方面了解学生的情况，一起做好延长学年学生的管理工作。

6. 尝试学业预警的管理模式

学业预警是目前很多高校正在尝试的管理模式，它是对学业困难学生进行预警，为学习的过程管理提供有效的载体。学业预警系统可以针对延长学年学生的学业、考勤等信息进行查询，学院、家长、学生可以互相沟通联系，多层次、全方位地建立有效的跟踪、管理和帮扶机制。依托学业预警系统，从学生、学院、家庭等方面着手建立院级延长学年学生管理机制，对于降低这些学生的结业率、缩短他们的延长期具有很好的作用。

五、取得的成效

我院从以上六个方面尝试对延长学年学生进行全方位管理，经过三年左右的实践，发现学生、家庭、学院之间交流沟通的渠道多了并且更顺畅了，三者之间的关系更密切了。在大家的关注、督促、帮助下，延长学年学生的精神面貌有了很大的改观，由被动学习慢慢转变为主动学习，他们的学习情况有了一定的变化。延长学年学生不再是"没人管""管不了"的，他们中的大多数人是能够最终顺利毕业的。

造成大学生延长学年的原因是多方面的，降低延长学年学生的比率不仅要加强高校辅导员的工作，更要依靠辅导员、任课教师、班级、学校、家长、社会及学生本人的共同努力。只要真正树立"教书育人、管理育人、服务育人"的观念，通过循序渐进的教育方式，及时发问题、解决问题，一定能起到事半功倍的效果。

参考文献

[1] 查雯琼：《高校留级学生教务管理问题研究》，载于《黄冈师范学院

学报》2011 年 5 期。

　　［2］杨子仪、马琼：《浅谈我国高校"问题学生"管理研究》，载于《现代教师与教学》，2009 年第 4 期。

　　［3］杨毅艺、王书会：《从"群体管理"模式到"个体管理"模式转变的若干思考》，载于《中华教育与实践》2002 年第 12 期。

　　［4］张玲：《高校留级学生教育管理对策探讨》，载于《现代物业》（中旬刊）2012 年第 6 期。

实施《国家学生体质健康标准》达标现状与分析

李威威　罗　予　史风雪

2015 年 11 月，国家体育总局公布《2014 年国民体质监测公报》，监测结果显示，全国达到《国民体质测定标准》"合格"等级以上的人数为 89.6%，与 2010 年相比增长了 0.7 个百分点，但大学生的身体素质仍继续呈现下降趋势。根据 2014 年的调查数据分析，很多大学生没有在中小学阶段养成良好的体育锻炼习惯，到了大学又没人督促他们锻炼，用在电脑和手机上的时间越来越长，身体素质自然下降。目前，全球青少年身体活动不足的问题尤其突出。久坐不动、超重以及肥胖的少年儿童数量剧增而且青少年体质延续了近半个世纪的下滑趋势（G. R. Tomkinson，2007）。

党的十八届三中全会报告特别指出要强化体育课和课外体育锻炼，增强青少年的身心健康发展。2014 年 7 月，国家教育部和体育总局颁发《国家学生体质健康标准》（以下简称新《标准》）并在全国各级学校全面实施。针对我国大学生以及中小学学生体质健康水平不断下降的现实，笔者通过研究小学生的身体形态、机能和身体素质达标现状。概括总结其特点，揭示其年龄变化特征，针对存在问题提出相应解决对策或建议。促使学生积极参与锻炼，养成良好的锻炼习惯，促进学生身体素质全面发展和健康成长。

一、新《标准》测试对象、测评项目以及仪器

1. 测试对象

深圳市某区小学一年级、三年级、五年级在校学生，测试获得的有效数据为 58375 人。其中，男生 32983 人，女生 25392 人。

2. 测试项目

表 1   测试项目

组别	测试内容
小学五、六年级	BMI、肺活量、50 米跑、坐位体前屈、1 分钟跳绳、1 分钟仰卧起坐、50 × 8 往返跑共 7 项
小学三、四年级	BMI、肺活量、50 米跑、坐位体前屈、1 分钟跳绳、1 分钟仰卧起坐共 6 项
小学一、二年级	BMI、肺活量、50 米跑、坐位体前屈、1 分钟跳绳、共 5 项

3. 测试仪器

本次测试过程中使用的仪器全部使用由深圳教育局认定的电子测试仪器，测试过程由专业的学生体质测试公司全程监控。

二、研究方法

（1）文献资料法：通过检索查阅了大量国内外有关小学生体质健康的研究，并且针对研究需要，参考《体育测量与评价》等其他有关教材。

（2）数理统计法：测试数据由公司测试机器直接上传至计算机，数据统计由 SPSS17.0 软件完成。

（3）对比分析法：深圳市 2015 年小学生新《标准》达标分析；一、三年级和五年级新《标准》达标比较分析。

三、结果及分析

《国家学生体质健康标准》是按照学生所得总分的高低划分为优秀（90.0分及以上）、良好（80.0～89.9分）、及格（60.0～79.9分）、不及格（59.9分及以下）五个相应等级。即新《标准》以测得的数据按百分位数法分别划分各单项指标的等级，然后采用百分制综合评价等级的方法，对单项指标的各等级进行加权，把100分根据权重系数分配到各单项里，求出了各等级的单项分值，再将各项得分相加计算总分，最后根据总分评价等级，是在大样本调查的基础上，采用统计学的百分位数法所制定。

深圳市某区共有 58375 名学生参加体质测试，测试数据显示，学生体质健康合格率（优秀、良好和及格率）为 90.28%（如表2所示）。其中女生合格率明显高于男生；男生良好率和及格率都略高于女生；而女生的优秀率高于男生。学生的总体及格率高，但优秀率较低。另外在测试对象中尚有近 5600 名学生体质测试不合格，其中男生不合格人数近 3600 人，女生不合格人数近 2000 人，可见男生不合格人数多于女生，这一群体的体质情况不容忽视。

表 2　　　　　深圳市某区小学生新《标准》达标统计结果

性别	测试人数	优秀(90.0 分及以上)		良好(80.0~89.9 分)		及格(60.0~79.9 分)		不及格(59.9 分及以下)		达标率(%)
		人数	比例(%)	人数	比例(%)	人数	比例(%)	人数	比例(%)	
男生	32983	643	1.95	12332	37.39	20496	62.14	3648	11.06	88.94
女生	25392	640	2.52	7610	29.97	15072	59.59	2011	7.92	92.08
总计	58375	1278	2.19	157845	27.04	35644	61.06	5674	9.72	90.28

　　三个年级测试的数据显示，一年级学生体质健康合格率（优秀、良好和及格率）为 91.12%，三年级学生体质健康合格率为 87.33%，五年级学生体质健康合格率为 92.77%，三年级的合格率最低（如表 3 所示）。其中一年级优秀率和良好率都明显高于三年级和五年级，但一年级的及格率明显低于三年级和五年级，三个年级的整体水平处于及格状态。另外，三年级的不及格率明显高于其他年级，可见三年级学生的体质健康状况有待改善。

表 3　　　　深圳市某区小学一、三和五年级新《标准》达标统计结果

性别	优秀(90.0 分及以上)		良好(80.0~89.9 分)		及格(60.0~79.9 分)		不及格(59.9 分及以下)		达标率(%)
	人数	比例(%)	人数	比例(%)	人数	比例(%)	人数	比例(%)	
一年级	840	3.58	7747	33.01	12798	54.53	2084	8.88	91.12
三年级	137	0.71	4037	21.00	12597	65.52	2455	12.77	87.33
五年级	299	1.91	4000	25.51	10247	65.35	1134	7.23	92.77

　　身高标准体重是指身高与体重两者的比例应在正常的范围，是评价人体形态发育水平和营养状况及身体匀称度的重要指标。

　　如表 4 所示，全体学生中肥胖比例达到了 5.99%，其中男生肥胖率明显高于女生。全区有待改善身体形态的学生比例（包括超重或较低体重以及肥胖的学生）达到 23.48%。在男生群体中有近 30% 的学生身体形态有待改善，在女生群体中有近 20% 的学生身体形态有待改善，女生身体形态比例明显优于男生。这一方面与饮食、遗传有关，另一方面与体育活动时间较少、体育锻炼习惯较差有关。三年级学生的肥胖率（8.30%）明显高于一年级（5.33%）和五年级（6.59%）。一年级、三年级和五年级有待改善身体形态的学生比例（包括超重或较低体重以及肥胖的学生）分别为22.54%、27.23%和22.85%。可见一年级、五年级学生的身体形态比例明显优于三年级学生。

表4　　　　　　　　全区学生身高标准体重达标率统计结果　　　　　单位:%

	测试人数	正常体重率	低体重率	超重率	肥胖率	达标率
全体	58375	76.52	7.93	9.56	5.99	94.01
男生	32983	73.85	8.2	9.84	8.11	91.89
女生	25392	79.19	7.66	9.28	3.87	96.13
一年级	23469	77.46	8.83	8.38	5.33	94.67
三年级	19226	74.85	8.35	10.58	8.30	91.70
五年级	15680	77.15	6.31	9.95	6.59	93.41

肺活量是评价人体呼吸系统机能状况的一个重要指标。如表5所示，全体学生肺活量合格率（优秀、良好和及格率）为91.94%。男生合格率明显高于女生，而女生的优秀率高于男生。另外，在测试对象中有近3300名学生肺活量不合格，其中男生不合格人数有近2200人，女生不合格人数有近1100人，男生不合格人数多于女生。

表5　　　　　　　　全区学生肺活量指数达标统计结果　　　　　单位:%

	测试人数	优秀率	良好率	及格率	不及格率	达标率
全体	40715	21.23	19.57	51.14	8.06	91.94
男生	23414	13.85	19.57	56.72	9.28	89.72
女生	17301	31.22	18.79	43.59	6.4	93.96
一年级	23469	24.59	20.30	47.71	7.41	92.59
三年级	19226	16.19	19.50	55.97	8.34	91.66
五年级	15680	21.85	18.52	50.89	8.73	91.27

各年级肺活量测试数据显示，一年级优秀率和良好率都明显高于三年级和五年级，但一年级的及格率明显低于三年级和五年级，这可能与一年级学生在测试中没有掌握正确测试方法有关。另外，五年级的不及格率明显高于其他年级。五年级学生的肺活量水平有待改善。

　　50米跑是一项能量输出要求高、动作反应快、身体灵活性高的运动项目。如表6所示，全体学生50米跑的合格率（优秀、良好和及格率）为92.42%。男生及格率略显高于女生，而女生的优秀率略高于男生。这与女生发育早，身体素质增长比男生快有关。

表6　　　　　　　　　全区学生50米跑成绩达标统计结果　　　　　单位：%

	测试人数	优秀率	良好率	及格率	不及格率	达标率
全体	36844	25.2	14.79	52.42	7.58	92.42
男生	20747	25.86	9.98	55.73	8.43	91.57
女生	16097	24.35	21.00	48.16	6.49	93.51
一年级	14607	34.87	15.67	42.55	6.90	93.10
三年级	12175	20.11	15.33	56.35	8.20	91.80
五年级	10062	17.31	12.86	62.00	7.83	92.17

　　各年级50米跑测试数据显示，一年级优秀率和良好率都明显高于三年级和五年级，但一年级的及格率明显低于三年级和五年级。另外，三年级的不及格率略高于其他年级，三年级学生的速度素质有待提高。

　　如表7所示，全体学生坐位体前屈合格率（优秀、良好和及格率）为89.56%。其中，女生合格率略高于男生。

表7　　　　　　　　全区学生坐位体前屈成绩达标统计结果　　　　　单位：%

	测试人数	优秀率	良好率	及格率	不及格率	达标率
全体	46165	19.42	15.41	54.73	10.44	89.56
男生	24350	20.20	13.89	55.79	10.12	89.88
女生	21815	18.87	16.36	54.29	10.48	89.52
一年级	18545	22.05	11.88	55.50	10.57	89.43
三年级	15205	18.32	16.26	55.00	10.42	89.58
五年级	12415	16.83	19.63	53.29	10.25	89.75

　　各年级坐位体前屈测试数据显示，一年级优秀率和良好率都明显高于三年级和五年级，但一年级的及格率明显低于三年级和五年级。另外，五年级的不及格率明显高于其他年级，五年级学生的肺活量水平有待改善。

如表 8 所示，全体学生 1 分钟跳绳合格率（优秀、良好和及格率）为 75.70%。其中，女生的合格率（80%）明显高于男生的合格率（72.39%），全区学生的跳绳成绩与其他项目相比略差一些。

表 8 **全区学生 1 分钟跳绳成绩达标统计结果** 单位:%

	测试人数	优秀率	良好率	及格率	不及格率	达标率
全体	46182	1.30	2.46	71.94	24.30	75.70
男生	26042	1.49	2.18	68.72	27.61	72.39
女生	20140	1.07	2.83	76.10	20.00	80.00
一年级	18563	1.10	2.75	75.21	20.94	79.06
三年级	15230	1.24	3.08	78.35	17.32	82.68
五年级	12389	0.80	2.62	74.67	21.91	78.09

各年级 1 分钟跳绳测试数据显示，一年级、三年级和五年级女生的合格率均高于男生。三年级的男生和女生合格率均高于一年级和五年级。一年级和五年级的跳绳成绩有待提高。

如表 9 所示，全体学生 1 分钟仰卧起坐合格率（优秀、良好和及格率）为 92.30%。其中，男生（92.90%）略高于女生（91.50%）。

表 9 **全区学生 1 分钟仰卧起坐成绩达标统计结果** 单位:%

	测试人数	优秀率	良好率	及格率	不及格率	达标率
全体	23694	8.60	13.4	70.3	7.70	92.30
男生	13058	10.10	15.1	67.7	7.10	92.90
女生	10636	6.70	11.1	73.7	8.50	91.50
三年级	12675	5.00	9.00	73.6	12.40	87.60
五年级	11019	8.60	13.5	73.8	4.10	95.90

各年级 1 分钟仰卧起坐测试数据显示，三年级的男生合格率（91.30%）明显高于女生（87.60%）。五年级女生的合格率（95.90%）略高于男生（94.70%）。五年级学生一分钟仰卧起坐成绩优于三年级学生。这与肌力，肌耐力的自然增长有关。

如表 10 所示，全体学生 50 米×8 往返跑合格率（优秀、良好和及格率）

为 94.20%。其中，女生合格率（94.60%）高于男生（94%），女生优秀率也高于男生。

表10　全区学生50米×8往返跑成绩达标统计结果　　　　单位:%

	测试人数	优秀率	良好率	及格率	不及格率	达标率
全体	11019	32.4	22.00	39.80	5.80	94.20
男生	5939	30.4	22.60	41.00	6.00	94.00
女生	5080	34.8	21.30	38.50	5.40	94.60

四、结论与建议

1. 结论

（1）数据显示，深圳市某区小学生体质健康合格率（优秀、良好和及格率）为 90.28%。其中优秀率 2.19% 良好率 27.04% 及格率 61.06%。总体优秀率较低，总体状况处于及格状态。

（2）学生单项优秀率高，总体优秀率低，说明学生在某个项目上可以得到优秀，但是由于存在着弱项，总分加起来就不优秀了，这也说明小学生的身体发展水平不均衡。

（3）小学生的身体形态、机能和身体素质健康达标良好。但随年龄增加，男生和女生的超重和肥胖率增加。

（4）男生和女生的评价等级都呈现下降趋势，尤其男生身体机能的发育水平明显落后于身体形态的增长水平。

2. 建议

（1）提高学生体育锻炼意识和积极性，树立"健康第一"的体育观念，使学生身体形态、机能、素质和运动能力得到全面发展。

（2）对那些肥胖、低体重以及超重的学生要有目的地指导他们锻炼，给他们开出运动处方，让他们知道什么样的锻炼方法能使他们的身体形态、机能得到加强。

（3）强调课内与课外相结合。要想有效地增进学生的身体健康，除了依靠体育课，还应认真落实学生每天 1 小时的体育活动，特别是加强学生课外体育活动的组织指导。

（4）测试工作是项系统工程，其测试方法应更加科学，测试工具应更加先进。建议调整部分测试顺序，在测量肺活量等非疲劳性项目的测试后，再进行50米、1分钟跳绳、1分钟仰卧起坐和50米×8往返跑等项目的测试，从而保证体力发挥和测试结果的客观真实。

（5）应进一步加强测试动作的标准化控制。例如，在坐位体前屈测试中，被测学生身体前屈时两腿也难保持伸直。由于无法实现测试动作的标准化控制，一方面降低了测试结果的科学有效性；另一方面为减少被测学生犯规而增加了测试工作量。

（6）参加学生体质健康测试的工作人员应该经过岗前培训后才能参加测试，专人专项统一标准进行测试，从而保证测试结果的可靠性。

参考文献

［1］国家体育总局：《2014年国民体质监测公报》。

［2］国家体育总局：《国家学生体质健康标准（2014修订本）》。

［3］Tomkinson，G. R.，Olds，T. S.，*Secular changes in pedi-atric aerobic fitness test performance：the global picture*，Basel：Karger Publishers，2007.

理论探讨

社会网络对乡城移民医疗保健支出非线性影响研究：理论与实证分析

廖直东　汪明进

一、引言

近期，国际移民及其子女的健康和医疗保健得到越来越多的关注，健康和医疗保健在移民与原住居民之间存在分割、移民面临医疗保健可及性障碍的背景下（Tarraf et al.，2012；De Luca et al.，2013；Derose et al.，2009），越来越多的文献试图从社会资本的视角来研究移民的健康以及医疗保健问题，以期为当地政府的医疗保健政策和公共卫生管理提供有益建议（Samek，2010；Samek et al.，2012；Deri，2005）。在我国各城市内部存在一群从农村转移出来的人口，即乡城移民[①]，其规模日益庞大，尤其是在新一届中央政府着力推进新型城镇化建设的大背景下，乡城移民的数量将会空前增长。然而，社会福利的城乡二元分配体制非但没有被取消，反而在城市内部得以延伸，在城市人口急剧增加的背景下，户籍制度被地方政府用于配置有限的城市公共资源，因而乡城移民没能享有城市医疗保障等社会福利，在城市医疗保健服务可及性方面存在严重障碍。此外，在当前医疗保险制度下，医疗报销制度在城乡之间、区域之间无法实现对接，跨区域诊治和报销对乡城移民而言存在较大困难。与国际移民相比，我国乡城移民面临的医疗保健分割和医疗保健可及性障碍可能更为严重，这会严重影响乡城移民的健康状况和城市的公共卫生管理，因而我国乡城移民的医疗保健问题值得关注。社会网络作为非正式制度，具有社会保障和社会支持的功能，考虑到乡城移民面临的独特境遇，社会网络在某种程度

[①] 有些文献称这一群体为农民工，但是笔者认为农民工这一术语并不能完全涵盖这一群体，结合外文文献中"rural-urban migrant"，此处用乡城移民来指代这一群体。

上应该可以替代城市医疗保险制度的作用，从而对乡城移民的医疗保健产生影响。然而，国内鲜有文献探讨社会网络是否以及如何影响乡城移民的医疗保健。

本文将以 2008 年和 2009 年中国农民工追踪调查数据为基础，采用两部分模型分析社会网络是否以及如何影响乡城移民的医疗保健支出。为了避免内生性对分析结果造成的偏误，本文以乡城移民 2008 年的社会网络代替 2009 年的社会网络状况，研究社会网络对其 2009 年的医疗保健支出的影响。结果发现，社会网络对乡城移民的医疗保健参与倾向和医疗保健支出水平均存在非线性影响，但影响态势存在显著差异。具体而言，社会网络规模对乡城移民的医疗保健参与倾向存在"倒 U 型"影响，而社会网络规模对乡城移民医疗保健支出水平存在"U 型"影响。此外，本文还发现，城市社会网络占乡城移民整个社会网络的比例对乡城移民的医疗保健参与倾向存在"倒 U 型"影响，而对其医疗保健支出水平仅存在负向的线性影响。本文的边际贡献在于，结合乡城移民在城市内部所处的独特境遇，结合社会资本的基本属性与功能，从理论上初步分析了社会网络对乡城移民医疗保健支出的影响机制，与大多数现有文献不同的是，本文认为社会网络对乡城移民的医疗保健支出的影响是非线性的，在此基础上，用经验证据进一步证明了本文的理论分析。

文章剩余部分安排如下：第二部分将对现有文献进行评述；第三部分将简要分析文章的理论框架并论述社会网络影响乡城移民医疗保健支出的机制；第四部分将介绍计量方法，并对数据来源和变量定义进行说明；第五部分是实证结果分析；第六部分进行总结并指出不足和进一步研究的方向。

二、文献综述

虽然社会资本理论在经济学研究中被广泛应用，但是社会资本与居民健康的关系最为密切，同时，也有越来越多的文献关注社会资本与居民医疗保健利用之间的关系。本部分将对相关文献进行简单评述。

德里（Deri，2005）利用加拿大移民数据对社会网络与医疗保健服务之间的关系进行经验研究，研究表明社会网络确实会影响移民的医疗保健利用，而且移民所住社区中与移民说同一种语言的医生数量的增加会促进移民的医疗保健利用，社会网络影响移民医疗保健利用的机制在于社会网络所提供的信息可以促进移民对当地医疗保健系统的认识，而且处于特定社会网络的移民由于特定社会规范的作用，能影响他们的健康行为。德罗斯（Derose，2008）利用美国佛罗里达州 2000 年的数据，分析社会资本与哮喘病住院治疗之间的关系。结果发现，降低纽带社会资本会提高成人住院率；提高桥接社会资本能降低非老年人成年住院率，但会提高少儿住院率；增加联系社会资本会提高非老年人成年住院率。作者认为社会资本与医疗保健可及性之间的关系并不明确，虽然纽带社会资本和桥接社会资本对住院治疗有影响，但是在不同年龄群体间存在显著差异。迪维拉诺瓦（Devillanova，2008）利用 2001 年意大利米兰移民调查数据研究信息网络对移民医疗保健可及性的影响，结果发现，社会网络能显著促进移民的医疗保健利用，在控制个人特征和民族异质性后，依靠强社会关系可以减少看病时间的 30%。拉法特等（Laporte et al.，2008）利用 2001 年加拿大社区健康调查数据和人口普查数据，采用两部分模型研究社区社会资本和个人社会资本对看病次数和住院治疗的影响。结果发现，增加社区社会资本会降低老年人看病倾向，但会增加其住院倾向；而增加个人社会资本会提高老年人的住院倾向，但会降低其住院倾向；增加社区社会资本和个人社会资本都可以降低看病次数且个人社会资本的作用更小，但对住院天数没有显著影响。诺伯格等（Nauenberg et al.，2011）利用负二项分布模型研究了社区社会资本和个人社会资本对加拿大居民看医生次数的影响，结果表明，社区社会资本的效应和个人社会资本的效应在不同规模的社区中均存在差异性。在大型社区，社区社会资本和实质社会支持的增加会提高居民拜访医生的次数；而在小型社区中，只有个人社会资本对居民拜访医生的次数有影响，且其效应小于个人社会资本在大型社区中的效应。塞姆克等（Samek et al.，2012）利用加拿大移民数据，分析社区社会资本和个人社会资本如何影响加拿大移民的医疗服务利用，以及社区社会资本和个人社会资本对加拿大移民与非移民的医疗服务利用的影响的差异。结果发现，社区社会资本对移民和非移民的医疗服务利用的影响不显著，归属感增强会降低移民看医生的次数，实际社会支持增加会提高非移民看全科医生的频率，而情感支持会降低非移民看全科医生的频率。董（Dong，2013）利用美国 2007 年和 2010 年健康追踪家庭调查数据，研究了个人社会网络对居民医疗保健需求的影响，结果表明经常为亲朋好友寻求医疗信息的居民有更强烈的医疗保健需求，原因在于，他们有更强烈的医疗保健意识，更注重对健康的投资。

上述文献的研究结论并不一致，其原因可能在于社会资本的多维属性以及研究者研究视角的差异，最有可能的原因是社会资本对医疗保健服务利用的影响可能并非简单的线性影响，而是非线性影响。此外，上述文献基本都是以国外居民或移民为研究对象，虽然已经有文献开始关注社会资本与中国乡城移民的健康之间的关系（Palmer and Xu，2013），但研究社会资本与中国乡城移民医疗保健之间关系的文献还比较少，本文拟从社会网络的视角研究社会资本与乡城移民的医疗保健支出之间的关系。重点在于分析社会网络对乡城移民医疗保健支出的非线性影响。

三、理论框架及影响机制

本文的理论框架主要来自格罗斯曼（Grossman，1972、1999）的两篇论文。作为居民人力资本重要组成部分的健康资本直接进入居民的当期效用函数，在跨期预算约束下，居民选择一条健康资本路径以实现一生效用总和的最大化，因而从跨期最优化条件能够推导出居民对健康的需求，健康资本作为存量资本，会因折旧而减少，也会随投资而增加，因而，居民对健康的需求引致了居民对健康投资的需求。居民医疗保健支出作为购买卫生保健服务的成本，是健康投资的一种重要形式，会受到各种因素的影响，根据现有相关文献（Fleurbaey and Schokkaert，2011；Shen，2013；马超等，2012；张蕾，2012；韩华为，2010；Koopmanschap et al.，2010）的研究结论，居民的个人特征、家庭特征、健康状况和医疗保险状况会影响居民的医疗保健支出，但是鲜有文献考察社会网络对居民医疗保健支出的影响。

社会网络作为社会资本的重要构成部分，其最基本的功能有两个：其一，在居民个体面临经济困境、需要帮助时，社会网络能够动员经济资源给予居民帮助和支持；其二，传递相关信息，诱导个体做出最优决策并采取相关行动。乡城移民的社会网络会通过上述两个基本功能对其医疗保健支出产生影响。然而，社会网络的信息传递功能和帮扶与支持功能仅是分析乡城移民社会网络与其医疗保健支出之间关系的出发点，社会网络传递哪方面的信息、给予哪方面的帮扶和支持则可能引出不同的作用机理，进而得出不同的研究结论。下面进行详细分析。

很长一段时期，中国社会实行城乡二元管理体制并采用严格的户籍登记制度来限制农村人口向城市的流动。得益于改革开放政策，人口流动限制逐渐放松，大量农村人口向城市转移。然而，城乡二元管理体制和户籍登记制度并没有被取消。更为严重的是，在大量农村人口持续涌入城市、城市人口急剧增加的背景下，户籍登记制度成为配置城市公共资源的重要手段，附着在户籍制度上的社会福利的城乡二元分配体制在城市内部得以延伸，造成了社会福利在城市内部的不公平配置。乡城移民作为城市外来人口，虽然在城市工作和生活，但并不能轻易获取城市户籍，因而没能享有城市医疗保障等社会福利，因此乡城移民在医疗保健服务可及性和医疗保健服务实际利用方面都存在较大障碍。此外，在现有医疗保险制度下缺乏城乡之间以及区域之间的医疗报销制度的对接，因而跨区域诊治和报销实际上很难实现，这就给乡城移民的医疗保健增加了困难。社会网络作为一种非正式制度，可以在一定程度上替代城市医疗保险制度，从而对乡城移民的医疗保健产生影响。首先，乡城移民可以通过社会关系网络减少在城市内部面临的医疗保健服务可及性障碍（Derose and Varda, 2009），从而促进乡城移民对医疗保健服务的实际消费。在乡城移民面临重大疾病风险的时候，乡城移民可以通过社会关系网络获取有关的医疗保健信息，动用社会关系网络获得更好的医疗保健服务。其次，在乡城移民跨区域报销存在困难、就地报销又不可能的情况下，当乡城移民面临重大疾病风险、有病无钱医治的困境时，社会关系网络可以为乡城移民提供经济支持，从而在一定程度上缓解乡城移民面临的流动性约束，进而促进乡城移民的医疗保健消费。也就是说，乡城移民的社会网络起到了社会保障和社会支持的功能，而且，乡城移民的社会网络规模越大，社会网络所能传递的医疗保健信息可能也就越多，社会网络所能给予的经济支持也越强大。此时，社会网络对乡城移民的医疗保健支出存在正向影响。

社会网络也可能对乡城移民的医疗保健支出存在负向影响。乡城移民以外来人口的身份加入城市产业大军，在城市劳动力市场上处于弱势地位，处在城市职业梯队的底端，所从事的工作一般都是城市劳动力不愿意从事的工作，工作环境差，劳动权益时常得不到不保障。因而，乡城移民面临的健康风险更为突出，他们的健康资本更易受损（牛建林，2013）。社会网络有助于乡城移民在城市劳动力市场上的职业搜寻、工资提升和工作满意度的提高（叶静怡等，

2010；章元等，2009），因而乡城移民可以借助社会关系网络通过选择职业类型来规避健康风险，进而减少乡城移民健康资本的折旧。尤其是基于业缘关系的社会网络可以加强乡城移民个体之间、乡城移民与城市居民之间的信任和协作，从而改变在劳资博弈中的弱势地位（王春超等，2013），迫使企业改善工作环境，关注企业员工的职业健康，降低乡城移民面临的健康风险，进而减少乡城移民健康资本的折旧。根据前面的分析，健康资本折旧的减少会降低乡城移民的医疗保健支出，因而社会网络的增加可以降低乡城移民的医疗保健支出。此外，根据福兰德（Folland，2008）的研究结论，社会资本可以改善个人健康状况，提高个人的健康资本生产效率，降低健康资本的折旧，社会网络作为社会资本的重要内容，应该也会对乡城移民的健康状况产生影响，从而影响乡城移民的医疗保健支出。

上面的分析表明，社会网络对乡城移民的医疗保健支出存在正效应也存在负效应。在现实中社会网络对乡城移民医疗保健支出的总体影响取决于哪种效应占主导地位，如果正效应占主导地位，则总体影响为止；反之则总体影响为负。最有可能的情形是在社会网络的不同水平上起主导作用的效应各不相同，因而，社会网络对乡城移民医疗保健支出的影响极有可能是非线性的。这需要用经验数据进行深入的研究。根据上面的分析，可以设定居民医疗保健支出方程：

$$I = g\ (D,\ Y,\ Z,\ S_1,\ S_2) \tag{1}$$

式（1）中，I 表示居民的医疗保健支出；D 表示居民个人特征，如年龄、性别、受教育程度和婚姻状况等；Y 表示家庭特征，主要包括家庭规模和人均收入；Z 表示居民健康状况，一般用居民自评一般健康状况或者居民过去三个月是否患病来表示，同时包括一些表示居民健康行为的因素，如抽烟情况等；S_1 表示居民医疗保险情况；S_2 表示居民社会网络情况。

利用上述框架，可以研究社会网络对乡城移民医疗保健支出的影响。

四、计量方法、数据来源与变量定义

1. 计量方法

为了更深入的研究社会网络对乡城移民医疗保健支出的影响，把乡城移民的医疗保健支出决策分解为参与决策和支出决策，同时研究社会网络对乡城移民医疗保健参与决策和医疗支出水平决策的影响，并用两部分模型进行估计。

根据杜安等（Duan et al., 1983）设定两部分模型如下：

$$I_i^* = X_{1i}\boldsymbol{\alpha} + \varepsilon_i \tag{2}$$

$$d_i = \begin{cases} 1, & \text{如果 } I_i^* > 0 \\ 0, & \text{其他} \end{cases} \tag{3}$$

$$\ln(I_i) = X_{2i}\boldsymbol{\beta} + \nu_i \tag{4}$$

式（2）和式（3）构成了两部分模型的参与方程，其中，下标 i 表示第 i 个个体，I_i^* 是乡城移民的医疗保健支出，向量 X_{1i} 是影响居民医疗保健参与的因素，$\boldsymbol{\alpha}$ 是待估计参数向量，ε_i 表示随机扰动项，且 $\varepsilon_i \sim N(0, 1)$。$d_i$ 表示乡城移民是否参与医疗保健支出的二值变量，如果乡城移民发生了医疗保健支出，则取值为 1，否则为 0。参与方程实际上是一个二值选择模型，可以用 Probit 模型或者 Logit 模型进行估计。

式（4）是两部分模型的支出水平方程，其中，$\ln(I_i)$ 表示乡城移民的医疗保健支出的对数，X_{2i} 表示所有会影响居民医疗支出水平的因素，$\boldsymbol{\beta}$ 为待估计参数向量，ν_i 表示随机扰动项，且 $\nu_i \sim N(0, \sigma^2)$。根据支出水平方程的设定，只有医疗保健支出为正的观测才能用于估计支出水平方程。可以用普通最小二乘法估计支出水平方程。

在考察乡城移民医疗保健支出与社会网络状况之间的关系时面临的一个关键问题在于如何控制社会网络的内生性。一般而言，社会网络是居民内生选择的结果，"人以群分，物以类聚"形象的说明了这背后的逻辑，因而居民的社会网络规模、社会网络顶端和社会网络差异可能都与居民的自身特征有关。如果不控制内生性，即使在经验分析中发现乡城移民的医疗保健支出与其社会网络存在显著相关性，也不能确定二者之间存在明确的因果关系。因为在没有控制内生性的情况下，分析结果可能忽略了乡城移民医疗保健支出对社会网络的反向因果关系和第三方因素对二者的影响。在经验分析中，为了控制内生性，惯常的做法是寻找到居民社会网络的工具变量，利用工具变量法进行分析，然而，利用工具变量法的困难在于，在实际操作中可以利用的良好工具变量少之又少，这就给我们的经验分析带来了困难。

为了减少内生性给分析结果带来的影响，本文结合实际可资利用的数据并参照诺伯格等（Nauenberg et al., 2011）的做法，认为社会资本是一种存量资本，居民当期社会资本与上一期的社会资本存在稳定的关系，因而利用居民上一期的社会网络情况来表示居民当期的社会网络情况，进而研究社会网络对乡城移民医疗保健支出的影响。该方法能够有效减少内生性的影响，但要求微观面板数据。中国农民工追踪调查数据库（RUMiC）是一个大型微观面板数据库，因而能够满足我们的研究需要。

2. 数据说明

中国农民工追踪调查数据（RUMiC）项目由澳大利亚国立大学、昆士兰大学和北京师范大学相关研究机构联合实施，并得到了国际研究机构劳动研究所（IZA）的支持。由澳大利亚研究协会、国际开发澳大利亚办事处（Aus-AID）、福特基金、劳动研究所和中国社科基金共同资助。该数据库包括三部分：城镇家庭调查数据、农村家庭调查数据和农民工调查数据。对农民工及其家属的调查覆盖了 15 个大中型城市，对于调查城市的选择主要是看该城市所在省份是否是劳务输出或者劳务输入大省，然后，在每个城市内再采用分层抽样法进行抽样。主要调查项目包括个人层面的人口学特征、个体健康状况、成人受教育情况、就业状况、子女教育情况、社会关系情况、家庭收入支出、流入地居住状况和农村老家基本信息等。

迄今为止，该数据库公开了 2008 年和 2009 年两年的调查数据。2009 年中国农民工追踪调查是在 2008 年中国家庭收入调查项目（CHIP2007）的基础上展开的，但是，由于农民工流动性高、就业稳定性差，在 2009 年的调查中农民工部分有大量调查个体流失，因此，对农民工的调查在原有基础上进行了更换和补充。综合这两年的数据，剔除流失的个体以及新增个体，剩下的部分就构成了面板数据，因而能够用于研究社会网络对乡城移民医疗保健支出的影响。

3. 变量定义及描述性统计

根据前面的设定，参与方程的被解释变量是二值变量，用 z 表示，如果乡城移民在过去 12 个月发生了医疗保健支出，取值为 1，否则为 0。支出方程的被解释变量为乡城移民在过去 12 个月的医疗保健支出，为了减少异方差的影响，取对数，用 y 表示。

主要的解释变量为乡城移民的社会网络。如何测量社会网络是大部分社会网络文献和社会资本文献当中的理论难题，其困难源于社会网络的嵌入型和非正式性特性，以及社会网络本身的多维度特性。学者们对于社会网络的指标并没有一致的意见。有学者认为家庭礼金收支金额可以反映居民与亲朋好友之间的互动（易行健等，2012；杨汝岱等，2011；马光荣等，2011），在实际研究中，由于调查数据中礼金收入的零值所占比例偏高，为避免测量误差引起的偏误，多采用家庭礼金支出金额作为社会网络的代理变量。边燕杰（2004）在从社会网络观点考察中国城市居民社会资本的来源及作用的研究中，用被访问者春节期间有拜年交往的亲朋好友人数来表示网络规模，以拜年亲朋好友中最高的职业声望来表示网络顶端，以拜年人职业类型数量表示网络差异，采用因子分析法分析社会网络规模、社会网络顶端和社会网络差异对社会资本的贡献。郝君富等（2013）利用同一思想，从农民工餐饮社交网络出发构建社会网络的综合指标。第一种方法强调了社会网络规模的影响，而第二种方法则兼顾了社会网络的各个维度，能够更全面的考察社会网络的作用。在笔者使用的数据中，"最近的一个春节期间通过各种方式相互问候过的人数""最近12个月内给你帮过忙的人数""最近12个月内的礼金收入""最近12个月内的礼金支出"等指标都可以用来构建乡城移民的社会网络指标。详细分析数据，发现礼金收入、礼金支出和礼金收支总和都出现较多零值，都不适合作为社会网络的代理变量。而"最近12个月内给过你帮忙的人数"仅反映了社会网络动员资源的作用，没有较好地反映社会网络传递信息的功能，而且出现零值的比例也较高，因而也不适合作为社会网络的代理变量。"最近的一个春节期间通过各种方式相互问候的人数"反映了乡城移民的社会网络规模，虽然在数据中只有与乡城移民关系最好的 3～5 位关系人的职业信息，无法获得社会网络顶端和社会网络差异的情况，但它零值比例较少，变异显著，适合作为社会网络的代理变量，而且还给出了亲戚人数、朋友/熟人人数、与乡城移民生活在同一城市的人数和有城市户籍的人数。社会网络作为一种非正式制度，能够传递相关医疗保健信息，并在居民需要帮助和支持的时候发挥调动资源的功能，乡城移民在城市生活，在乡城移民医疗保健服务可及性存在障碍和医疗保健支出就地报销存在困难的情况下，乡城移民的社会网络可能将发挥社会保障和社会支持的功能。与此同时，乡城移民可以利用基于地缘关系、业缘关系的社会网络在城市劳动力市场中通过选择职业类型和增进协作以迫使企业改善劳动环境来规避健康风险，因而乡城移民生活所在城市内的社会网络更值得关注。因而，用"最近的一个春节期间通过各种方式相互问候的人数"作为社

会网络的代理变量1，以 *snw*1 表示；同时，为了体现乡城移民在城市内的社会
网络的重要性，用"在最近一个春节期间通过各种方式相互问候的人数中与
乡城移民生活在同一城市内的人数比例"作为社会网络的代理变量2，以 *snw*2
表示。*snw*1 类似于边燕杰（2004）强调的社会网络规模，而 *snw*2 类似于他强
调的社会网络差异。实际上，根据叶静怡等（2010）的研究，乡城移民从农
村进入城市，其社会资本会从基于血缘关系的原始型社会资本转换为基于地缘
关系、业缘关系的新型社会资本，而且两种类型的社会资本的作用各有侧重
点。本文设置社会网络的代理变量 *snw*2 也是为了突出乡城移民在城市内部的
社会关系网络的重要性和差异性，从而能更全面深入的考察社会网络对乡城移
民医疗保健的影响。

　　控制变量主要有四类。第一，个人特征变量，主要包括表示乡城移民性
别、婚姻状况和民族状况的虚拟变量，以 0 ~ 25 岁居民为参照，定义 4 个虚拟
变量，分别表示乡城移民年龄在 26 ~ 35 岁、36 ~ 45 岁、46 ~ 65 岁和 66 岁以
上；以最高受教育程度为小学及以下为参照，定义 5 个虚拟变量，分别表示乡
城移民的最高受教育程度为初中、高中、中专、大专和本科及以上。第二，家
庭特征变量，主要包括家庭人数和家庭人均收入，其中家庭人数仅指在同一城
市生活的人口总数，家庭人均收入用被调查户过去 12 个月家庭人均消费性支
出替代。第三，表示乡城移民健康状况的变量，对于居民健康状况，调查问卷
中设置了两个问题，"您目前的健康状况如何？""最近 3 个月您是否生过病或
受过伤？包括慢性或急性病。"因此，我们设置两类变量来表示居民的健康状
况。以居民身体状况一般为参照，设置 4 个虚拟变量分别表示居民身体状况非
常好、好、不好和非常不好。以过去 3 个月没有疾病为参照，设置表示居民过
去三个月是否生病的虚拟变量。为了更好地反映居民健康状况，设置表示居民
是否经常抽烟的虚拟变量。以完全没有精神压力为参照，设置 3 个虚拟变量分
别表示乡城移民有一点精神压力、精神压力比较严重和精神压力非常严重。第
四，表示乡城移民参加医疗保险情况的变量，详细研究数据后发现，有些人没
有参加任何医疗保险，有些参加了一种医疗保险，有些人参加了不止一种医疗
保险，例如，既参加了公费医疗保险，又自行购买了商业医疗保险，这就给变
量设置造成困难，既不能设置多个虚拟变量也没办法设置类别变量，因而，文
章设置了表示乡城移民是否购买医疗保险的虚拟变量。表 1 给出了相关变量的

定义、取值以及描述性统计。

表1 主要变量描述性统计

变量	定义及说明	频数	均值	标准差	最小值	最大值
z	过去12个月有医疗保健支出=1；没有=0	3352	0.732	0.443	0	1
y	过去12个月医疗保健支出对数	2168	5.473	1.568	0.693	11.51
snw1	春节期间通过各种方式相互问候过的人数	2798	27.0838	22.3179	0	100
snw2	在最近一个春节期间通过各种方式相互问候的人数中与乡城移民生活在同一个城市内的人数比例	2777	0.4528	0.2994	0	1
sex	女=1；男=0	3352	0.44	0.497	0	1
marriage	有配偶=1；其他=0	3098	0.637	0.481	0	1
nation	少数民族=1；其他=0	3091	0.0133	0.114	0	1
age1	年龄在26~35岁=1；其他=0	3352	0.253	0.435	0	1
age2	年龄在36~45岁=1；其他=0	3352	0.24	0.427	0	1
age3	年龄在46~65岁=1；其他=0	3352	0.088	0.283	0	1
age4	年龄在66岁及以上=1；其他=0	3352	0.0805	0.272	0	1
junior	初中=1；其他=0	3352	0.405	0.491	0	1
senior	高中=1；其他=0	3352	0.232	0.422	0	1
technical	中专、技校=1；其他=0	3352	0.0358	0.186	0	1
college1	大专=1；其他=0	3352	0.031	0.173	0	1
college2	本科及以上=1；其他=0	3352	0.0075	0.0861	0	1
number	同一城市共同生活人数	3352	2.468	1.278	1	6
x	家庭人均收入对数	3283	9.169	0.564	6.215	11.4
health1	身体非常好=1；其他=0	3352	0.232	0.422	0	1
health2	身体好=1；其他=0	3352	0.476	0.499	0	1
health3	身体不好=1；其他=0	3352	0.0236	0.152	0	1
health4	身体非常不好=1；其他=0	3352	0.0021	0.0457	0	1
illness	最近3个月生病=1；其他=0	3098	0.187	0.39	0	1
medical	有医疗保险=1；其他=0	3352	0.632	0.482	0	1
psy1	有一点精神压力=1；其他=0	2033	0.56	0.497	0	1
psy2	精神压力比较严重=1；其他=0	2033	0.128	0.335	0	1
psy3	精神压力很严重=1；其他=0	2033	0.0344	0.182	0	1
smoke	每天抽烟=1；其他=0	3352	0.308	0.462	0	1

资料来源：2008年和2009年的农民工追踪调查。

在表 1 中，社会网络的代理变量 $snw1$ 和 $snw2$ 的数据来自 2008 年中国农民工追踪调查数据，其他变量的数据则来自 2009 年中国农民工追踪调查数据。

五、实证分析

1. 基准模型回归结果

表 2 给出了基准模型的回归结果，模型（1）、模型（2）、模型（3）和模型（4）是参与方程的回归结果，模型（5）、模型（6）、模型（7）和模型（8）是支出方程的回归结果，在参与方程（1）和方程（3）及支出方程（5）和方程（7）中，用"您最近 3 个月是否生病"来表示乡城移民的身体健康状况，而参与方程（2）和方程（4）及支出方程（6）和方程（8）中，用自评一般健康来表示乡城移民的健康状况。

表 2 基准模型回归结果

	参与方程				支出方程			
	（1）	（2）	（3）	（4）	（5）	（6）	（7）	（8）
$snw1$	0.0007 (0.3727)	0.0012 (0.6120)			0.0005 (0.2232)	0.0013 (0.5746)		
$snw2$			0.2277 ** (1.9544)	0.1507 ** (1.3259)			− 0.2495 ** (− 1.8090)	− 0.3230 *** (− 2.3249)
个人特征	已控制							
家庭特征	已控制							
健康状况	已控制							
医疗保险状况	已控制							
样本量	1603	1598	1703	1699	1177	1177	1256	1256
对数似然函数值	− 8.2e + 02	− 8.7e + 02	− 8.7e + 02	− 9.2e + 02	− 2.1e + 03	− 2.1e + 03	− 2.2e + 03	− 2.2e + 03
$chi2$	194.2910	96.8005	197.9251	90.3310				

注：括号内为 t 统计量，* 表示 $p < 0.10$，** 表示 $p < 0.05$，*** 表示 $p < 0.01$。

表 2 给出的回归结果全部控制了乡城移民的个人特征、家庭特征、健康状况和医疗保险状况。参与方程模型（1）和模型（2）的回归结果表明，社会网络代理变量 $snw1$ 的回归系数符号为正，但是不具有统计显著性，而在模型

（3）和模型（4）中社会网络代理变量 snw2 的回归系数符号为正且具有统计显著性。参与方程模型（5）和模型（6）的回归结果表明，社会网络代理变量 snw1 的回归系数符号为正，但是不具有统计显著性，而在模型（7）和模型（8）中社会网络代理变量 snw2 的回归系数符号为负且具有统计显著性。

上面的分析结果似乎说明，以"最近的一个春节期间通过各种方式相互问候过的人数"作为乡城移民的社会网络代理变量即 snw1 时，社会网络对乡城移民的医疗保健参与倾向和医疗保健支出水平的影响都不显著，但用在"最近一个春节期间通过各种方式相互问候的人数中与乡城移民生活在同一城市内的人数比例"作为社会网络的代理变量即 snw2 时，社会网络对乡城移民的医疗保健参与倾向有正影响，而对医疗保健支出水平有负向影响。这似乎预示着 snw2 是乡城移民社会网络的良好代理变量，而 snw1 则没有准确的刻画出乡城移民的社会网络状况，因而不能较好地捕捉社会网络对乡城移民的医疗保健参与倾向和医疗保健支出水平的影响。然而，根据前面的分析，社会网络对乡城移民的医疗保健可能存在正效应，也可能存在负效应，在现实中可能并不是哪种效应起绝对的主导作用，最为可能的情况是两种效应同时存在，但是两种效应的大小随社会网络的变化而变化，因而两种效应的大小关系也会发生变化。也就是说，社会网络对乡城移民医疗保健支出的总体影响可能会随社会网络的变化而发生变化，即社会网络对乡城移民医疗保健支出的总体影响可能是非线性的。这需要进行进一步的分析，在没有确定社会网络对乡城移民医疗保健支出的影响是否为非线性之前贸然对回归结果下结论多少显得有些武断。下一部分将对社会网络的非线性影响进行分析。

2. 社会网络的非线性影响

为了分析社会网络对乡城移民医疗保健支出的非线性影响，在模型（1）、模型（2）、模型（5）和模型（6）中加入了 snw1 的平方项，而在模型（3）、模型（4）、模型（7）和模型（8）中加入了 snw2 的平方项，表 3 给出了回归结果。表 3 中的模型与表 2 中的模型一一对应。所有模型都控制了个人特征、家庭特征、健康状况和医疗保险状况。

第一，社会网络规模对乡城移民的医疗保健参与倾向存在"倒 U 型"影响。参与方程模型（1）的估计结果显示，snw1 的回归系数符号为正，snw1 的平方项的回归系数符号为负，且回归系数都具有统计显著性。这说明，随着社

表3　　　　　　　　　社会网络对乡城移民医疗保健支出的非线性影响

	参与方程				支出方程			
	(1)	(2)	(3)	(4)	(5)	(6)	(7)	(8)
*snw*1	0.0150 *** (2.4473)	0.0180 *** (3.0427)			− 0.0282 *** (− 3.8056)	− 0.0234 *** (− 3.1741)		
*snw*1 平方项	− 0.0002 *** (− 2.4673)	− 0.0002 *** (− 3.0183)			0.0004 *** (4.0013)	0.0003 *** (3.5529)		
*snw*2			1.2019 *** (3.1364)	1.1933 *** (3.1954)			− 0.8721 ** (− 1.8278)	− 0.8615 ** (− 1.8154)
*snw*2 平方项			− 1.0125 *** (− 2.6716)	− 1.0806 *** (− 2.9337)			0.6332 (1.3912)	0.5477 (1.1868)
个人特征	已控制							
家庭特征	已控制							
健康状况	已控制							
医疗保险状况	已控制							
样本量	1603	1598	1703	1699	1177	1177	1256	1256
对数似然函数值	−8.2e+02	−8.6e+02	−8.7e+02	−9.2e+02	−2.1e+03	−2.1e+03	−2.2e+03	−2.2e+03
*chi*2	200.3288	105.8270	205.0324	98.8942				

注：括号内为 t 统计量，＊表示 $p < 0.10$，＊＊表示 $p < 0.05$，＊＊＊表示 $p < 0.01$。

会网络规模增加，乡城移民的医疗保健参与倾向先随之增强，当社会网络规模达到37.5时，乡城移民的医疗保健参与倾向最强，当社会网络规模继续增加时乡城移民的医疗保健参与倾向随之逐渐减弱。其原因在于，社会网络对乡城移民的医疗保健参与倾向也同时存在正效应和负效应。在乡城移民决定是否利用医疗保健服务的时候，需要考虑他当前的健康资本路径是否偏离他的最优健康资本路径，以及如果已经发生偏离那么偏离的程度有多大，在此基础上再考虑是否有必要对健康进行投资，从而使健康资本路径重新达到最优。事实上，乡城移民面临的健康风险更为突出，健康资本时常被过度损耗和折旧。根据前面的分析，社会关系网络在改善乡城移民的工作环境方面能够发挥重要作用，社会关系网络有助于改善个人健康状况，提高个人的健康资本生产效率，降低健康资本的折旧，因而，社会网络规模对乡城移民的医疗保健参与倾向存在负向效应。此外，在乡城移民决定是否利用医疗保健服务的时候，还需要考虑城市医疗保健服务的可及性和自身的实际预算约束，根据前面的分析，社会网络有助于减轻乡城移民面临的医疗保健服务可及性障碍和流动性约束，因而社会网络对乡城移民的医疗保健参与倾向存在正向效应。社会网络对乡城移民的医疗保健参与倾向同时存在正向效应和负向效应，两种效应中哪种效应占主导则决定了社会网络对乡城移民医疗保健参与倾向的总体影响。当正向效应占主导的时候，乡城移民的医疗保健参与倾向随社会网络规模的增加而加强；当负效应占主导的时候，乡城移民的医疗保健参与倾向随社会网络规模的增加而减弱。乡城移民的医疗保健参与倾向随社会网络规模的增加而呈"倒 U 型"变化，说明在社会网络规模较小时社会网络规模对乡城移民医疗保健参与倾向的正效应占主导地位，而社会网络规模较大时则是负效应占主导地位。模型（2）展示了同样的情形，说明我们的估计结果不会因为采用不同的健康状况的代理变量而发生变化。

第二，社会网络规模对乡城移民医疗保健支出水平存在"U 型"影响。支出方程模型（5）的估计结果显示，$snw1$ 的估计系数符号为负，而 $snw1$ 的平方项的估计系数符号为正，而且两个系数在统计上显著。这说明随着社会网络规模增加，乡城移民的医疗保健支出水平先随之下降，当社会网络规模达到35.25 时，乡城移民的医疗保健支出达到最小，当社会网络规模继续增加时乡城移民的医疗保健支出水平随之逐渐上升。根据前面的分析，社会网络对乡城移民的医疗保健支出水平同时存在正向效应和负向效应，两种效应中哪种效应占主导则决定了社会网络对乡城移民医疗保健支出水平的总体影响。当负向效应占主导的时候，乡城移民的医疗保健支出水平随社会网络规模的增加而下降；当正效应占主导时，乡城移民的医疗保健支出水平随社会网络规模的增加而上升。模型（6）展示了同样的情形，这也说明我们的估计结果不会因为采用不同的健康状况的代理变量而发生变化。

社会网络规模对乡城移民医疗保健参与倾向的影响呈"倒 U 型"，而对医疗支出水平的影响呈现"U 型"，说明社会网络对乡城移民医疗保健参与倾向的影响与对乡城移民医疗保健支出水平的影响存在差异，其原因在于社会网络对乡城移民的医疗保健参与决策和医疗保健支出水平决策的作用存在异质性。

第三，城市社会网络占乡城移民整个社会网络的比例对乡城移民的医疗保健参与倾向存在"倒 U 型"影响。参与方程模型（3）的估计结果表明，snw2 的系数符号为正，snw2 的平方项的系数符号为负，且都具有统计显著性。这说明随着城市社会网络占乡城移民社会网络的比例的增加，乡城移民的医疗保健参与倾向随之增加，当该比例为 0.5935 时，乡城移民的医疗保健参与倾向最强，当该比例继续增加时，乡城移民的医疗保健参与倾向随之减弱。其原因也在于城市社会网络对乡城移民的医疗保健参与倾向同时具有正负两个方向的影响，城市社会网络对乡城移民的医疗保健参与倾向的总体影响取决于哪种效应占主导。

第四，当乡城移民的整个社会网络规模不变时，扩大乡城移民的城市社会网络会减小其医疗保健支出。表 3 中，支出方程模型（7）的估计结果表明，snw2 的估计系数符号为负且具有统计显著性，而 snw2 的平方项的估计系数符号为正但不具有统计显著性。结合表 2 中相应模型的估计结果，说明增加城市社会网络占乡城移民整个社会网络的比例对其医疗保健支出存在负向的线性影响，但不存在非线性影响。其原因可能在于乡城移民在农村老家的社会网络和在城市的社会网络存在异质性。叶静怡等（2010）认为乡城移民从农村进入城市，社会资本会从原始型社会资本向现代型社会资本转变。事实上，乡城移民在农村老家的社会网络大多基于血缘关系，而在城市的社会网络多数是基于地缘或者业缘关系，因而两者对其医疗保健支出水平的作用可能存在异质性。当乡城移民遭受重大疾病侵袭时，基于血缘的农村社会关系网络更有可能给予乡城移民经济支持以缓解其流动性约束，因而能促进其医疗保健支出。而基于地缘或业缘的城市社会关系网络则在乡城移民通过选择职业类型和增进协作以迫使企业改善劳动环境来规避健康风险方面将发挥更大的作用。与此同时，基于地缘和业缘的城市关系网络与乡城移民的日常生活密切相关，因而在改善个人健康状况、提高个人的健康资本生产效率和降低健康资本的折旧上都起着更为重要的作用，因此，城市社会网络对乡城移民医疗保健支出的影响可能以负效应为主。所以，如果城市社会网络占整个社会网络的比例越高，乡城移民的医疗保健支出越低。

六、结语

综上所述，社会网络能减少乡城移民面临的医疗保健服务可及性障碍，缓解其流动性约束，进而促进其对医疗保健服务的实际消费，因而社会网络对乡城移民的医疗保健支出存在正效应；与此同时，社会网络有助于改善个人工作环境、改善个人健康状况、提高个人的健康资本生产效率和降低健康资本的折旧，进而减少其对医疗保健服务的实际消费，因而社会网络对乡城移民的医疗保健支出存在负效应。社会网络对乡城移民医疗保健支出的总体影响取决于哪种效应起主导作用。文章进一步以 2008 年和 2009 年中国农民工追踪调查数据为基础，利用两部分模型研究社会网络是否以及如何影响乡城移民的医疗保健支出，并以乡城移民 2008 年的社会网络代替 2009 年的社会网络状况以避免内生性对分析结果造成的偏误。研究发现，社会网络对乡城移民的医疗保健参与倾向和医疗保健支出水平均存在非线性影响，但影响态势存在显著差异。具体而言，随着社会网络规模的增加，乡城移民医疗保健参与倾向呈"倒 U 型"变化，而医疗保健支出水平呈"U 型"变化，此外，随着城市社会网络规模占整体社会网络规模的比例增加，乡城移民的医疗保健参与倾向呈"倒 U 型"变化，而医疗保健支出会下降。

根据 2012 年全国农民工监测调查报告的数据，全国农民工总量高达 2.6261 亿。在推进新型城镇化建设的背景下，农民工人口将会空前增长，因而这一群体将会成为我国城市人口的重要组成部分之一，他们的医疗保健问题不但事关其自身健康，也给当地政府的公共卫生管理提出了新挑战。虽然《中共中央关于全面深化改革若干重大问题的决定》提出要推进农业转移人口市民化，稳步推进城镇基本公共服务常住人口全覆盖。然而，在实际中具体应该如何操作对地方政府而言依然是一个难题。本文的研究为政府针对乡城移民的卫生保健管理提供了另一个视角。具体而言，政府可以加强针对乡城移民的社区建设，以促进他们的社会融合，适当扩大他们的社会网络，在此基础上加强针对乡城移民的医疗保健宣传教育，以充分发挥社会网络的社会保障和社会支持功能。

本文的研究还存在一些不足。首先，在经验分析中社会网络的指标构建可能需要改进以更好地反映社会网络的其他维度；其次，限于数据，本文没有对计量结果进行稳健性检验；最后，在本文中只研究了社会网络对乡城移民的医疗保健的直接影响，限于数据没有对可能的间接影响进行分析。是否存在间接影响，如果存在间接影响其影响程度如何等一系列问题有待进一步的研究。

参考文献

[1] 边燕杰:《城市居民社会资本的来源及作用:网络观点与调查发现》,载于《中国社会科学》2004 年第 3 期。

[2] 韩华为:《个体医疗需求行为研究综述》,载于《经济评论》2010 年第 4 期。

[3] 郝君富、文学:《市场化程度与社会网络的收入效应——基于农民工数据的实证研究》,载于《财经研究》2013 年第 6 期。

[4] 马超、顾海、李佳佳:《我国医疗保健的城乡分割问题研究——来自反事实分析的证据》,载于《经济学家》2012 年第 12 期。

[5] 马光荣、杨恩艳:《社会网络,非正规金融与创业》,载于《经济研究》2011 年第 3 期。

[6] 牛建林:《人口流动对中国城乡居民健康差异的影响》,载于《中国社会科学》2013 年第 2 期。

[7] 王春超、周先波:《社会资本能影响农民工收入吗?——基于有序响应收入模型的估计和检验》,载于《管理世界》2013 年第 9 期。

[8] 杨汝岱、陈斌开、朱诗娥:《基于社会网络视角的农户民间借贷需求行为研究》,载于《经济研究》2011 年第 11 期。

[9] 叶静怡、周晔馨:《社会资本转换与农民工收入——来自北京农民工调查的证据》,载于《管理世界》2010 年第 10 期。

[10] 易行健、张波、杨汝岱、杨碧云:《家庭社会网络与农户储蓄行为:基于中国农村的实证研究》,载于《管理世界》2012 年第 5 期。

[11] 张蕾:《个体医疗需求及其影响因素研究综述》,载于《卫生经济研究》2012 年第 2 期。

[12] 章元、陆铭:《社会网络是否有助于提高农民工的工资水平?》,载于《管理世界》2009 年第 3 期。

[13] De Luca, G., M. Ponzo and A. R. Andres, "Health care utilization by immigrants in Italy", *International Journal of Health Care Finance & Economics*, 2013, 13 (1), 1 – 31.

[14] Deri, C., "Social networks and health service utilization", *Journal of*

Health Economics, 2005, 24 (6), 1076 – 1107.

[15] Derose, K. P., "Do bonding, bridging, and linking social capital affect preventable hospitalizations?" *Health Services Research*, 2008, 43 (51), 1520 – 1541.

[16] Derose, K. P., B. W. Bahney, N. Lurie and J. E. J. Escarce, "Review: immigrants and health care access, quality, and cost", *Medical Care Research and Review*, 2009, 66 (4), 355 – 408.

[17] Derose, K. P. and D. M. Varda, "Social Capital and Health Care Access A Systematic Review", *Medical Care Research and Review*, 2009, 66 (3), 272 – 306.

[18] Devillanova, C., "Social networks, information and health care utilization: Evidence from undocumented immigrants in Milan", *Journal of Health Economics*, 2008, 27 (2), 265 – 286.

[19] Dong, G. N., "The Relation of Social Networks and Health Service Demand", *Working Paper*, 2013.

[20] Duan, N., W. G. Manning, C. N. Morris and J. P. Newhouse, "A comparison of alternative models for the demand for medical care", *Journal of business & economic statistics*, 1983, 1 (2), 115 – 126.

[21] Fleurbaey, M. and E. Schokkaert, "Equity in health and health care", *Handbook of Health Economics*, 2011, 1003 – 1092.

[22] Folland, S., "An economic model of social capital and health", *Health economics, policy, and law*, 2008, 3 (Pt 4).

[23] Grossman, M., "On the concept of health capital and the demand for health", *The Journal of Political Economy*, 1972, 80 (2), 223 – 255.

[24] Grossman, M., "The Human Capital Model of the Demand for Health", *NBER Working Paper*, 1999, (w7078).

[25] Koopmanschap, M., C. de Meijer, B. Wouterse and J. Polder, "Determinants of health care expenditure in an aging society", *Panel Paper*, 2010, 22.

[26] Laporte, A., E. Nauenberg and L. Shen, "Aging, social capital, and health care utilization in Canada", *Health economics, policy, and law*, 2008,

3（Pt 4）.

［27］Nauenberg, E. , A. Laporte and L. Shen, "Social capital, community size and utilization of health services: A lagged analysis", *Health Policy*, 2011, 103 (1), 38 – 46.

［28］Palmer, N. and Q. W. Xu, "Social Capital, Migration and Health in the Urban Chinese Context", *Journal of Ethnic and Migration Studies*, 2013, 39 (1), 31 – 50.

［29］Samek, D. A. , et al. , "The effect of social capital on the use of general practitioners: a comparison of immigrants and non-immigrants in ontario", *Healthcare policy*, 2012, 8 (1).

［30］Samek, D. , *Social Capital and the Health Services Utilization of Immigrants in Canada*, 2010.

［31］Shen, C. , "Determinants of Health Care Decisions: Insurance, Utilization, and Expenditures", *The Review of Economics and Statistics*, 2013, 95 (1), 142 – 153.

［32］Tarraf, W. , P. Y. Miranda and H. M. Gonz A Lez, "Medical Expenditures among Immigrant and Non-Immigrant Groups in the US: Findings from the Medical Expenditures Panel Survey（2000 – 2008）", *Medical care*, 2012, 50 (3), 233.

地方政府中期财政规划改革难点问题分析

邝艳华

20 世纪 80 年代以来，很多国家探索实行中期财政规划。中期财政规划也称中期预算、多年度预算等，有别于年度预算框架，以预算年度为基年滚动编制未来 3 ~ 5 年的财政收支计划，预算安排更为长远，将预算安排与政府重大发展战略及各项事业发展规划紧密衔接，有利于提高政府财政的统筹能力，增强预算编制的前瞻性，解决政府债务问题，促进财政可持续发展。

2014 年我国新修订的《预算法》提出了跨年度预算平衡、编制中期财政规划的要求，2015 年国务院下发《国务院关于实行中期财政规划管理的意见》《财政部关于贯彻落实国务院决策部署 推动地方实行中期财政规划管理的通知》，明确对地方政府实行中期财政规划进行了部署，标志着酝酿多年的中期财政规划改革正式开始。2015 年广东、江苏等省启动了中期财政规划改革，并开始拓展至市县政府。2016 年湖北等地相继开展中期财政规划改革。在此背景下，本文试图对我国地方政府中期财政规划改革进行梳理，并分析改革过程中需要重点关注的难点问题，以其对顺利推进财政改革，提升财政管理水平和政府治理能力提供参考。

一、政府中期财政规划改革的必要性

1. 实行中期财政规划是建立现代财政制度、完善国家治理体系的重要内容

实行中期财政规划改革，建立跨年度预算平衡机制，能更好地加强完善财政管理，发挥财政的基础性支撑性作用，推动政府将年度决策和中期决策相结合，逐步转变政府短期决策的治理方式，使政府决策更具前瞻性，有利于规范政府行为和转变政府职能。

2. 实行中期财政规划是维持财政可持续发展的政策工具

当前我国财政收入进入中低速增长阶段，政府债务规模较大，而很多政策

的实施仍需要大量支出，财政的可持续发展面临挑战。实行中期财政规划管理将促使各级政府在中期框架下，依据宏观经济形势调整财政政策，审慎稳妥预计财政收入，科学合理确定财政支出总量控制目标、分部门支出和分类别支出限额控制目标、赤字或债务余额控制目标。在支出限额内，依据重要性排序择优选择项目，保障关系区域经济社会发展的重点领域改革和重大项目资金需求，认真评估重大改革和重点项目的长远影响，不断完善项目库管理，严格准入条件，健全遴选机制，没有明确依据的项目不列入中期财政规划，没有纳入中期财政规划的项目不予立项和安排资金，提高财政资金配置效率。跨年度控制预算赤字，合理确定财政风险控制目标，同时加强债务管理，建立政府债务风险预警和应急处置机制，有效避免财政不可持续（李红霞、刘天琦，2016）。

3. 实行中期财政规划改革可有效解决政策碎片化问题

实行中期财政规划，可使政府围绕中心工作，依照中期财政规划的框架制定政策，在统合的政府目标下整合碎片化的政策和项目，增强财政资金的统筹功能，使年度财政预算与中期财政规划相衔接，保证延续性政策和跨年度重大投资项目的资金需求，弥补年度预算框架的缺陷（杨志勇，2014）。

二、地方政府中期财政规划改革的主要做法

从各省公布的中期财政规划改革方案和实施情况看，地方政府大多注重以下几个方面的工作。

1. 明确中期财政规划改革的职责分工

（1）发展改革部门负责宏观经济形势分析，根据国民经济和社会发展规划纲要及年度计划，分年度研判未来三年本地区的宏观经济形势，为中期财政规划提供预测基础和经济数据。

（2）财政部门负责牵头制定中期财政规划和部门预算中期规划管理办法，组织中期财政规划编制，完善中期财政规划项目库建设，同各部门建立中长期重大事项科学论证机制，审核各部门提交的收支建议，汇总编制中期财政规划，报同级政府审定后组织执行。财政部门内部加强组织领导，由预算处（科）牵头，各职能处（科）室分工负责，建立协作机制，提供必要的人员保障和信息化支持。审核汇总和综合平衡规划，组织实施规划，开展相关监督检查和绩效评价等。

（3）各预算部门（单位）具体负责收集上级对口部门各类改革政策动向，梳理未来三年涉及财政收支的重大改革和政策事项，做好部门事业发展规划、行业规划与中期财政规划的衔接，并会同财政部门建立中长期重大事项论证机制；组织和汇总编制本部门管理领域的中期财政规划，研究提出未来三年涉及财政收支的重大改革和政策事项，并测算分年度收支数额；组织编制本部门及所属单位部门预算中期规划；组织实施规划；开展本部门（单位）的监督自查和绩效自评等。

2. 确定地方政府中期财政规划改革的实施流程

中期财政规划编制流程主要分为前期准备、部门建议、财政初审、部门修改、政府审批、告知批复六个阶段。

（1）前期准备。财政部门会同发展改革、统计、税务等部门，收集规划期经济形势发展预测分析、财政收支预测分析等信息，研究提出中期财政规划编制基本原则、工作重点和具体要求，完善信息系统，下发编制通知。各部门负责现行财政支出预测。

（2）部门建议。各部门收集整理经上级政府和本级政府批准实施的规划及政策，结合本部门职能，研究提出部门重大改革与政策事项、投资重点、分年度资金安排和预期绩效，按重要程度进行排序，形成三年滚动财政规划建议。

部门中期财政规划建议主要包括规划期内本部门预期发展目标、重点工作任务、分年度实施计划、部门执收非税收入分年度预计情况、分年度基本支出和单位发展项目支出安排建议、新增单位发展项目支出建议、部门项目和转移支付项目分年度安排建议等内容。其中，部门执收非税收入规划要综合考虑收入政策、以前年度征收情况、规划期内变动影响等因素，分年度分项目预测收入；部门基本支出和单位项目支出原则上按规划期内第一年预算编制，确需变动的应提供依据；新增项目要逐项说明增加依据、理由等；部门项目和转移支付项目均需包括专项资金设立依据、预期绩效目标、使用范围和方向、资金测算过程、分年度资金安排建议等，其中连续性项目原则上按规划期内第一年预算编制，确需变动的应提供依据，新增的一次性或阶段性项目需提供相关依据资料。部门中期财政规划经主要负责人签字后，随部门预算同步报财政部门初审，纳入项目库。

（3）财政初审。财政部门会同税务等部门测算规划期内分年度可用财力，包括本级收入、上级转移支付、上解收入、政府债务收入、结转结余资金等。围绕政府重大战略部署与部门重大改革和政策事项的逻辑关系，结合财力状况、偿债能力、项目轻重缓急及实施条件，审核部门分年度收入预计数及支出控制数，提出综合平衡方案及规划草案，随年度预算修改意见一并告知各部门，报政府初审。

（4）部门修改。财政部门将政府初审意见反馈各部门，其确定的分年度支出金额作为部门分年度支出控制数。各部门在分年度支出控制数限额内提出调整修改意见，并视项目紧迫程度及其实施条件是否已经具备等情况，对列入年度预算草案或后两年规划的项目进行必要调整，再次报财政部门审核。财政部门汇总审核各部门修改意见，根据经济形势和各项改革政策以及预算执行情况，完善并编制政府中期财政规划草案，上报政府。

（5）政府审批。政府对中期财政规划进行审批。

（6）告知批复。财政部门将政府批准的部门中期财政规划函告各部门，并将中期财政规划报上级财政备案。

3. 重视对财政收支和政府债务的预测

（1）预测财政收入。根据经济社会发展情况及国内外发展环境重大变化，分年度研判未来三年地区生产总值、投资、消费、进出口、价格总水平、就业率等主要指标走向。在此基础上结合财税体制和各项财政收入政策情况测算未来三年四大预算体系的财政收入。包括重点分析税制改革对各级财政收入的影响、评估相关政策对经济运行和财政收入的影响、分析省以下收入分成体制与事权和支出责任划分相匹配情况等。

（2）预测财政支出。按照支出政策，测算未来三年四大预算体系支出，其中一般公共预算、政府性基金预算和国有资本经营预算支出测算到功能分类的"类"级科目，社保基金预算分险种测算。梳理未来三年内重大改革、支出政策和重点项目等的资金需求，以便科学安排支出规划，有序安排财政支出。

（3）测算财政收支平衡情况。根据财政中期规划改革方案、预算稳定调节基金和政府性债务使用方案，测算未来三年一般公共预算总量平衡情况、政府性基金预算和国有资本经营预算当年平衡情况、社会保险基金分险种收支平衡情况等。

（4）预测地方政府债务变动情况。根据未来三年财政收入和财政支出情况，结合上级政府下达的政府债务限额规模，测算规划期内新增政府债务需求规模。重点分析规划期内平衡财政收支所需新增政府债务规模，包括是否突破新增限额、债务率等风险控制指标是否超过警戒线、制订的债务应急处置预案和风险化解计划是否切实可行等。

4. 中期财政规划的执行与调整

广东省不仅重视中期财政规划的编制，还兼顾了规划执行过程中的动态调整工作。

（1）财政支出项目的调整。广东省规定，结合人大建议、政协提案、审计报告、财政监督检查报告、财政绩效评价报告以及财政资金结转结余情况，财政部门研究正在执行的及到期支出政策存在的问题。重点分析是否存在因项目不切合实际导致难以实施、结余结转资金规模过大、资金使用绩效不高、实施中难以监控导致支出合规性较差等问题，研究老百姓所关注的热点问题的资金保障情况，及时做出相应调整。

（2）执行过程中的新增项目。如国家或省出台新的政策措施必须新增项目的，将该新增项目纳入中期财政规划，淘汰原规划中按照重要程度排序靠后的项目，或增加调入预算稳定调节基金、增加政府性债务补充新增项目所需资金。

（3）执行过程中出现减收或超收。当年度预计收入减少时，淘汰原规划中按照重要程度排序靠后的项目，或增加调入预算稳定调节基金、增加政府性债务弥补资金缺口。当年度预计收入增加时，从项目库中选择按照重要程度排序靠前的项目纳入中期财政规划，或补充预算稳定调节基金、减少政府债务。

（4）预算稳定调节基金的调整。广东省规定，结合经济形势状况，通过增减预算稳定调节基金和调节地方政府债务规模等办法，建立跨年度预算平衡机制。在经济形势较好、财政收入增速较快的年份，适当控制政府性债务增幅，并将增加的收入用于补充预算稳定调节基金和化解政府性债务；反之，则通过适当调入预算稳定调节基金、增加政府性债务等措施平衡当年度预算。

5. 设计财政规划的后期评估

江苏省不仅重视中期财政规划的前期工作，还设计了中期财政规划的后期工作。在中期财政规划执行一年后，建立年度中期评估机制，根据预算执行情况和评估结果，对后两年的规划及时进行调整。构建编制—执行—评估—调整机制，使中期财政规划工作形成闭环管理模式。

三、地方政府中期财政规划改革的难点

由于各地开展中期财政规划改革的时间比较短，暂不能对改革效果妄下定论，但分析各地政府改革初期的普遍做法，可以发现以下三个需要改革者重点关注的难点问题。

1. 中期财政规划的法律效力问题

中期财政规划理应具有前瞻性和统领性，年度预算要和中期财政规划相衔接，也要与长期战略相吻合。中期财政规划对年度预算的限额控制，是这项改革成功的关键（马蔡琛、郭小瑞，2015）。但是实际上我国地方政府的中期财政规划由本级政府审批，不具备法律效力，加上本级政府以及上级政府的决策方式是年度性的，中期财政规划根本无法对政策变更产生约束力，无论各地的实施办法多么强调约束力和限额控制，在执行过程中中期财政规划也难逃形同虚设的命运。同时，中期财政规划很难对年度预算产生约束力，因为年度预算由本级人代会审批、具有法律效力，中期财政规划与其相比立见高下，充其量只是一份政府内部的指导性文件。

2. 中期财政规划与已有框架的衔接问题

（1）中期财政规划与五年规划的衔接。国民经济和社会发展五年规划纲要（以下简称"五年规划"）具有法制约束力和广泛认同度，中期财政规划需要与其保持一致才能增强自身的实质约束力及统领能力。但是各地的中期财政规划以三年为一个滚动周期，时间跨度与五年规划不一致，很难实现规划的匹配性。例如，河北省第一个滚动预算为2009～2011年，跨越了第十一个五年规划和第十二个五年规划，缺乏法律效力的中期财政规划不可避免地要根据新五年规划做出调整，破坏了中期财政规划的约束力。观察各地的中期财政规划实施办法，除广东、江苏等省提到了根据五年规划预测关键数据外，很多省甚至没有提及五年规划的衔接问题。

（2）中期财政规划与政府领导政策的衔接。根据组织法，政府领导的任期是五年。在现行的政治生态环境下，政府领导的施政方略是一切工作的指挥

棒，中期财政规划必须与政府领导的执政意图保持一致才能维持自身的实质影响力。但是中期财政规划的三年周期与政府领导的任期不匹配，如果领导变动频繁，正在执行的中期财政规划遇上新旧领导交接，可能会影响到中期财政规划的正常执行，冲击中期财政规划的约束力。各地的中期财政规划实施办法共同回避了这个尖锐的难题：如果执行过程中遇上领导更迭，中期财政规划如何衔接新旧领导的政策？还有一个现实的困难是，不仅领导更迭会出现政策变迁，往往一届领导任内，甚至一个预算年度内也会出现政策变迁，如果上级政府增加下级政府的支出责任，也会冲击中期财政规划的约束力。为此需要对政府治理理念和领导决策方式做出调整，从中央政府到本级政府，层层减少短期决策，尤其是减少将会增加政府支出责任的短期决策（杜涛、黄文丽，2014）。

（3）年度预算与中期财政规划的衔接。根据各地中期财政规划改革实施方案，虽然都要求年度预算与中期财政规划衔接，年度预算不能突破中期财政规划设置的财政支出总量控制目标、分部门支出限额控制目标、赤字或债务余额控制目标，年度预算不能新增没有列入规划的重大项目等方面的要求，但现实的困难是，年度预算具有更强的法律效力和可操作性，而中期财政规划难以有效约束年度预算。

（4）中期财政规划与跨年度预算平衡机制的衔接。中期财政规划与跨年度预算平衡机制衔接，要求建立周期性的动态预算平衡机制，不强制要求机械的年度预算平衡，即用一个周期内任意年度的预算盈余弥补任意年度的预算赤字，保持周期性预算平衡即可。两者的衔接，能够推动年度预算与中期财政规划无缝衔接，促使年度预算成为中长期政策工具（邝艳华、张俊，2015）。但在衔接机制上，一个平衡周期是一个中期财政规划的跨度，还是指一个经济周期，并没有明确的政策指导。在实际运行中，如果一个周期结束后仍然存在预算赤字、无法实现预算平衡，也没有具体的对策安排，而这种情况并不罕见，如1970~2015年间，德国联邦政府仅在2015年实现了财政平衡。

3. 中期财政规划的编制质量问题

（1）财政收入的预测质量。全球化时代经济形势错综复杂，我国的经济增长速度处于换挡期，经济结构处于调整阶段，为财政收入预测带来了极大的困难。从年度预算的财政收入预测质量来看，预算和决算的偏离程度尚且较大，在税收改革不明朗、非税收入不稳定、部门缺乏经验的情况下，要准确预测未来三年的财政收入的难度就更大了。中期财政规划发挥统领作用的关键就在于准确、具体地预测的财政收支（李红霞、刘天琦，2016），可是客观困难正严重掣肘着财政收入预测质量的提高。

（2）长期项目的设计质量。受限于领导的年度性决策方式、层级政府间事权财权划分不清、转移支付不确定性强以及部门经验不足，多年度财政支出项目的编制质量普遍不高，难以有效预测多年度的财政资金需求。对于规划第一年启动的重大投资项目，得益于多年的项目库管理改革，部门把当年的目标设计、工作设置和资金安排等编制得很细化，但是对后两年的设计、后续的项目运营、维护等工作长远谋划不足，目标分解和工作计划不具体，资金滚动安排不明晰。对于中期财政规划第二年和第三年的新增项目，部门普遍申报不完整，对项目的把握不具体，以宏观设想为主。财政支出项目的设计质量将会影响中期财政规划对年度预算的约束能力。

4. 中期财政规划的吸纳能力问题

（1）规划编制。改革初期，各地的规划编制工作以财政部门为主。虽然中期财政规划实施方案安排条件允许的时候将会吸纳社会公众参与，但方案没有进一步明确说明什么条件、如何吸纳社会公众参与。相对封闭的编制过程，将会限制中期财政规划的视野，难以借助多方力量提升编制质量，被政府部门、社会公众的接纳程度也会大打折扣。

建议参照五年规划集思广益的编制过程，不仅有发展改革部门、财税部门、国资部门、经贸部门、统计部门、央行等政府相关部门的共同努力，还通过实地调研、问卷调查、座谈会等方式吸纳人大、政协、研究机构、行业协会等政府外部精英的智慧。西方国家在编制中期财政规划的过程中会组织多场公众听证会，主动吸纳社会公众的参与。

但客观上的困难是，我国五年规划和西方国家中期财政规划的编制时间长达一年多，而现阶段中期财政规划的编制时间相对比较短，限制了中期财政规划吸纳能力的增强。从主观上来说，在财税改革千头万绪之秋，财政部门有没有意愿和能力牵头组织如此之多的相关部门参与协同编制、走到政府外部广纳善言，其他部门是否愿意全力配合，也是值得深思熟虑的困境。

（2）规划公开。对于规划是否向社会公开，各地普遍持谨慎态度，规定在条件成熟的时候，中期财政规划方可向社会公开。现阶段，各地的中期财政规划经由本级政府审议通过后，在政府内部公开。封闭的中期财政规划，不利于广泛地吸纳外部支持，无法与宏观经济和现实生产决策有效衔接，损害中期财政规划的实用性。

五年规划经过人大审批通过后是向社会公开全文的，那么，与其性质相似的中期财政规划也可以向社会公开。但是现在各地的顾虑是，公开中期财政规划，吸纳更多的社会关注以推动改革进程是好事，而编制质量不高、约束能力不强的中期财政规划吸纳社会关注有可能反过来变成引人诟病的包袱，不但不能助力改革向前发展，反而累积了负面情绪。如何在改革初期尽快提升编制质量，增强规划的社会吸纳能力，是从外部借力推动改革进程、倒逼规划被各部门诚心接纳的关键难题。

综上所述，中期财政规划是一项技术性和政策性很强的改革，改革的进一步推进，需要改革者重点关注法律效力、与已有框架的衔接、编制质量、吸纳能力四方面的难点问题，而问题的解决需要多方面配套制度的调整来加以配合。中期财政规划改革的成功注定不是一蹴而就的，而是我国构建现代预算国家征程上的一次艰苦卓绝的尝试。

参考文献

[1] 杜涛、黄文丽：《三年滚动预算编制全国启动倒逼政府"从长计议"》，载于《经济观察报》2014年2月28日。

[2] 邝艳华、张俊：《新预算法的认知及实施难度研究——基于基层公务员问卷调查的实证分析》，载于《财政监督》2015年第22期。

[3] 刘尚希、韩凤芹、张绘：《从政府治理看中期财政规划——基于河北省的经验与教训》，载于《学术研究》2015年第12期。

[4] 李红霞、刘天琦：《中期财政规划改革的难点与路径探析》，载于《中央财经大学学报》2016年第6期。

[5] 马蔡琛、郭小瑞：《中期财政规划的预算决策行为分析——基于前景理论的考察》，载于《云南财经大学学报》2015年第1期。

[6] 杨志勇：《我国中期财政规划改革：基本方向与主要问题》，载于《中国财政》2014年第11期。

[7] 张玉周：《中期财政规划编制的国际经验及启示》，载于《财政研究》

2015 年第 6 期。

　　[8]《国务院关于实行中期财政规划管理的意见》，2015 年 1 月。

　　[9]《财政部关于贯彻落实国务院决策部署 推动地方实行中期财政规划管理的通知》，2015 年。

　　[10]《广东省人民政府关于实行中期财政规划管理的实施意见》，2015 年 6 月。

　　[11]《江苏省财政厅关于实行中期财政规划管理的通知》，2015 年 7 月。

　　[12]《湖北省人民政府关于实行中期财政规划管理的实施意见》，2015 年 7 月。

浅析发展低碳经济对企业绩效评估的影响

许 晶

一、引言

2003 年 2 月，英国发表《我们未来的能源——创建低碳经济》白皮书，正式将"低碳经济"引入全球视野。2006 年 10 月，由英国政府推出、前世界银行首席经济学家尼古拉斯·斯特恩牵头的《斯特恩报告》（*Stern Review*）指出，全球以每年 GDP 的 1% 投入，可以避免将来每年 GDP 损失 5% ~20%，并呼吁全球向低碳经济转型。[①] 低碳经济是一种以经济社会与生态环境相互和谐为目标的新型发展模式，即是要通过更少的自然资源消耗和更小的环境污染来获得更多的经济产出。"低碳"概念的提出主要源于人类对全球气候变化及环境污染问题的重视，因此低碳经济从一开始就被赋予了保护环境、促进人类与环境和谐发展的内涵。低碳经济的理念已经得到大多数国家的认可，对于发达国家来讲，低碳化是他们关注的重点，而对于发展中国家来讲，则更强调在实现经济发展目标的同时，能够实现节能减排与发展的双赢。我国是全球最大的温室气体排放国，发展低碳经济既是我国经济社会发展的内在需要，是关系我国长期发展战略的一项重要举措，也是我国履行国际责任的表现。因此，2006 年我国正式将节能减排的约束性指标纳入《第十一个国民经济和社会发展规划》中，对控制温室气体和主要污染物排放提出了明确要求。

企业是国民经济活动的微观主体，也是环境污染最主要的静态来源。企业活动在促进经济快速发展和人们生活质量迅速提高的同时，也导致了废水、废气和固体废物等环境污染物的产生。因此，发展低碳经济与企业不能割裂开来，企业不仅是低碳经济转型过程中的利益相关者，更是低碳模式转变的最终

---

① 庄贵阳、张磊：《后哥本哈根时代的低碳经济形势》，载于《中国经济报告》2010 年第 1 期。

执行者。随着企业行为与环境压力的相互作用，西方国家的企业环境管理行为经历了从消极抵触到积极主动的渐变过程（肖剑华，2009）。近几年来，许多企业都把环境管理作为重要的组成部分纳入企业战略管理体系。因此，在这种背景下，对企业的绩效评估也应当与时俱进，适时进行调整，从而顺应低碳经济发展的趋势和潮流。

二、低碳经济下改进企业绩效评估的必然性

1. 经济理论发展与完善的必然要求

现代企业制度中最重要的特征即企业所有权与经营权（控制权）相分离。企业所有者——股东不再直接经营企业，具体的经营活动由职业经理人承担，这就形成了股东与经理人之间的委托—代理关系。委托—代理理论认为，由于股东（委托人）和职业经理人（代理人）追求的利益目标不一致，在信息不对称的条件下，就产生了所谓的委托—代理问题。所以，企业所有者需要对企业的经营者是否履行了职责、是否为其创造了最大化的价值作出判断，因此就产生了企业绩效评估。由于传统的经济学理论认为，股东是企业的唯一所有者，且"追求利润最大化"被视为企业存在的唯一目的和意义，因此企业经营者应当追求"股东经济利益的最大化"就被视为理所当然了。受传统经济学理论的影响，企业绩效评估同样遵循"股东利益至上"的原则，因此传统的企业绩效评估多是以财务指标为主的企业经济绩效评估。

然而，基于传统经济学理论的观点具有一定的片面性。例如，尽管科斯（1937）认为企业的功能在于用一个长期契约代替一系列短期契约，从而达到节约交易成本的目的，然而契约越长，实现契约的可能性就越小，企业的任何收益都有可能被用作社会利益等其他用途，因此企业有可能为了迎合公共利益而牺牲经济利润（Reinhardt et al.，2008）。而且，企业在经济系统中的任何活动是不可能独立于生态系统的，企业的所有活动都可能产生深层次的生态后果，这要求企业承担环境责任（Jennings et al.，1995）。此外，利益相关者理论认为，股东并不是企业的唯一所有者，企业是由不同要素提供者即利益相关者组成的一个系统，其中这些利益相关者不仅包括债权人、员工、客户和供应商等内部利益相关者，还包括社区居民及政府等外部利益相关者。因此，企业在很大程度上是为社会利益而成立的（Sheehy，Benedict，2005），企业不仅要

为股东利益最大化服务，还要为各个利益平等的利益相关者服务。

利益相关者理论的发展得到了许多专家学者的认同，尤其在英美国家得到较为广泛的应用。例如，美国法律协会在其《公司治理原则》中，就明确提出现代公司与众多的利益集团，如公司的员工、客户、供应商等有相互依存关系；而《OECD 公司治理原则》也专门将利益相关者作为其中的一个重要组成部分，明确提出公司在追求股东利益最大化的同时，应关注和考虑利益相关者的利益不受损害。经济学理论的完善与发展，必然要求企业绩效评估机制的改进和调整，同时也将对企业绩效评估机制的改进起到指导作用。因此，考虑到利益相关者的影响，把诸如企业环境绩效等评价指标扩展到企业绩效评估体系中来，不仅使企业绩效评估机制与理论的发展相一致，而且更进一步地丰富和扩展了企业绩效评估的内涵。

2. 外部社会成本的客观要求

古典经济学理论认为，环境是一种公共物品，在没有管制的情况下，工厂将任意排放污染物。因为此时工厂排污没有任何成本，所以企业按照其私人成本提供产品或服务。但是工厂排放的污染物破坏了环境，给他人造成损失，导致企业的私人生产成本和社会成本不一致，这种差异即私人经济活动产生的外部成本。由于污染造成了其他人或企业的损失，所以这种外部性也被称为"负外部性"。对于社会来讲，在没有管制的情况下，这种污染所造成的社会成本并不反映在企业的私人生产成本内，因此并不会被企业所承担。此时的产品或服务价格只反映企业的私人成本，并不能真实反映社会成本，这部分社会成本由公众承担，即社会为了获得这种商品而必须放弃的价值，因此"看不见的手"将会误导我们，导致市场失灵。在市场失灵的情形下，企业私人成本和社会成本间的差异不会自行消除，需要政府进行管制，从而使企业的私人成本和社会成本保持一致（蔡守秋，2006）。排污税和排污标准等政策工具的实施正是为了此目的。

然而由于我国环保标准设置较低，排污税征收力度不够大，同时环境监管部门的执法力度不强，因此我国环境保护制度中的"软约束"问题非常严重，从而导致许多企业有法不依、违规排污的现象严重。例如，2010 年 7 月紫金矿业发生严重环境污染事件，给当地的生态环境、居民健康带来了一场不容忽视的灾难。然而，以财务指标为主的企业绩效评价，则不可能将这部分社会成本纳入对企业的评估当中。这种由企业获得收益，而由社会来"埋单"的做法，对于当地的居民、政府等利益相关者来讲，是极不公平的，也无法体现企业的真正价值。因此，改进传统企业的绩效评估体系，将企业的环境污染成本纳入企业绩效评估，才能对企业的价值做出真正有效的判断。

3. 公众环保意识的增强要求改善绩效评估机制

近几年来，公众的环保意识不断增强。消费者在环境保护方面的行为和态度的变化，对企业实施环境管理，从而超越对手获得竞争优势起到了极大的促进作用。例如，TANDBERG 和 Ip sos MORI 两家公司通过对澳大利亚、巴西、中国、加拿大和法国等 15 个国家（巴西和中国仅城市人口被调查）的 16823 个普通民众和企业工作人员的调查发现，企业良好的环境行为对提升企业品牌价值和竞争优势非常重要。从调查结果来看，53% 的受访者表示更愿意购买具有优良环境声誉企业的产品和服务。其中中国民众的意愿最高，有 67% 的人支持购买环境友好型企业的产品和服务，其次是澳大利亚，为 52%。另外近 80% 的企业员工表示更愿意为一个具有良好环境声誉的企业工作，其中中国的支持率高达 84%，在 15 个国家中排第 4 位。[①] 因此我们认为，公众日益提高的环保意识，也从实践上要求改进和扩展企业绩效评估体系，以使企业绩效评估机制的发展更好地与客观实际相一致。

4. 规范性压力的内在要求

制度社会学中强调社会和文化等制度压力对企业管理决策和实践的影响。斯科特（Scott，2010）认为，制度包括"能够对社会行为产生稳定性和意义的管制性、规范性和认知性（regulative，normative and cognitive）要素，以及相关的活动和资源"[②]，因此制度环境的管制性、规范性和认知性要素会制约企业的环境管理行为。其中，规范性压力是指行业协会、环境组织、学术机构或公众社区等，通过传播其价值观和行为准则，对企业的某种组织实践施加压力进而影响其行为（Rivera，2004）。

规范性压力并不一定对企业实施明确的惩罚措施，但是不执行某种组织实

---

① TANDBERG："Corporate environmental behavior and the impact on brand values"，http：//www. ivci. com/pdf/corporate-environmental-behaviour-and-the-impact-on-brand-values. pdf.

② W. 理查德·斯科特：《制度与组织——思想观念与物质利益》（姚伟、王黎芳译），中国人民大学出版社 2010 年版，第 56 页。

践的企业所担负的坏名声及由此引起的公众不满，会在无形中督促企业调整其行为（Stem et al.，2003）。如（Kagan and Thornton et al.，2003）通过对澳大利亚、新西兰、哥伦比亚和美国华盛顿州、佐治亚州 14 家造纸企业的实证分析，得出政府管制并不能解释企业间环境绩效的全部差异，而"社会许可"，尤其是公众社区和环境激进主义者，对企业环境绩效改善具有明显作用。

在我国，中央贯彻环境保护和地方政府经济发展的利益博弈，企业盈利和对环境破坏之间的冲突，无疑增加了环境政策执行及推广的难度。例如，紫金矿业的"环境门"事件就充分暴露了地方政府与企业之间盘根错节的利益关系。因此，将企业环境绩效评估纳入企业绩效评估体系中，通过引入第三方对企业进行公正合理的评估，从某种程度上讲也能够对企业的污染行为起到一定的约束作用。

三、低碳经济下企业绩效评估的基本原则

低碳经济下对企业进行绩效评估，不仅要评价企业的经济绩效，还要对企业的环境绩效进行评估。具体操作时，可采用企业财务指标和非财务指标相结合的办法，全面评估企业绩效。企业绩效评估的基本原则有四点。

1. 全面性和层次性相结合的原则

传统的企业绩效评价过分重视以财务指标为主的经济绩效评价，而对企业环境绩效评价很少涉及。这种单一的以财务指标评价为主的绩效评估，很难全面、客观和科学地反映一个企业的真正价值。但是同时也不能把对企业环境绩效水平的评价凌驾于经济绩效之上，片面强调环境绩效评价。因此，低碳经济下的企业绩效评估应当充分考虑影响企业绩效的各方面的因素，科学分配相关指标的权重，使得评价指标既能为企业经济效益评价提供充分的信息，也能够对企业的能耗、企业对生态环境的影响等进行综合评价，考察企业的可持续发展能力。

此外，企业所在的行业不同，企业环境绩效指标的权重也要有所区别。例如，建筑业、制造业，尤其是化工行业等重工业行业，都是污染排放的重点领域。以建筑行业为例，人类排放到大气层的二氧化碳中，建筑业的比例高达 50%，因此如果不能实现建筑行业的低碳化，那么低碳经济、低碳城市将无从谈起。而我国是世界上最大的建筑材料生产国和消费国，对处于城

镇化进程中的我们来讲，对建筑行业进行环境管制、发展低碳建筑对我国发展低碳经济、建造低碳城市具有战略意义。尽管低碳建筑是一种将宜居与环保相结合、生活舒适与节能减排相结合的新的建筑理念，但是由于低碳建筑对能耗和碳排放都提出了更高的要求，因此对于建筑商来讲，建设低碳建筑无疑将推高建筑成本，增加经营风险。因此，设定企业环境绩效评价指标时要遵循指标的层次性原则，权重的设置不仅要考虑到行业的差异，还要注重行业内部的差异。

2. 可操作性原则

企业绩效评价指标的选取应当考虑到实践中的可操作性。这包括获取数据的难易程度、指标量化的可行性、计算过程的科学性和简便性，以及指标的可比性等原则。例如，在实践中，由于每个企业工业"三废"（废气、废水和固体废物）的排放量数据较难获得，因此相对而言，考虑从企业原材料和能源的投入方面计算企业的碳排放有一定的可行性。因此，环境绩效指标的设定就可以从企业的碳排放方面入手。此外，每个企业缴纳的总排污费相对较容易获得，因此环境绩效指标的设置就可以围绕排污费进行，例如通过对排污费进行适当的变化，或者进一步与其他指标相结合，从而得出适合企业绩效评价的可行性指标。

3. 定性指标和定量指标相结合

绩效评价指标应当以定量指标为主，定量指标和定性指标相结合。以定量指标为主，注重指标的量化，能够降低企业绩效评估中的主观性，从一定程度上防止人为干预，加强绩效评估中的公正客观性。但是考虑到环境问题的复杂性，指标体系中不可避免地要采用到一些定性指标。因此，绩效评价指标体系中应当以定量指标为主，将定性指标尽可能量化，尽量减少定性指标的运用。

4. 短期和长期指标相结合

低碳经济下的企业绩效评估，更注重的是对企业可持续发展能力的评估，是短期指标和长期指标、静态指标和动态指标相结合的评估机制。由于传统的企业绩效评估遵循"股东利益至上"原则，因此企业经营者为了追求公司业绩，可能会从事一些高风险、高回报或者不利于企业长期发展的投资活动。而企业执行低碳模式，尤其是从事低碳技术创新，短期内为企业带来的直接收益是有限的甚至会使企业利润减少，因此企业绩效评估指标应当是短期指标和长期指标相结合。

四、绩效评估实践中存在的困难和建议

1. 企业环境信息披露机制不健全

由于我国的环境信息公开制度不健全，企业的关键环境信息数据缺乏，这为今后开展低碳经济背景下的企业绩效评估增加了难度。例如，无论是从企业的原材料和能源投入入手计算企业的碳排放，或者是从企业生产过程中的污染排放入手，考察企业的"三废"排放情况，数据信息都不容易获得。尽管企业的排污费基本能够从各省市的环保机构网站查询，但是这项排污费收入是对企业排放的废水、废气、固体废物等所有污染物征收的排污费加总，能够从某种程度上反映一个企业总的排污状况，但并不能全面详细地反映企业的环境绩效。所以企业环境信息披露制度的健全和完善，是发展低碳经济下企业绩效评估的最重要的前提条件。因此，我们建议尽快完善和发展企业环境信息披露制度。如全面公开企业环境信息有一定难度的话，建议可以首先在部分地区进行试点，或者对上市公司中的部分国有企业进行试点。试点成功之后可以向其他地点或者其他企业进行经验推广。

2. 评价指标和权重的选择

低碳经济下对企业进行绩效评估时，不同行业的企业、同一行业的不同企业，甚至是同一个企业的不同发展阶段，其碳排放量、工业"三废"排放量都会有所差异。因此，在对企业进行绩效评估时，评价指标的选择和指标权重的大小不仅直接关系到评价结果的真实性及可靠性，而且引导着企业经营者的努力方向与行为重点。所以在选择企业绩效评价指标时，应当综合考虑企业特性等因素；而在赋予指标权重时，则可以分别运用专家打分法、相关性权重法、主成分分析法、熵值法和层次分析法等或者是综合比较几种方法，以选取合适的权重。

五、结语

低碳经济是一种新型的经济发展模式，其目的是希望通过较少的自然资源消耗和较少的环境污染来获得较多的经济产出，这与理性企业以"较少的投

入获得较多的产出"目标相一致。低碳经济是人类社会生产方式的又一次重大变革，企业作为微观经济活动的主体，将环境管理作为战略管理的重要组成部分，改善环境绩效，是低碳经济发展的趋势。相应的，以企业绩效作为评价对象的企业绩效评估，也必然要不断完善和发展，与理论和客观实际发展相统一。因此传统的以财务指标为主的企业绩效评估过于片面，而从企业经济效益、企业对生态环境的影响、企业可持续发展的角度等综合对企业绩效进行评估，将会更加全面地体现企业的价值，也更有利于企业长期、健康、持续的发展。

参考文献

[1] 蔡守秋、张建伟：《论排污权交易的法律问题》，载于《河南大学学报》（哲学社会科学版）2003 年第 5 期。

[2] 范翠英、白玉坤：《低碳经济下企业业绩评价指标体系的构建》，载于《财会研究》2010 年第 15 期。

[3] 罗晨燕：《基于利益相关者的企业综合绩效评价研究》，暨南大学硕士论文，2004 年。

[4] 刘利群：《低碳经济下企业业绩评价体系的改进——基于平衡计分卡的研究》，载于《会计之友》2011 年第 10 期。

[5] 梁毕明、蒋文春：《低碳经济下生产型企业综合绩效评价的构建》，载于《会计之友》2011 年第 12 期。

[6] 文琪：《低碳经济下企业业绩评价的内涵》，载于《商业会计》2011 年第 8 期。

[7] 吴念、颜毓洁：《低碳经济视角下企业财务评价指标体系研究》，载于《财务与金融》2012 年第 2 期。

[8] 肖剑华.《生态环境政策工具的治道变革》，知识产权出版社 2009 年版。

[9] 庄贵阳、张磊：《从气候变化到低碳经济》，转引自 http：//wenku.baidu.com/view/77f2c222bcd126fff7050b78.htm。

[10] R. H. COASE, "The Nature of the Firm", *Economica*, *New Series*, 1937 (4)：386 –405.

［11］Forest L. Reinhardt, Robert N. Stavins, Richard H. K. Vietor, "Corporate social responsibility through an economic lens", *The Review of Environmental Economics and Policy*, 2008（1）: 4 – 31.

［12］P. Devereaux Jennings, Paul A. Zandbergen, "Ecologically Sustainable Organizations: An Institutional Approach", *The Academy of Management Review*, 1995（20）: 1015 – 1052.

［13］Sheehy, Benedict, "Scrooge The Reluctant Stakeholder: Theoretical Problems in the Shareholder-Stakeholder Debate", *University of Miami Business Law Review*, 2005（14）: 193.

［14］Jorge Rivera, Regulatory and Stakeholders Influences on Corporate Environmental Behavior in Costa Rica, Working Paper, prepared by the Center for Latin American Issues, 2004. 10.

［15］Stem, C. , J. Lassoire, D. Lee, D. Desheler, D. , and J. Schelhas, 2003, "Community participation in ecotourism benefits: The link to conservation practices and perspectives", *Society and Natural Resources*, 16: 387 – 413.

［16］Robert A. Kagan, Dorothy Thornton, Neil Gunningham, "Explaining Corporate Environmental Performance: How Does Regulation Matter?" *Law & Society Review*, 2003（1）: 51 – 90.

从法制化管理视角论我国房产税的征管配套措施

张　霄

　　我国房产税是按房屋的计税余值或租金收入为计税依据的一种财产税，其功能是调控房价、增加地方财政收入、发挥房产税对收入分配的调节作用、缩小贫富差距。但截至目前，房产税、费种类繁多，征管效果却没有达到预期：全国房价居高不下，部分区域房屋空置率却很高，房产资源配置失衡。自征收房产税以来，我国房产税收入从未超过财政收入的 2%[①]，2014 年 1~6 月房产税收入只有 959.01 亿元[②]，仅占财政收入 1.5%[③]。2011 年上海、重庆房产税改革试点也因税法法定主义而备受质疑，其效果也并不理想。房产税改革是贯彻党的十八大精神，深化税制改革的着力点。笔者认为，房产税的法制化征管配套措施是房产税改革能否成功的关键环节，笔者尝试从法制化管理视角研究房产税的征管配套措施，以能为房产税改革廓清方向。

一、我国现行房产税法制化管理缺失的表现及效应

　　房产税的法制化管理是房产税收行为的制度化、程序化。房产税收行为应该被纳入法律规制的范畴，由相应的制度对其进行规定、制约，这有利于房产税征收行为的规范化、程序化，提高税收效率，也有利于对该税收行为进行监督与约束，更有利于保护房产纳税人的合法权利。

　　房产税法制化管理的缺失意味着房产税收政策及行为均未规范化、程序化，房产税收行为效率低且收入少，政府对房地产市场管控无力。

1. 房产税法制化管理缺失的基本表现

　　（1）房产税法制化管理目标的缺位。1986 年我国开始实施《房产税暂行

[①]　作者根据历年《中国统计年鉴》整理而得。
[②][③]　《2014 年上半年税收收入情况分析》，财政部网站。

条例》，其时计划经济体制还占据主导地位，其征收客体也仅限于城镇房屋，税基为计税余值或出租屋的租金收入，当时的房产税仅为一种普通的财产税，开征的目的也并非是抑制房价、调节收入分配、缩小贫富差距。2003 年中共十六届三中全会《关于完善社会主义市场经济体制的决定》首次提出：实施城镇建设税费改革，条件具备时对不动产开征统一规范的物业税，算是房产税改革的新开端。至今也未出台房产税法及法制化管理细则。

1986 年至今已近 30 年，社会主义市场经济体制也逐渐向法制经济靠拢。同时，房产税的征收背景已截然不同，房产税已被赋予调控房价、调节收入分配、缩小贫富差距的征管目的。但我国房产税征收依然没有专门的房产税法进行规范，没有房产税法制化管理的目标。房产税法制化管理目标的缺位意味着我国社会主义市场经济法律体系建设的不完备，更无法满足改革开放攻坚阶段的法治化建设进程的需要。房产税改革作为深化税制改革的着力点，亟须对房产税收行为进行制度化、程序化，并由相应的法律对其进行规范、制约。

（2）房产税税负在不同收入阶层之间的失衡。我国现行房产税的征管，全国各地（除上海、重庆改革试点之外）均遵循了 1986 年国务院颁布的《房产税暂行条例》，主要是针对城镇房屋的计税余值或租金收入征收。步步攀升的房价对于中、低收入阶层而言，所需承担的房产税税负在其个人收入中占据的比例要远高于高收入阶层所承担的，违背了税负公平的原则。同时，因现行《房产税暂行条例》规定不对存量房征收房产税，高收入阶层本就负担了相对较轻的房产税税负，还可以通过同时拥有多套房产来转嫁部分甚至全部房产税税负。在不同收入阶层之间，房产税税负完全失衡。

（3）高收入阶层转嫁了部分或者全部房产税税负。改革开放以来，我国市场经济的高速运转催生了高收入阶层的存在，加上中国人热爱置业的传统思想，且购买房产可以成为抵消通货膨胀的工具，尽可能购置更多的房产成为部分高收入阶层的首要选择。我国全国各地只增不降的房价①和城镇化的建设进程提升了租房市场的需求。虽然购买房产时需要缴纳一定的房产税，但在他们将非自身居住的房产进行出租后，可"以房养房"，用租金来补偿自身因缴纳房产税而减少的个人收入，转嫁了部分甚至全部房产税税负。

---

① 目前部分城市房价有所波动，本处主要分析过去几年房价变化态势对现行房产业的影响。

（4）房产税、费种类多且混乱。我国现行房产税及其相关的税费主要有：房产税、营业税、城镇土地使用税、土地增值税、契税、耕地占用税、印花税、企业所得税、个人所得税、城市维护建设税、教育费附加。这些相关税费，房地产开发企业承担营业税、土地增值税、企业所得税、土地使用税等；购房人承担契税；存量房出租出赁的税收则体现为房产税。

据统计，我国房地产业在开发环节征收的各类税费大约有 100 多项①，种类多且存在重复征税现象，征收既不规范又不合理，且征收的透明度不够。房产税征管制度需要规范并简化。

（5）政府管控房地产市场多靠行政手段。我国住房福利分配制度取消后，住房制度开始向市场化配置演变。我国房价的飙升大约从 2004 年开始，为了管控房地产市场，控制住飙升的房价，也因为没有房产税法的管控，中央陆续发布了多项专项政策来调控房地产业②，一项政策效果不好，继续颁布另一项政策。2008 年颁布的房地产专项调控政策高达 16 项，但房价依然控制不住，截至 2010 年中央出台史上最严厉的《国十条》，收效也一般。从"国十条""国十一条"，再到"国八条""国五条"等，中央已颁布了众多的宏观调控政策，希望能遏制部分城市房价过快上涨，但收效甚微。

我国实行市场经济体制已经 20 多年，社会主义市场经济下房地产市场也应由市场经济的价值规律进行调节，遵循相应的法律法规，而不是由政府左一个办法、右一个通知进行管控。但多年来我国房产税法制化管理的缺位，致使各地政府对房地产市场的调控多靠行政命令。

2. 房产税法制化管理缺失引致的基本效应

（1）房价居高不下，房产资源配置失衡。直到 2013 年，我国各城市的房价均呈现一种只升不降的态势。2015 年以来，个别城市的房价有所下降。但高房价确是目前全国大部分城市商品房的共同特征。高房价对于中低收入阶层来说意味着在未来 10 年，甚至 30 年内要成为房奴，或者需用全家的力量来购置一套商品房；但对于高收入阶层来说，房产税负的低廉，却可以通过同时购买多套房产出租来"以房养房"，房产资源配置在不同收入阶层之间失衡。

---

① 杨卫华：《推进房产税制改革的思考》，载于《税务研究》2010 年第 8 期。

② 2003 年 1 项政策，2004 年 2 项政策，2005 年 6 项政策，2006 年 11 项政策，2007 年 8 项政策，2008 年 16 项政策，2009 年允许地方自主出台救市政策。

（2）囤地、囤房、炒房现象屡现。我国房地产税在保有环节的轻税负，有开发商囤积土地或者干脆将土地拿来炒买炒卖以期获得更高的收益，阻碍了存量土地进入市场，结果土地无法发挥它的资产要素作用，土地闲置与浪费现象十分严重。

因同时拥有多套房产也只需一次性缴纳较少的房产税，某些资本所有者干脆用所拥有的资金批量购房，将手中的房产囤积以伺机炒卖，导致房源供给减少。我国城镇化进程过程中城镇人口大量增加，住房需求也在"刚性"增加，房价则持续上涨，最后吸引了更多的资本所有者进入炒房行列，形成恶性循环。

（3）房产税收入占财政收入的比重很低。我国各地房价一直在持续上扬，但实际上的房产税收入在财政收入中的比例一直很低，从未超过财政收入的2%，即使到了2014年上半年，房产税收入也只有959.01亿元[①]，仅占财政收入1.5%[②]，是个名副其实的小税种。未曾承担起地方政府筹集财政收入的任务，也未能成为地方税系的主体税种。而在美国，房产税自开征一直是其地方政府财政收入的主要来源，从1975年至今，占据地方税收入的50%以上[③]。

（4）调节收入分配职能的缺位。近年来我国经济高速增长，但居民收入分配格局不合理，贫富差距扩大。房产税本身是一种无法转嫁税负的直接税，具有对居民收入进行再调节、缩小贫富差距的功能。但实际上却是因我国不对存量房征收房产税，国家无法对房产保有期间的自然增值部分参与分配，导致房产税收入的流失。我国每年房产税收入从未超过财政收入的2%，规模太小，对居民收入分配再调节的作用不大。

二、引致我国房产税法制化管理缺失的影响因素

1. 房产税法的缺失

房产税法的缺位是我国房产税法制化管理缺失的主要因素。除试点城市外，我国房产税的征管依然遵循1986年颁布的《房产税暂行条例》，该条例颁布已近30年，早就无法适应实际情况的需要。为了管控房价，调节房产资源配置，中央政府出台了若干项政策、通知，并曾反复变动。房产税收政策没

---

①② 《2014年上半年税收收入情况分析》，财政部网站。

③ 贾康：《房产税改革：美国模式和中国选择》，载于《人民论坛》2011年第1期。

有相应的法律进行规范和制约，其征管行为带有很大的随意性，没有程序化。现有的房产税征管既不规范，又不合理，效率还低，急需有房产税法对其进行规范、制约。

2. 不动产登记制度实施细则不明确

房产是不动产的主要构成。到目前为止，我国不动产登记暂行条例已于2015年3月1日起正式实施。2015年3月26日，为贯彻实施《不动产登记暂行条例》，规范不动产登记行为，维护不动产交易安全，保护不动产权利人合法权益，《不动产登记暂行条例实施细则（草案征求意见稿)》即日起向社会公开征求意见。但因不动产登记涉及部门众多，该条例的实施细则正式出台时间无法确定，联合众多部门建立全国房产信息登记平台还需要时间。房产登记制度在国土资源、公安、民政、税务等范围内没能信息实时共享，自然无法及时征收房产税并将其纳入规范化管理。

3. 房产涉及利益领域的复杂性和敏感性

对房产登记意义重大的不动产登记暂行条例延期出台，被认为是"多部门利益格局难破"以及"既得利益者阻挠"。早在2007年，"国家对不动产实行统一登记制度"的相关内容就已写入《物权法》，但直到现在，统一登记制度都尚未正式建立。我国的不动产登记长期分散在多个部门，如建设用地使用权和集体土地所有权等由国土资源部门登记，房屋所有权等由住房和城乡建设部门登记，土地、房屋等资源"各有其主"，多头管理，对其统一登记意味着要打破现有格局，对利益和职权进行再分配，结果该项工作进展十分缓慢。

此外，一些地方或部门属于拥有多套住房的群体或既得利益者，进行不动产统一登记、住房信息联网，意味着要打破现有利益格局或者需放弃某些既得利益，自然不愿主动推进该项工作，甚至会利用职权拖延该项工作的进度。

三、强化我国房产税征管法制化管理的对策建议

1. 出台《房产税法》

《房产税法》是实现我国房产税征管法制化管理的基石。《房产税法》将规范、制约我国的房产税征管行为，使房产税收行为规范化、程序化。社会主义市场经济法律体系建设也需要房产税法的出台。

我国的《房产税法》应体现税负公平原则。该项原则包括房产税负的价

值公平和社会公平。房产税负的价值公平指房产的自然增值部分应在税负中有所体现，国家能参与分配房产自然增值部分。房产税负的社会公平指房产纳税人承担的房产税负与自身的负税能力相匹配，普通房产和高级别墅的房产税负应有所区别。

2. 实施房产税征管的新配套措施

房产税可对地方财政收入做出很大的贡献。以美国为例，绝大部分的美国地方政府，房地产税收是最重要的支柱性税收来源，有的地方房产税收入高达地方税收的80%左右[1]。来自发达国家房产税征管的先进经验主要包括：一是房产税征管的制度化和程序化管理，发达国家有相应的房产税法和统一的房产税制调节房产税的征管；二是重视房产保有环节的征税，减轻流转环节承担的税负；三是培育房产税成为地方税收的主体税种，房产税率要因地制宜；四是要有独立的房产评估争议解决制度。参照发达国家的成功经验，结合我国房产税征管实践，建议尽快推出以下房产税征管的新配套措施，以强化我国房产税征管法制化管理。

（1）构建地方房产登记信息管理基础平台。推进房产税法制化管理，首先要全面、准确、及时地将房产所有权变动信息登记在案，并在地方人民政府房产管理部门、房产开发商、公安机关、税务机关和金融机构之间实现信息共享，为房产税的征收提供预期。我国财产税一直隶属地方税种，需构建地方性（省级、市级、县级）房产登记信息管理基础平台并逐步实现全国联网。具体而言，房产管理部门应根据当地房产开发商的房产销售记录，通过与公安机关联网检验已售出房产是否已在本部门实名登记，税务机关根据售出房产在金融机构的现金支出记录和贷款记录来确定房产的真实交易价格，确定房产税的数额。当然，这几种机构所具有的信息共享权限有所不同。当相关部门需要跨区域调取房产信息时，需取得被调查区域房产管理部门的同意。

（2）建立个人房产申报登记制度。建立个人房产申报登记制度能从根源上为《房产税法》的实施做好准备。该项制度将能保证房产登记信息的准确性，保证房产税开征之后税源的准确性。尤其是应重点关注政府公务人员和部分事业性单位的个人房产登记信息。通过房产登记平台定期分析、比对这个群

---

[1] 贾康：《房产税改革：美国模式和中国选择》，载于《人民论坛》2011年第1期。

体拥有的房产是否合理、合法也是促进房产税收行为法制化管理的一个途径，更是促进我国廉政建设的一种手段。

（3）制定地方房地产评税法规和操作流程细则，配备评税或估价专业人员。房产税是典型的地方税，而各地应该根据本地的实际情况，制定房产税评税法规和操作流程细则。很多地方已出台房产税评税法规，但评税过程具有太多的非客观性因素且房产价值会有所波动，需要对评税法规进行定期修订并制定操作流程细则来保证它的客观性。同时，要配备评税或房地产估价师来准确确定房产价值及税负的合理性。税务机关可外聘房产评估师作为第三方人员来对房产价值进行评估并出具书面证明。

（4）建立房产评估争议替代性纠纷解决机制。以房产的市场评估价值为房产税的计征税基是趋势，在条件成熟时我国可考虑实施。房产评估主要由评估师的主观判断作出，必然会出现争议。为了保护房产纳税人的利益，提升解决房产评估争议的效率，应建立非正式的房产评估争议替代性纠纷解决机制（ADR①）。房产评估争议 ADR 是在房产纳税人和税务机关通过双方独立谈判或者在第三方的调节协助之下达成妥协解决房产评估争议的过程。其途径包括房产评估行政诉讼、房产评估行政复议当中的以及以其他各种形式的和解、调节、仲裁等。该种方式的优点在于房产评估争议解决方式范围更广、解决机制多元化、争议双方在处理纠纷时的地位平等，避免了税务机关以势压人，保证了房产纳税人的利益。

参考文献

［1］贾康：《房产税改革：美国模式和中国选择》，载于《人民论坛》2011 年第 1 期。

［2］魏明英：《房地产税制改革之我见》，载于《税务研究》2010 年第 8 期。

［3］杨卫华：《推进房产税制改革的思考》，载于《税务研究》2010 年第 8 期。

---

① ADR 本是指 20 世纪发展起来的各种诉讼外纠纷解决方式，现已引申为世界各国普遍存在的诉讼制度以外的非诉讼纠纷解决程序或机制的总称。

财政补贴影响科技中小企业技术研发服务外包方式选择的实证研究[①]

余　可

一、导论

产业结构升级离不开科技中小企业的技术研发与创新，但是科技中小企业的内在实力和资源不足以进行自主的技术研发活动，它们必须借助于外力才能进行相关的技术研发。这些外力既包括从资本市场获得技术研发的资金，又包括从外部的科研机构获得技术研发的人力资源，还包括从政府部门获得对企业技术研发投入的财政补贴。这就是说，由于缺乏资金，科技中小企业进行技术研发的资金需要从资本市场、银行系统和政府部门获得。但缺乏技术研发的人才和设施，科技中小企业该如何进行技术创新呢？由于网络通信技术的发展，经济的日益全球化，现代企业可以外包所有的业务功能，包括能够提供竞争优势的核心能力给行业最佳的服务商（Quelin & Duhamel，2003）。因此，科技中小企业可以将技术研发进行服务外包。越来越多的企业将研发和设计等高端业务外包给第三方服务商，预计全球从 2004 年到 2009 年高端的业务流程外包的金额将增长 1 倍，从 1790 亿美元到 3455 亿美元（Carbone，2005）。

但是由于路径依赖，我国的科技中小企业还显然不适应将技术研发进行服务外包。因此，政府有必要有意识的运用财政补贴手段，引导科技中小企业进行技术研发的服务外包。但是，科技中小企业面临服务外包方式的选择问题，也就是：向谁服务外包，如何进行服务外包，而政府的财政补贴对与科技中小企业技术研发服务外包方式选择的影响如何。这些问题对于政府制定促进科技

① 　此项研究为广州市科信局软科学研究计划项目"地方财政投入促进广州市中小企业协同创新的机理与绩效研究"（2014Y4300003）的阶段性成果。

中小企业技术研发的财政补贴的相关政策具有重要的意义。本文将基于交易成本理论和企业核心能力理论构建理论分析框架，对政府影响科技中小企业技术研发服务外包方式选择进行分析，并基于广东省科技中小企业问卷调查的数据进行实证分析，从而为政府相关政策的制定提供经验证据。

二、文献综述

1. 财政补贴与企业的技术研发

国外学者对于财政补贴与企业技术研发的研究主要集中于财政补贴对刺激企业增加自身研发活动的效果问题，也就是政府研发活动补贴对企业研发活动的杠杆作用问题。在这一问题的研究方面，一个主流的观点就是财政补贴能够促进企业加大技术研发的力度，例如斯朋斯（Spence，1984）、卡普伦（Capron，1997）等人的研究。也有学者通过对美国制造业的实证研究后发现，接受政府财政补贴的企业会增加其研发投入，而在同一行业中，没有接受财政补贴的企业会减少其技术研发支出（Nadri and Mamuneas，1996）。基于这一经验证据，纳德瑞和曼纳斯（Nadri and Mamuneas）认为，接受政府财政补贴企业的技术研发有可能产生"技术外溢"，从而使竞争对手获得收益，并对其竞争对手的研发投入产生替代效应。

在对这一替代效应的实证研究方面，史瑞福斯（Shrieves，1978）、卡迈克尔（Carmichael，1981）和沃斯顿（Wallsten，2000）等学者，基于微观数据的实证分析后，从技术研发要素供给得出的结论认为，财政补贴对企业研发活动具有替代效应。古瑟（Goolshe，1998）和戴维和霍尔（David and Hall，1999）认为政府补贴对企业的替代效应主要表现为，政府资助刺激了技术研发要素的需求，提升了要素价格（如提升了研究者的工资水平），从而提高了企业研发成本，导致企业研发支出的减少。国内学者许治、师萍（2005）利用计量模型估计了财政补贴对企业 R&D 的影响效果，认为政府对企业 R&D 活动进行资助和政府向高校提供 R&D 资助对企业 R&D 经费具有挤出效应。但是，赫曼斯（Holemans，1988）和安东尼里（Antoneli，1989）的学者采用不同国家的数据，得出的研究结果刚好相反，发现财政补贴对企业研发活动具有互补效应。许多学者还通过对不同国家的宏观数据得到了互补效应系数，例如利维（Levy，1983）等、古莱克（Guellec，2000）等学者的实证研究为互补效应提供了经验证据。

上述研究均集中在财政补贴对企业技术研发的激励效应、替代效应和互补效应方面，但对财政补贴影响科技中小企业技术研发的服务外包方式选择行为方面则没有学者进行相关研究。基于这一研究空白，本文将运用对广东省科技中小企业的相关数据进行财政补贴与科技中小企业技术研发服务外包的实证研究。下面，将对服务外包的理论和实证研究现状进行阐述。

2. 服务外包理论与实证研究

科斯（Coase，1937）在《企业的性质》一书中第一次提出了企业的边界问题，并引入了交易成本这一概念。根据交易成本的观点解释外包，当交易活动的市场成本大于内部交易成本时，则该项活动应全部或部分地在企业内部进行，否则就应在企业外部进行。威廉姆森（Williamson，1985）进一步发展了交易成本理论，从静态角度提出关于企业边界与规模的理论框架，认为专用性和不确定性高的活动应该在企业内部通过科层组织来解决，反之则应外包出去。瓦伊宁和格洛伯曼（Vining and Globerman，1999）认为业务在内制与外包两种之间进行选择，应具体比较三种成本：生产成本、谈判成本和机会主义成本。三种成本之和最小才是外包决策的依据。基于交易成本理论，（Alpar and Saharia，1995）、奥伯特等（Aubert et al.，1996）、德皮夫（De Looff，1995）、克莱普和琼斯（Klepper and Jones，1998）等学者认为，交易费用高、则导致资产专用性高，从而导致外包程度较低；而交易费用低可以进行不同程度的外包。麦克艾威（McIvor，2009）认为单独的交易成本理论不足以解释外包业务的选择，交易成本理论与企业资源理论的结合才能对外包决策的复杂性进行解释，并以这两种理论为基础比较一项业务在内制和外包后的成本、质量与服务、流程重组等绩效，来决定一项业务是否应该外包。

应该说交易成本理论揭示出了外包的直接原因，但是交易成本是一个客观的存在，是企业交易的外部条件和环境，而企业却是由人组成的，具有较大的能动性和灵活性。也就是说，对于不同能力的企业来说，同样的交易成本具有不同的决定性意义。对于低能力的企业来说，同样程度的交易成本可能会阻碍该企业交易的进行；而对于高能力的企业来说，同样程度的交易成本则仅是其交易过程中的垫脚石。因此，交易成本是相对于企业能力而存在的。

基于上述认识，国外的其他学者提出了对服务外包的不同看法，例如，奎因和希尔默（Quinn and Hilmer，1994）根据核心能力理论认为外包是企业否认一项战略决策，在决策之前，企业必须对其内部各种活动加以识别，针对其中属于核心能力的活动要加以严格控制及保护，具备企业核心能力的产品和服务应该在企业内部完成，其余则应外包给那些更具核心能力的企业。卡特桑（Venkatesen，1992）提出了一维判断模型，只用一个变量"是否是核心业务"来进行外包决策，认为"核心业务"是企业做出自制或外包决策的最主要的战略性概念。阿诺德（Arnold，2000）以核心能力理论和交易成本理论为基础建立了一个外包决策模型，并依据核心能力理论将企业活动划分为企业核心业务、与核心业务密切相关的业务、支持性业务、市场化业务。阿诺德认为企业应该保留核心业务，而把非核心业务外包。李华焰和马士华（2001）将企业核心竞争力、内部能力与对外包部件的财务影响构造成一个三维外包矩阵，为企业外包决策提供参考。他们的研究结果表明，核心竞争力、外包部件导致的财务结果低，从而导致内部能力低，则大量外包；核心竞争力、外包部件导致的财务结果高，则外包较少。江兵、夏晖、刘洪（2002）通过案例分析，从业务、经济、技术角度探讨了基于这三个要素的 IT 外包选择策略，并指出：技术成熟度较高业务外包程度较大，导致外包的环境必然是财务状况、公司战略或业务的绩效等具体的因素。

麦基弗（McIvor，2000）认为很难准确定义核心能力，核心能力和非核心能力的界定非常困难，随着企业的发展，核心能力的内容或者核心能力与非核心能力之间的界限也在不断发生变化。巴登、塔吉特和亨特（Baden、Targett and Hunt，2000）提出，企业在以下四种情况下将其核心部分外包是有意义的：改善那些尽管有一些改进但相比其他竞争者的经营活动仍然没有优势的；必须对变化的客户需求做出反应的变化的价值链；由于技术更新，公司的核心竞争力过时；由于技术和顾客需求的迅速变化，存在新的市场。

麦克法伦和诺兰（McFarlan and Nolan，1995）认为，成本、质量、部门提供的服务、竞争压力、业务重组业务高度结构化，职能与组织之间高度差异性和离散性，企业经验和管理能力强，业务重组后以便追赶竞争者，都导致企业外包程度较大。拉锡提、威尔科克斯和芬尼（Lacity、Wilcocks and Feeny，1996）认为，对企业地位的贡献、对企业运营的贡献、对企业地位的贡献小的业务可以根据对运营贡献度的大小进行整体性外包或部分外包。厄尔（Earl，

1996）认为部门运作的绩效水平是企业是否外包业务的关键，部门运作效率差，则外包程度较小；部门运作效率高，则外包程度较大。

纪志坚等（2007）在企业外包决策的因素分析基础之上，设计了企业资源外包程度的研究模型，通过实证的方法证实了隐藏在企业资源外包决策背后的机理：各种规模大小的企业都可以采取外包战略，企业的资产专用性较高和能力对比强度较低时，外包程度都不应该太大；而当企业能力发展到一定高度之后，对外包程度的约束将会达到平稳状态。

根据上述文献回顾，可以发现，影响企业服务外包的因素包括交易费用和企业内部能力。纪志坚等（2007）在对国内外文献综述的基础上构建了一个基于资产专用性、企业规模和企业能力的实证研究模型，资产专用性可以用来衡量一个企业的交易费用，这一点已经被国外学者所证实（Alpar and Saharia，1995；Aubert et al.，1996；De Loof，1998；Klepper and Jones，1998）。

本文则在纪志坚等（2007）实证模型的基础上，进一步考虑将企业能力分化为技术研发业务能力、管理运作能力和融资能力。特别的是笔者还将融资能力划分为外部融资能力和内部融资能力，外部融资能力包括获得银行贷款能力、资本市场融资能力和政策性融资能力，其中政策性融资包括获得财政补贴。内部融资能力则是由其本公司的盈利能力决定的。通过对这一模型的构建，可以为财政补贴影响科技中小企业技术研发服务外包方式选择的实证研究提供一个理论分析框架。

三、理论分析

理论分析框架如图 1 所示。在这一理论框架中，企业技术研发能力、资产专用性和企业规模均直接影响科技中小企业技术研发的服务外包。根据交易成本理论，企业的行为选择基于交易成本的高低，交易成本越高，则内部生产和自我供给；交易成本越高，则实行服务外包。如果科技中小企业的技术研发能力越强，则实行自主研发技术；反之，则实行技术研发服务外包。

资产专用性和企业规模也直接影响了科技中小企业技术服务外包倾向，这是因为：

第一，就科技中小企业的资产专用性而言，如果其用于技术研发的固定资产所占比例越高，也就意味着其用于技术研发的流动资产的比例相对较低，则

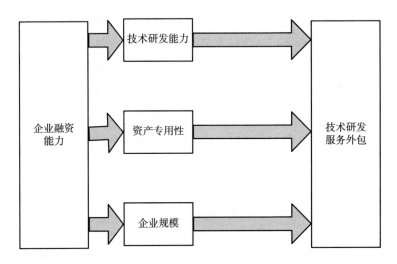

图1 影响科技中小企业技术研发服务外包的因素

其技术研发服务外包的机会成本和财务成本就相对较高，因此，其技术研发服务外包倾向也就较低。相反，如果其用于技术研发的固定资产所占的比例较低，则意味着其用于技术研发的流动资产的比例相对较高，那么其技术研发服务外包的机会成本和财务成本就相对较低，因此，其技术研发服务外包倾向也就较高。

第二，就科技中小企业的企业规模而言，如果其企业规模相对较大，则其用于技术服务外包的交易成本均摊到每单位资产或产品上的数额就相对较低，因此其技术研发服务外包倾向就相对较高。反之，如果其企业规模相对较小，则其用于技术服务外包的交易成本均摊到每单位资产或产品上的数额就相对较高，因此其技术研发服务外包倾向就相对较低。

企业的融资能力包括企业内部融资能力和外部融资能力，它主要是间接通过对技术研发能力、资产专用性和企业规模来影响科技中小企业技术研发服务外包倾向。其中，企业内部融资能力主要受制于其主营业务的盈利能力。科技中小企业的外部融资能力包括银行贷款能力、资本市场融资能力和财政性融资能力。前两种能力不是本文论述的重点，本文重点对财政性融资能力中的获得财政补贴能力进行分析。所谓财政补贴是指国家财政为了实现特定的政治经济和社会目标，向企业或个人提供的一种补偿，主要是在一定时期内对生产或经营某些销售价格低于成本的企业或因提高商品销售价格而给予企业和消费者的经济补偿。一般来说，政府对于企业的补贴可以分作两类：一类是定向用途财政补贴，例如各级政府科技部门设立的各种研究基金，企业要获得研究基金的财政补贴，就需要按照政府科技部门的规划指南进行技术研发活动，并且要取得一定数量的能促进经济增长的科研成果；另一类是非定向用途财政补贴，例如政府对企业产品的价格补贴，这一类补贴没有规定资金的具体用途，其运用由企业自己掌控。

如果科技中小企业获得定向用途财政补贴，并且政府对该项财政补贴明确规定只能用于技术研发，并且在企业严格按照与政府签订的合同来履行技术研发任务的条件下，则科技中小企业获得该类政策性融资能力越高，其内部的技术研发能力就越强，从而导致其技术研发服务外包倾向降低。但如果企业实行机会主义，不严格履行合同，则在获得财政补贴后，其资产专用性降低，从而导致其技术研发服务外包倾向上升。因此，可以做出判断：科技中小企业获得具有技术研发定向用途财政补贴后，其技术研发服务外包倾向的变化方向取决于该企业是否严格按照与政府签订的技术研发合同来办事。

如果科技中小企业获得定向用途财政补贴，但其用途是用于补贴银行贷款利息，则科技中小企业获得更多的流动资本，从而导致科技中小企业的资产专用性降低，其技术研发服务外包倾向增强。同理，如果科技中小企业获得非定向用途财政补贴，则科技中小企业同样的获得更多的流动资本，从而导致科技中小企业的资产专用性降低，其技术研发服务外包倾向增强。

上述分析的假设是科技中小企业只要拥有流动资本，便会百分之百的用于技术研发的服务外包，只要其流动资本减少，便会倾向于技术的自主研发。所以说我们得出的大部分判断均是科技中小企业的资产专用性与技术研发服务外包倾向呈负相关关系。也就是资产专用性上升，则技术研发服务外包倾向下降；而资产专用性下降，则技术研发服务外包倾向上升。

四、实证分析

其数据来源于广东省科技厅在 2010 年 1 月进行"振兴科技型中小企业示范工程"的问卷调查。这次问卷调查的潜在对象为 2008 年通过认定的 1831 家广东省的国家高新技术企业（含深圳市）。问卷调查组织者从这些企业中随机抽取了 800 家公司作为最初的调查对象。问卷发放和回收时间为 2010 年 1~3

月，最终回收 708 份，其中的 609 份为有效问卷，作为本文原始数据的来源。

基于图 1 的分析框架，设定实证分析模型。

模型：

$$D_{wbi} = \beta_0 + \beta_1 Czbt_i + \beta_2 Kz_i + \beta_3 D_{hyi} + \beta_4 D_{dqi} + \mu_i \tag{1}$$

在问卷调查表中，其第二大类问题公司成长性评估中的第 32 个问题是"贵公司现在使用技术的来源"，是一个多项选择题，其可选答案包括：A. 国内购买；B. 国外引进；C. 自主研发；D. 购买知识产权；E. 委托开发；F. 与国内大学或科研院所合作研发；G. 其他。仔细分析这几项选择，我们可以发现选项 E 可视为技术研发的服务外包，而选项 F 则属于在岸服务外包的性质，因为企业与国内大学或科研院所合作开发主要是企业要利用这些机构的科研设备、技术研发人员的人力资本和知识资本，因此它也属于在岸服务外包性质的技术研发。而选项 A、B 和 D 则属于企业通过服务贸易手段购买成熟技术，与本次研究具有创新性的技术研发活动有本质区别。因此，我们可从该问题的原始数据中获得 2 个虚拟变量的指标：$D1_{wbi}$ 代表只要选择 E，即选择委托开发选项，其赋值即为 1，否则为 0；$D2_{wbi}$ 代表只要选择 F，即选择与国内大学或科研院所合作研发选项，其赋值即为 1，否则为 0。

财政补贴变量（$Czbt_i$）代表第 i 家科技中小企业获得的政府对其技术研发投入的补助。在问卷调查表中，第 73 题的题目为"获得的国家及广东省科技计划项目及其配套资金的金额为：_____（万元）"，该题为填空题，分为两项：国家科技计划项目及其配套资金；省科技计划项目及其配套资金。因此，我们用 $Czbt1_i$ 代表第 i 家科技中小企业获得的中央政府对其技术研发投入的补助，用 $Czbt2_i$ 代表第 i 家科技中小企业获得的广东省政府对其技术研发投入的补助。同时，我们也用两类相对数指标来表示该变量，其指标是企业获得的国家或省级科技计划项目资助总额与企业 R&D 支出总额的比值，我们分别用 $Czbt1_i$ 和 $Czbt2_i$ 来表示，其计算公式分别为 $Czbt1_{it} = Czbte1_{it}/R\&D_{it}$ 和 $Czbt2_{it} = Czbte2_{it}/R\&D_{it}$。其中，$Czbte1_i$ 代表第 i 家科技中小企业第 t 年获得的中央政府对其技术研发投入的补助额，$Czbte2_i$ 代表第 i 家科技中小企业第 t 年获得的广东省政府对其技术研发投入的补助额，$R\&D_{it}$ 代表第 i 家科技中小企业第 t 年的技术研发投入。同时，与技术研发投入变量相同，该变量的指标具有 2007 ~ 2009 年三年的数据。

Kz_i 表示第 i 家科技中小企业的控制变量，设立控制变量是为了防止遗漏重要变量可能导致的模型设定偏误（David et al. , 2000；Klette and Griliches, 2000；Hyytinen and Toivanen, 2005）。本文将企业规模（Gm_i）、研发能力（Yf_i）、企业盈利能力（Yl_i）、企业贷款融资能力（Dk_i）、企业资本市场融资能力（Zb_i）、企业年龄（Nl_i）、行业虚拟变量（D_{hyi}）和地区虚拟变量（D_{dqi}）作为控制变量。

企业规模（Gm_i）变量代表第 i 家科技中小企业规模的大小。在研究中小企业成长能力的文献中，公司规模是一个非常关键的变量（Beck et al. , 2005；Coad and Hölzl, 2010）。现有文献的经验研究结果一致性表明，相对于大规模公司，小公司往往具有更高的增长率，但其波动性也相对较大（Almus and Nerlinger, 1999；Becchetti and Trovato, 2002；Kang and Heshmati, 2008；Ser-rasqueiro et al. , 2010）。本文采用科技中小企业总资产的自然对数作为企业规模变量的指标，其计算公式为 $Gm_{it} = \ln(Zzc_{it})$。其中，Zzc_{it} 代表第 i 家科技中小企业第 t 年的总资产数。

研发能力变量（Yf_i）表示第 i 家科技中小企业的研发能力大小的变量。在现有的文献中，一般来说，可以用技术研发投入作为研发能力变量。但是，由于模型 1 的因变量就是由技术研发投入变量与服务外包虚拟变量的乘积获得的，因此，我们无法用技术研发投入指标作为企业研发能力变量。笔者采用从事研究开发人员数的自然对数作为研发能力变量，其计算公式为 $Yf_{it} = \ln(Pyf_{it})$。其中，Pyf_{it} 代表第 i 家科技中小企业第 t 年从事技术研发人员数。

企业盈利能力（Yl_i）变量代表了第 i 家科技中小企业主营业务的获取税后利润的能力。企业盈利能力是企业内部融资能力的一个重要组成部分，它对企业在技术研发投资博弈行为有着巨大的影响。这是因为，如果企业盈利能力很强的话，它就可以不受融资困难的约束，加大技术研发投资的力度，加快技术研发投资的强度，从而在技术研发的竞赛中占据市场先机和优势。对于面临严重信息不对称问题的科技型企业而言，这显然有助于缓解其融资约束，并保证企业可以适时把握投资机会，在产品市场竞争中处于有利地位（Oliveira and Fortunato, 2006；Frésard, 2010）。本文将用税后利润与企业总资产的比值作为企业盈利能力变量的指标，其计算公式为 $Yl_{it} = Shlr_{it}/Zzc_{it}$。其中，$Shlr_{it}$ 代表第 i 家科技中小企业第 t 年的税后利润，Zzc_{it} 代表第 i 家科技中小企业第 t 年的总资产数。

企业贷款融资能力（Dk_i）变量代表的是第 i 家科技中小企业获得银行和私人贷款能力的大小。企业贷款融资能力的大小影响了企业的投资行为，特别是 R&D 的投资行为，进而对企业的成长产生影响（Becchetti and Trovato，2002；Hyytinen and Toivanen，2005）。因此，本文将以第 i 家科技中小企业第 t 年获得的银行和私人贷款的总额与同期的总资产的比值作为企业贷款融资能力变量指标，其计算公式为 $Dk_{it} = (Yhdk_{it} + Srdk_{it})/Zzc_{it}$。其中，$Yhdk_{it}$ 代表第 i 家科技中小企业第 t 年获得的各种银行贷款的总额，$Srdk_{it}$ 代表第 i 家科技中小企业第 t 年获得的各种私人贷款的总额，Zzc_{it} 代表第 i 家科技中小企业第 t 年的总资产数。

企业资本市场融资能力（Zb_i）变量代表的是第 i 家科技中小企业获得资本市场资金能力的大小。这一能力主要针对的是上市公司，与企业贷款融资能力变量的计算相似，本文采用第 i 家科技中小企业第 t 年获得资本市场资金的总额与同期的总资产的比值作为企业资本市场融资能力变量指标，其计算公式为 $Zb_{it} = Zbrz_{it}/Zzc_{it}$。其中，$Zbrz_{it}$ 代表第 i 家科技中小企业第 t 年获得的资本市场资金的总额，Zzc_{it} 代表第 i 家科技中小企业第 t 年的总资产数。

企业年龄（Nl_i）变量代表的是第 i 家科技中小企业从注册城里公司到问卷调查时的年龄。虽然前期多数研究并不对公司年龄和公司规模进行区分，但科德等（Coad et al.，2010）的研究表明，尽管二者密切关联，但仍然存在着本质区别。原因在于，企业的经营业绩会随着其生命周期的变化而变化，相对于企业规模，企业年龄能够较好地反映企业所处的生命周期。对于企业成长与公司年龄的关系，现有的实证研究文献大致有两方面的结论：第一，公司年龄与企业成长负相关，如埃文斯（Evans，1987a、1987b）、邓恩和休斯（Dunne and Hughes，1994）、杰罗斯基和古格勒（Geroski and Gugler，2004）的研究结果证明了这一点；第二，研究发现二者正相关，如达斯（Das，1995）以及尚穆加姆和布哈德瑞（Shanmugam and Bhaduri，2002）针对印度制造业公司的研究为此提供了经验证据。值得注意的是，在近几年的实证研究中，洛蒂等（Lotti et al.，2009）、福尔克（Falk，2010）、特鲁埃尔－卡里索萨（Teruel-Carrizosa，2010）等学者发现，公司年龄与增长率之间存在非线性关系。也就是说，科技中小企业公司的年龄与其成长率以及技术研发投资行为的博弈经验有着密切的关系。为此，本文决定采用公司成立年数的自然对数指标来衡量其年龄，并在回归模型中加入其平方项，以便控制公司年龄对企业成长的影响。

行业虚拟变量（D_{hyi}）代表了不同行业的差异性，特别是不同行业的成长性存在显著差异（Stam and Wennberg，2009），因此，我们设定该虚拟变量。本文将问卷调查的 609 家中小企业分为 6 个行业，包括电子信息、生物与新医药、新材料、光机电一体化、高能源于高效节能以及其他行业等。其赋值规则为，如果第 i 家科技中小企业属于行业 j，则 $D_{hyij} = 1$，如果不属于行业 j，则 $D_{hyij} = 0$。

地区虚拟变量（D_{dqi}）代表了广东省各市不同的经济发展水平和财政补贴水平的差异性。在设定地区虚拟变量的过程中，由于潮州、茂名、清远、汕头、汕尾、韶关、阳江和云浮等 9 个城市中所包含的企业数目均未超未 15 个，为了保证统计推断的可信度，保证回归分析中有较高的自由度，本文将其归为一组，并设定一个虚拟变量来反映这些地区的特征。因此，将广东省科技中小企业分为广州、深圳、东莞、佛山、惠州、揭阳、梅州、湛江、肇庆、中山、珠海和其他 12 各地区。其赋值规则为，如果第 i 家科技中小企业属于地区 j，则 $D_{dqij} = 1$，如果不属于地区 j，则 $D_{dqij} = 0$。

我们将上述指标的数据输入软件 Eviews5.0 之中，首先分析上述变量的数据统计分析，然后再按照计量模型进行多元回归分析，采用 Logit 模型来进行计量估计分析，计量估计结果如表 1 所示。

表1　　　　　　　　　　　计量估计结果

自变量 ＼ 因变量	D1wb			D2wb		
	（1）	（2）	（3）	（4）	（5）	（6）
C	-4.045 *** (-3.631)	-4.357 *** (-3.86)	-3.628 *** (-3.374)	0.366 (0.415)	-0.137 (-0.14)	0.157 (0.178)
$Czbt1$	-5.809 (-1.593)	-0.217 (-0.124)	-0.233 (-0.571)	-0.458 (-0.432)	1.425 (1.053)	3.163 * (1.859)
$Czbt2$	-0.468 (-0.622)	-0.804 (-0.745)	-0.18 (-0.299)	2.037 (1.331)	5.61 *** (3.23)	-0.164 (-0.563)
Gm	0.09 (1.203)	0.087 (1.202)	-0.035 (-0.836)	0.013 (0.298)	0.0397 (0.944)	-0.008 (-0.243)

续表

因变量\自变量	D1wb			D2wb		
	(1)	(2)	(3)	(4)	(5)	(6)
Yf	0.143 (1.198)	0.126 (1.085)	0.203 * (1.93)	0.128 * (1.662)	0.137 * (1.758)	0.114 (1.475)
Yl	−1.07 (−1.298)	0.263 (0.704)	−0.319 (−0.76)	0.802 (1.286)	0.871 * (1.82)	2.757 *** (2.717)
Dk	−1.45 (−1.47)	−0.864 (−1.129)	−0.075 (−0.505)	0.262 (0.449)	−0.28 (−0.366)	0.368 (0.827)
Zb	2.281 ** (2.522)	2.235 (1.593)	0.0349 (0.0799)	1.527 (1.282)	0.033 (0.026)	0.436 (0.724)
Nl	0.51 (1.06)	0.626 (1.247)	0.64 (1.24)	0.351 (0.739)	0.459 (0.814)	0.563 (1.234)
Nl2	−0.055 (−0.86)	−0.067 (−1.009)	−0.056 (−0.844)	−0.076 (−0.962)	−0.095 (−0.95)	−0.096 (−1.288)
Ddq	Yes	Yes	Yes	Yes	Yes	Yes
Dhy	Yes	Yes	Yes	Yes	Yes	Yes
McFadden R^2	0.079	0.063	0.055	0.134	0.151	0.144
LR 值 (26df)	38.93 **	30.94	26.98	105.66 ***	119.32 ***	113.85 ***
样本数	609	609	609	609	609	609

注：***，** 和 * 分别表示在 1%，5% 和 10% 水平上显著，括号中为 Z 值。其中，(1)、(4) 栏的自变量为 2007 年的数据，(2)、(5) 栏的自变量为 2008 年的数据，(3)、(6) 栏的自变量为 2009 年的数据，C 为截距项。

从表 1 中可以看到，(1)、(4)、(5)、(6) 栏的 Logit 回归模型无效假设所对应的似然比检验量——LR 值均显著，其中 (1) 栏的 LR 值在 5% 的水平上显著，其他三栏的 LR 值在 1% 的水平上显著。这一结果说明，(1)、(4)、(5)、(6) 栏的 Logit 回归模型整体上显著。

在 (1) 栏中，除了截距项和企业资本市场融资能力 (Zb_i) 比较显著以外，其余自变量均不显著，企业资本市场融资能力变量对科技中小企业委托开发服务外包倾向具有 5% 显著水平的正相关性的影响。

在 (4) 栏中，仅有研发能力 (Yf_i) 变量的系数具有 10% 显著性水平，且为正数。这就意味着，技术研发能力变量对科技中小企业与国内大学或科研院所合作研发服务外包倾向具有 10% 显著水平的正相关性的影响。

在 (5) 栏中，地方财政补贴变量 ($Czbt2$) 的回归系数显著性水平和数值最高，其在1%的显著性水平上对科技中小企业与国内大学或科研院所合作研发服务外包倾向的影响系数为5.61。其次是研发能力（Yf_i）和企业盈利能力（Yl_i）变量，其回归系数在10%的显著性水平上对科技中小企业与国内大学或科研院所合作研发服务外包倾向的影响系数分别为0.137和0.871。

在（6）栏中，企业盈利能力（Yl_i）变量的回归系数显著性水平和数值最高，其在1%的显著性水平上对科技中小企业与国内大学或科研院所合作研发服务外包倾向的影响系数为2.757。其次是中央财政补贴变量（Czbt1），其回归系数在10%的显著性水平上对科技中小企业与国内大学或科研院所合作研发服务外包倾向的影响系数为3.163。

根据以上分析，可以看到影响科技中小企业委托开发服务外包倾向的因素主要是企业资本市场融资能力（Zb_i）变量，而影响科技中小企业与国内大学或科研院所合作研发服务外包倾向的因素则主要包括中央和地方财政补贴变量（Czbt1、Czbt2）、企业盈利能力变量（Yl_i）和研发能力变量（Yf_i）。

五、政策建议

根据本研究报告实证分析部分得出的计量分析结果，科技中小企业通过委托开发获得技术创新并不会对其主营业务收入增长产生影响，但是通过与国内大学或科研院所合作研发来获得技术创新则会对其主营业务收入增长产生显著的正相关性的影响。然而，中央政府和地方政府对于广东省的科技中小企业的技术研发的财政补贴对于其主营业务增长率没有直接产生显著的影响。但是，影响科技中小企业与国内大学或科研院所合作研发服务外包倾向的因素则主要包括中央和地方财政补贴变量。通过对这一结果的分析，可以得出一个路线图，那就是政府运用对科技中小企业技术研发的财政补贴工具，促进其与国内大学或科研院所合作研发的在岸服务外包，并进而促进科技中小企业主营业务收入的增长。

深入分析委托开发的技术研发服务外包方式，可以发现该种方式主要是科技中小企业和技术研发机构通过技术委托开发合同，来进行的技术研发服务外包的市场交易行为。但是在技术研发过程中，研究开发人员会遇到各种不可预知的偶然因素和状况，这就导致了技术研发的复杂性和不可预知性。而委托开发合同的内容难以准确地反映技术研发的这些属性，这就必然导致科技中小企业难以运用委托开发的服务外包方式来提高其技术水平，并进而提高其主营业务收入。同时，由于委托开发方式的技术研发过程的各环节和人员责权利界限比较明确，因此科技中小企业本身的技术研发人员难以加入其研究过程之中，从而无助于增强科技中小企业本身的技术研发能力。这就是为什么委托开发的技术研发服务外包方式对于科技中小企业主营业务收入增长并不具有显著影响的原因。

而科技中小企业与国内大学或科研院所合作研发的在岸服务外包方式则不同，在整个技术研发过程中，科技中小企业占据主导地位，掌控了整个技术研发的全过程。同时，科技中小企业的市场人员和技术研发人员可以参与到整个技术研发的过程之中，这就必然增强了科技中小企业的技术研发实力。由于绝大部分国内高校和科研院所属于国家事业单位，长期以来获得了国家大量的科技财政的基础投资和事业费的支持，这就使得科技中小企业可以低成本的获得科技研发的基础设施以及人力资本的服务。因此，与国内大学或科研院所合作研发的在岸服务外包方式应该成为我国科技中小企业技术研发的主流模式，同时政府也应该将财政补贴资金集中投放到这种主流模式之中。

参考文献

[1] 江兵、夏晖、刘洪：《企业信息技术外包的策略分析》，载于《管理工程学报》2002 年第 16 期。

[2] 纪志坚、苏敬勤、孙大鹏：《企业资源外包程度及其影响因素研究》，载于《科研管理》2007 年第 1 期。

[3] 李华焰、马士华：《供应链企业外包战略选择模型研究》，载于《决策借鉴》2001 年第 14 期。

[4] 许治、师萍：《基于 DEA 方法的我国科技投入相对效率评价》，载于《科学学究》2005 年第 4 期。

[5] Almus, M., E. Nerlinger, 1999, "Growth of New Technology-Based Firms: Which Factors Matter?" *Small Business Economics*, 13 (2): 141 –154.

[6] Alpar, P. and Saharia, A. N., "Outsourcing information system functions: An organization economics perspective", *Journal of Organizational Computing* (5: 3), 1995, pp. 197 –217.

[7] Antonelli, C. (1989), "A Failure-inducement Model of Research and Development Expenditure", *Journal of Economic Behavior and Organization*, 12 (2), pp. 159 – 180.

[8] Arnold, U., "New dimensions of outsourcing: A combination of transaction cost economies and the core competencies concept", *European Journal of Purchasing & Supply Management*, 2000, 6: 23 – 29.

[9] Aubert, B. A., Rivard, S. and Patry, M., "A transaction cost approach to outsourcing behavior: Some empirical evidence", *Information & Management* (30), 1996, pp. 51 – 64.

[10] Baden-Full, C., Targett, D., Hunt, B., "Outsourcing to manoeuver: outsourcing redefine competitive strategy and structure", *European Management Joumal*, 2000.

[11] Balakrishnan, K., Mohan, U., Seshadri. S., "Outsourcing of front-end business Processes: Quality, information, and customer contact", *Journal of Operations Management*, 2008, 26: 288 – 302.

[12] Becchetti, L., G. Trovato, 2002, "The Determinants of Growth for Small and Medium Sized Firms: The Role of the Availability of External Finance", *Small Business Economics*, 19 (4): 291 – 306.

[13] Beck, T., A. Demirguc-Kunt, V. Maksimovic, 2005, "Financial and legal constraints to growth: Does firm size matter?" *The Journal of Finance*, 60 (1): 137 – 177.

[14] Capron, H. and B. Van Pottelsberghe De La Potterie (1997b), Issues in Measuring the Relationship Between Government and Private R&D, miméo, Université Libre de Bruxelles.

[15] Carbone, J., "EMS Profits get squeezed", *Purchasing*, 2005, 134: 29 – 33.

[16] Carmichael, J. (1981), "The Effects of Mission – oriented Public R&D Spending on Private Industry", *Journal of Finance*, 36 (3), pp. 617 – 627.

[17] Coad, A., W. Hölzl, 2010, "Firm Growth: Empirical Analysis, in M. Dietrich, J. Krafft eds", *Handbook on the Economics and Theory of the Firm*,

forthcoming.

[18] Coase, R. H. , *Thenatureofthefirm*, Eeonomiea, 1937, 4 (16): 386 - 405.

[19] Das, S. , 1995, "Size, age and firm growth in an infant industry: The computer hardware industry in India", *International Journal of Industrial Organization*, 13 (1): 111 - 126.

[20] David and Hall (1999), "Is Public R&D a Complement or Substitute for Private R&D? —A Review of the Econometric Evidence", *American Economic Review*, 2 (1), pp. 13 - 22.

[21] David, P. , B. Hall, A. Toole, 2000, "Is public R&D a complement or substitute for private R&D? A review of the econometric evidence", *Research Policy*, 29 (4 - 5): 497 - 529.

[22] DeLooff, L. A. "Information systems outsourcing decision making: A framework, organizational theories and case studies", *Journal of Information Technology* (10), 1995, pp. 281 - 297.

[23] Dunne, P. , A. Hughes, 1994, "Age, Size, Growth and Survival: UK Companies in the 1980s", *Journal of Industrial Economics*, 42 (2): 115 - 140.

[24] Earl, M. J. "The Risks of Outsourcing IT", *Sloan Management Review* (37: 3), 1996, pp. 26 - 32.

[25] Evans, D. , 1987a, "The Relationship between Firm Growth, Size, and Age: Estimates for 100 Manufacturing Industries", *The Journal of Industrial Economics*, 35 (4): 567 - 581.

[26] Evans, D. , 1987b, "Tests of Alternative Theories of Firm Growth", *Journal of Political Economy*, 95 (4): 657 - 674.

[27] Falk, M. , 2010, "Quantile estimates of the impact of R&D intensity on firm performance", *Small Business Economics*, forthcoming, dio: 10. 1007/ s11187-010-9290-7.

[28] Frésard, L. , 2010, "Financial Strength and Product Market Performance: The Real Effects of Corporate Cash Holdings", *Journal of Finance*, 65 (3): 1097 - 1122.

[29] Geroski, P., K. Gugler, 2004, "Corporate Growth Convergence in Europe", *Oxford Economic Papers*, 56 (4): 597 – 620.

[30] Goolshe, T. (1998), "Does Government R&D Policy Mainly Benefit Scientists and Engineers?" *American Economic Review*, 4 (2), pp. 23 – 42.

[31] Guellec, D. and B. van Pottelsberghe, (2000), "Does Government Support Stimulate Private R&D?" *OECD Economic Studies*, (2), pp. 95 – 122.

[32] Holemans, B. and L. Sleuwaegen (1988), "Innovation Expenditures and the Role of Government in Belgium", *Research Policy*, 17, pp. 375 – 379.

[33] Hyytinen, A., O. Toivanen, 2005, "Do financial constraints hold back innovation and growth? Evidence on the role of public policy", *Research Policy*, 34 (9): 1385 – 1403.

[34] Kang, J., A. Heshmati, 2008, "Effect of credit guarantee policy on survival and performance of SMEs in Republic of Korea", *Small Business Economics*, 31 (4): 445 – 462.

[35] Klepper, R. & Jones, W. O., (1998), Outsourcing information technology, systems and services, Prentice Hall, Upper Saddle River; NJ.

[36] Klette, T., Z. Griliches, 2000, "Empirical Patterns of Firm Growth and R&D Investment: A Quality Ladder Model Interpretation", *The Economic Journal*, 110 (463): 363 – 387.

[37] Lacity, M., Willcocks, L., and Feeny, D., "The Value of Selective IT Sourcing", *Sloan Management Review* (37: 3), Spring 1996, pp. 13 – 25.

[38] Levy, D. and N. Terleckyj (1983), "Effects of Government R&D on Private R&D Investment and Productivity: A Macroeconomic Analysis", *Bell Journal of Economics*, 14 (4), pp. 551 – 561.

[39] Lotti, F., E. Santarelli, M. Vivarelli, 2009, "Defending Gibrat's Law as a long-run regularity", *Small Business Economics*, 32 (1): 31 – 44.

[40] McFarlan, E. W. and Nolan, R. L., "How to manage an IT outsourcing alliance", *Sloan Management Review* (37: 2), 1995, pp. 9 – 23.

[41] Mclvor, R., "How the transaetion cost and resource – based theories of the firm inform outsourcing evaluation", *Journal of Operations Management*, 2009,

27: 45 – 63.

[42] Michael Spence, Cost Reduction, Competition, and Industry Performance, Econometrica, Vol. 52, No. 1 (Jan. , 1984), pp. 101 – 122.

[43] M. I. Nadri and T. P. Mamuneas (1996), Contribution of Highway Capital to Industry and National Productivity Growth, FHWA, USDOT.

[44] Oliveira, B. , A. Fortunato, 2006, "Firm Growth and Liquidity Constraints: A Dynamic Analysis", *Small Business Economics*, 27 (2): 139 – 156.

[45] Quelin, B. , Duhamel, F. , "Bringing together strategic outsourcing and corporate strategy: outsourcing motives and risks", *European Management Journal*, 2003, 21 (5): 647 – 661.

[46] Schrieves, R. (1978), "Market Structure and Innovation: A New Perspective", *Journal of Industrial Economics*, 26 (4), pp. 329 – 347.

[47] Scott J. Wallsten. , "The Effects of Government-Industry R&D Programs on Private R&D: The Case of the Small Business Innovation Research Program", *The RAND Journal of Economics*, Vol. 31, No. 1 (Spring, 2000), pp. 82 – 100.

[48] Serrasqueiro, Z. , P. Nunes, J. Leito, M. Armada, 2010, "Are there non-linearities between SME growth and its determinants? A quantile approach", *Industrial and Corporate Change*, 19 (4): 1071 – 1108.

[49] Shanmugam, K. , S. Bhaduri, 2002, "Size, Age and Firm Growth in the Indian Manufacturing Sector", *Applied Economics Letters*, 9 (9): 607 – 613.

[50] Stam, E. , K. Wennberg, 2009, "The roles of R&D in new firm growth", *Small Business Economics*, 33 (1): 77 – 89.

[51] Teruel-Carrizosa, M. , 2010, "Gibrat's Law and the Learning Process", *Small Business Economics*, 34 (4): 355 – 373.

[52] Venkatesen R. , Strategy outsoureing: To make or not to make, Harvard Business Review, 1992, 11: 98 – 108.

[53] Vining, A. , "Globerman, S. A. Conceptual Framework for Understanding the outsourcing Deeision". *European Management Journal*, 1999, 17: 645 – 654.

[54] Williamson, O. E. , *The Eeonomic Institution of Capitalism*, New York: The Free Press, 1985.

新常态下完善税务干部监督机制研究

姚维保

一、税务干部监督面临多维新常态环境分析

1. 依法治国新常态

党的十八届四中全会审议通过了《中共中央关于全面推进依法治国若干重大问题的决定》（以下简称《决定》），《决定》指出，"依法治国是坚持和发展中国特色社会主义的本质要求和重要保障，是实现国家治理体系和治理能力现代化的必然要求"。十八届四中会议决定把依法治国作为国家治理新常态。

党的十八届三中全会指出，"财政是国家治理的基础和重要支柱。"《深化财税体制改革总体方案》明确："财税体制在治国安邦中始终发挥着基础性、制度性、保障性的作用。"税收承载着政府与市场、国家与社会、中央与地方、立法与行政等方面基本关系的枢纽。依法治国必然要依法治税，依法治税是依法治国在税收工作方面的具体体现，是全国推进依法治国的核心环节。税务部门必须站在历史和大局的高度，充分认识税收法治的重大意义，税务干部风清气正，依法征税，才能保障国家治理的顺利推进，促进经济健康发展、政治和谐稳定、社会长治久安。

2. 廉政建设新常态

党风廉政建设在党的十八大以来逐渐加大力度，主要表现在三个"前所未有"。一是惩治腐败态度坚决，监督执纪的力度前所未有。反腐斗争不设立禁区，不存在盲区，严厉惩治腐败力度不断加码。二是纪律规矩更加严明，管党治权的力度前所未有。特别是十八届四中全会以后，党在各个方面对纪律规矩的要求越来越严，制度规定越来越完备，不断要求党员严格遵守规章制度。三是逐级压实两个责任，传导压力的措施前所未有。中央突出强调主体责任的落实，要求各级党委切实把党风廉政建设当作分内之事、应尽之责，要求以上

率下，层层传导压力。

3. 税收工作新常态

当前，我国经济呈现出与过去 30 年发展所不同的特征：一是经济增速从高速增长转为中高速增长；二是经济结构不断优化升级，第三产业消费需求逐步成为主体；三是从要素驱动、投资驱动转向创新驱动。中国经济进入新的发展态势，向形态更高级、分工更复杂、结构更合理阶段演化，认识新常态、适应新常态、引领新常态，是税收干部监督面临的新挑战。

经济"新常态"客观上决定了税收"新常态"，税收新常态体现在四个方面：一是税收工作的思维惯性正从"管理纳税人"向"服务纳税人"的"新常态"转变；二是税收工作的行为惯性正从"任务至上"向"税收法定"的"新常态"转变；三是税收工作的制度惯性正从税收管理员"各事统管"模式向税源管理的"分级分类 + 专业协作"模式的"新常态"转变；四是税收的体制惯性正由"随意修补"向"成熟定型"的"新常态"转变。因此，税务干部监督也要适应税收新常态，在监督方式、监督主体和监督内容上与时俱进，从而推动税务干部具备税收治理现代化能力。

4. 税制改革新常态

税制改革的目的，是要建立现代税收制度，实现税收治理能力和治理体系现代化。税制改革的最基本要求就是依法治税，按照税收法定原则实施税收共同治理。为此，建立与依法治国要求要适应的税制，成为税制改革的新常态。当前的税制改革以增强税收政策的稳定性为根本，不断适应市场化的要求，体现出税制的宏观调控能力和分配公平的特性。同时，税制改革也在不断适应税收国际竞争的要求，既要考虑税收国际竞争的态势，又要强化政府间的合作博弈，使税制具有国际规则适应性。凡此，税收干部监督要以税制改革方向为指引，打造出与税制改革相适应的干部队伍，提高干部思想素质与业务能力。

5. 队伍建设新常态

我国新一轮税收治理制度正向专业化、科技化模式过渡。随着纳税户源数量的增长，以及跨行业、跨地区企业集团纳税主体增多，虚拟市场、电子商务、关联交易等新兴经营模式不断增加，对税务干部的治理能力提出了更高要求，因而，组建税源管理专业化税务干部队伍、实现税收征管人员与纳税人之间的专业对口，打造高水平的现代税务干部队伍，成为税收治理工作的新常态之一。在队伍建设实际行动方面，国家税务总局已经着手培养全国税务系统领军人才，并计划常态化。2014年7月起，国家税务总局共选拔出309名税务领军人才，开始进行系统化的专业化培训。

二、当前税务系统干部监督存在的问题及原因

1. 税务干部监督执行力度有待强化

从当前税务干部监督现状来看，我国的税务干部监督机制发挥应有的监督作用有限，各地税务干部出现违法违纪的问题仍不少。从干部监督关口看，票管员关口、分局长关口、县局机关计财股票管关口，以及检查人员关口都存在把关不严的问题。基层县局对票证的日常管理、检查、监督不到位，在票证检查盘点时，没有认真核对号码，对库存的票证只查本数，不查号码。由于检查人员责任心不强，检查工作走过场，从而给违法干部有了可乘之机。

此外，在制度执行上也没有按照规定严格执行，存在信任代替监督的问题。一是票款结报制度不落实，没有严格执行票款结报"双限"制度；二是票证管理制度不落实，没有严格执行领票限量制度；三是严禁现金收税制度不落实，采取现金收税费的做法，因而制度不落实，有令不行，有禁不止。

2. 税务干部廉洁自律能力有待提高

我国税务干部在廉洁自律方面还存在一些问题，例如有的干部聚众赌博，有的干部巨额财产来源不明，有的干部利用职务之便为自己谋取不正当利益，有的干部参与经商后被信贷公司追债。尤其是房地产行业纳税工作方面，出现了较多违法案例。少量的税务干部思想信念动摇、精神迷失、宗旨意识淡薄，忽视群众利益，党性修养缺失，抵挡不住现实生活中低级趣味的享乐主义、拜金主义的生活方式的诱惑，渐渐迷失了方向，对党性和个人素质的要求逐渐降低。

由于当前各种经济活动日益复杂以及新经济形式不断出现，客观上加大了税收执法风险。特别是当前纳税人维权意识明显增强，纪检监察、检察、审计、媒体等监督更加严厉，反渎职力度不断加大，税务干部执法风险更加凸显。但是少量税务干部没有做好充分的思想准备，面对执法风险和不良诱惑失去了判断力，在工作中处处被动，在廉洁上经受不起细查。

3. 税务稽查工作存在漏洞

在依法治税的大背景下，纳税人和社会对税收征管的质量要求更高，当

前，纳税人、纪检监察、检察、审计等部门及新闻媒体对税务部门的监督越来越严，纳税人的法律意识和维权意识不断增强，针对税收工作的网络问政、申请政府信息公开、媒体曝光等层出不穷，这些都对税收执法的规范性提出了更高的要求。但是少数税务干部在税务稽查工作中，有责不履、缺乏责任意识，对纳税人的违法违规问题搞利益互换和权钱交易，在税务行政处罚过程中，随意运用自由裁量权，通过让纳税人少受处罚或不受处罚的方式，从中谋取个人私利。此外，极少数税务干部利用税务行政处罚的空子，对那些不够熟悉税法、违规情节比较轻微的纳税人，不是责令其限期改正，而是以罚款为基本手段，从而获得好处。

三、新常态下完善税务干部监督机制策略建议

1. 税务干部监督制度层面

干部监督的目的在于廉洁奉公，依法行政。构建科学的税务干部监督制度，不断完善风险防控机制，把税务干部违法行为拦截在源头。针对现实中典型违法案例中暴露出的薄弱环节和漏洞，及时查补制度上的漏洞，强化监督管理的制度化，通过制度约束税务干部的思想行为，以制度约束人，让税务干部行为上不能违法、思想上不敢违法、环境上无须违法。

（1）构建税务干部"阳光监督"制度。实施税务干部监督工作公开透明，不断加强税务干部执法权力热点的透明性，将税务干部监督的法规政策、方法程序和监督结果反馈及时公开。要定期实行税务干部重大事项公开监督制度，对税局"一把手"在选人用人、权力使用、资金使用方面进行监督和评议，并形成税务干部重大事项报告制度。

（2）构建税务干部日常行为监督制度。保证税务干部日常行为依法有序。对税务干部日常行为的监督管理，是干部监督工作的重点。建立税务干部日常监督台账制度，对税务干部的日常行为和履职行为，采取自主报告、组织部门抽查相结合的方式，从而实现对税务干部日常行为的动态掌握和约束。

（3）构建税务干部依法履职教育制度。对税务干部的监督管理，以教育为先的原则，不断进行日常廉政履职教育，把少量税务干部的小问题、小毛病，通过日常教育机制，提前促使他们改正过来。在涉及税务干部个人的关键时期，例如税务干部出现升职、婚嫁、乔迁等重要事项前，监督部门应实行提

醒机制，避免个别税务干部利用个人重大事项，违法违纪，给税务部门造成不良影响。

（4）构建职务级别晋升激励考核制度。建立以职务级别晋升为主要内容的正向激励考核制度，明确考核的目的是调动税务干部的积极性和主动性，提升和激发组织运行的内生动力。将税务干部职务级别晋升指标化，解决税务干部晋升中存在"关系晋升、人情晋升"的现实难题，推进工作业绩与职务级别相挂钩，同时也减轻了权力寻租监察的工作压力。

2. 信息技术支撑平台构建层面

"互联网＋""大数据"等信息技术，为税务干部监督信息化、科学化、精准化提供了技术支撑，有利于建立覆盖面广、渠道畅通的税务干部立体监督网络。

（1）构建"德勤廉"税务干部监督网络系统。通过信息网络集中收集、录入每个税务干部的电子信息，包括思想素质、生活作风、工作能力、廉洁记录等内容。把"德勤廉"监督系统指标化，分为一、二、三级指标，内容可包括税务干部的各个方面，例如税务干部朋友圈、公共道德遵守状况、驾车违章行为、公差出行路线等。

（2）建立税务干部履职廉政网上通报机制。对税务干部的履职廉政情况，监督主体实行不定期通报机制。利用互联网的技术优势，形成全方位、立体化的税务干部廉政通报机制。对违反各项规定的税务干部，既要向个人及时通报，也要向其所在单位通报，促使单位和个人立即整改。涉及通报结果的单位或个人，要认真落实工作责任追究机制，对违纪违规者有意开脱的单位，依法追究相关领导干部和当事人的责任。

（3）构建税务干部监督典型案例警示数据库。案例库以现实中发生的税务干部典型案例为依据，通过深入剖析原因、研究查找税务干部违纪违法的根源，总结经验教训，进一步完善干部监督的漏洞。案例库建成以后，通过网络向社会公开，确保社会公众，包括税务干部能够公开免费获取。

3. 税务干部精神文化引领层面

文化引领是新常态下做好税收工作的精神感召，优秀的税务文化，能够让每个税务干部从内心深处激发对税收事业的使命感，让为国聚财、为民收税的神圣使命和岗位责任牢记心间。大力推进税务文化和税务职业道德建设，有利于铸就税收现代化建设精神高地，引领税务干部形成与专业化相适应的意志品质和专业精神。

（1）打造税务干部"税务精神"。从税务认知文化、制度文化、标准文化、行为文化和廉政文化五个层面探讨税务精神，鼓励税务干部勇于担当、事不避难，发扬"岗位就是责任、征纳双方共同体"的敬业精神，不断激发税务干部遵纪守法、服务为本的正能量。

（2）创造并展现税务干部形象。通过以文化内涵为主，以先进的理念为依托的税务干部形象载体，使税务精神体现在每个税务干部的言谈之中，展现出税务干部的良好工作作风。对于长期依法治税的优秀干部，建立表彰纪念机制，并通微信、邮箱等方式，向广大税务干部传播，激发正能量。

（3）建立税收廉政文化大观园。廉政文化大观园集中展示勤政廉洁、敬业奉献的税务干部美好风尚，大力弘扬"诚信、责任、进取、守纪"的税务廉政文化。廉政文化大观园即可展示现代税务干部的廉政风貌，也可以按历史线索溯源古人在廉政方面的优秀品质。

4. 责任监督机制建设层面

（1）建立税务干部责任监督机制。"依法治税"要求税收工作多元主体参与，税务干部在法定范围内行政执法，由于行政权力具有弹性边界，监督主体在对"权力监督"的过程中，往往把握不够精准。因此，有必要转变监督思维，变"权力监督"为"责任监督"，建立责任监督机制。监督主体只要监督责任主体履行责任情况，保证责任落实到位。对于工作之外的干部行为，监督主体通过公众参与监督，强化税务干部廉洁自律。

（2）从严从实管理税务干部作风。推进干部监督工作重心下移和工作落实，在税务工作中坚决杜绝"为官不为"现象，在税务干部中全面查找"作风不正、履职不力、纪律不严、行为不廉"等方面的问题，制定责任落实不严的追究办法，形成严格抓落实的工作导向机制。

（3）建立两个责任落实巡查小组。创新税务干部监督工作机制，建立主体责任和监督责任巡查小组，对照党风廉政岗位职责，检查责任落实情况；实施税务工作特邀监督员制度，监督履责情况。

（4）畅通公众信息网络举报渠道。畅通电话、移动通信、举报网站、政风行风热线等途径，对税务干部在履职工作中被群众反映的问题，要按照

"谁主管、谁负责"的原则，把问题解决处理到位，并形成及时反馈制度，让反映问题的公众了解处理情况，并且要在一定范围内进行处理结果的公开。

四、结论与展望

新常态下从严监督管理税务干部是党要管党、从严治党的关键所在，是建设高水平、高素质税务干部队伍的紧要任务，是体现税收治理能力现代化的重要方面。在依法治国的大背景下，政府对税收征管的质量要求更高，对税收违法行为的责任追究也更严格。同时，纪检监察、审计等部门及新闻媒体对税务部门的监督越来越严，纳税人的法律意识和维权意识不断增强，针对税收工作的网络问政、申请政府信息公开、媒体曝光等层出不穷，这些都对税收工作提出了更高要求。尽快适应我国当前经济发展、依法治税等新常态，全面强化对税务干部的监督管理，成为当前税务部门必须重视解决的问题。在新的税收征管模式下，对税务干部监督必须摆脱传统的思想观念和固有的思维方式的束缚，通过制度完善、信息支撑、文化引领、责任监督四个层面，构建新常态下税收干部监督的立体格局，健全税务干部从严监督的机制链条，保障税务干部监督到边、到底、到位。

参考文献

[1] 迟连翔：《中国廉政风险防控机制构建问题研究》，东北师范大学2012 年版。

[2] 陈雪、董晓璐：《构建干部选拔任用的网络化监督体系》，载于《茂名学院学报》2009 年第 5 期。

[3] 龙岳辉：《践行"三严三实"要求 加快推进税收现代化进程》，载于《中国税务》2014 年第 6 期。

[4] 李新、赵建华：《税务机关经济责任审计评价研究》，载于《税收经济研究》2014 年第 2 期。

[5] 张雷宝：《认识税收工作的"新常态"》，载于《中国税务报》2014 - 11 - 06，http：//www. ctaxnews. com. cn/lilun/tantao/201411/t20141106_27116. htm。

[6] 张金水：《大力加强税务系统领导干部作风建设》，载于《发展研究》2007 年第 3 期。

图书在版编目（CIP）数据

高水平应用型大学建设下的财税与评估教育教学改革问题
探索/姚凤民主编．—北京：经济科学出版社，2017.3
ISBN 978 - 7 - 5141 - 7897 - 5

Ⅰ．①高…　Ⅱ．①姚…　Ⅲ．①财税 - 教学改革 - 教学
研究 - 高等学校　Ⅳ．①F812 - 42

中国版本图书馆 CIP 数据核字（2017）第 065282 号

责任编辑：赵　蕾
责任校对：王苗苗
责任印制：李　鹏

高水平应用型大学建设下的财税与评估教育教学改革问题探索
主　编　姚凤民
副主编　赵合云　庞　磊
经济科学出版社出版、发行　新华书店经销
社址：北京市海淀区阜成路甲 28 号　邮编：100142
总编部电话：010 - 88191217　发行部电话：010 - 88191540
网址：www.esp.com.cn
电子邮件：esp@ esp.com.cn
天猫网店：经济科学出版社旗舰店
网址：http://jjkxcbs.tmall.com
北京季蜂印刷有限公司印装
710×1000　16 开　20 印张　340000 字
2017 年 5 月第 1 版　2017 年 5 月第 1 次印刷
ISBN 978 - 7 - 5141 - 7897 - 5　定价：48.00 元
（图书出现印装问题，本社负责调换。电话：010 - 88191502）
（版权所有　翻印必究　举报电话：010 - 88191586
电子邮箱：dbts@ esp.com.cn）